www.tredition.de

Roman Nies

Auflösung und Erlösung des Kosmos

Der Brief an die Kolosser

www.tredition.de

© 2018 Roman Nies

Verlag und Druck: tredition GmbH, Hamburg

ISBN

Paperback: 978-3-7469-8324-0

Hardcover: 978-3-7469-8325-7

e-Book: 978-3-7469-8326-4

Auflösung und Erlösung des Kosmos

Der Brief an die Kolosser

Eine heilsgeschichtliche Auslegung

von

Roman Nies

Inhaltsverzeichnis

Vorwort

Der Brief des Apostels Paulus an die Kolosser ist ein kolossales Werk nicht nur hinsichtlich seiner Bedeutung für die Theologen und Bibelausleger. Es gibt außerhalb des Neuen Testaments kein literarisches Werk, welches so Großartiges zu sagen hat zur Stellung des Menschen im Kosmos, seiner Beziehung zum Schöpfer des Kosmos und seiner Bestimmung im Kosmos. Der Kolosserbrief offenbart, warum es die Schöpfung gibt, was der Mensch darin soll und wie es Gott schafft, die Menschheit zum großen Ziel zu bringen, wofür sie geschaffen worden ist. Was für den Menschen kolossal im Anspruch erscheint und herausfordernd im Herandenken, ist für Gott nur fahrplanmäßige und exakte Durchordnung vom Groben bis zum Feinen.

Gerade im Kolosserbrief wird die Kosmologie besonders hervorgehoben. Dabei ist im Sinne von Paulus und den Verfassern des Neuen Testaments nicht an eine wissenschaftliche Beschreibung der sichtbaren Kräfte und physikalischen Gesetzmäßigkeiten des Universums zu denken,*1 ja, es geht noch nicht einmal um Ursachenforschung auf der metaphysischen Ebene, sondern es geht um die ersten und letzten Wahrheiten, mehr noch, um den Zweck, den Sinn, das Ziel des Ganzen.

Kosmologie bei Paulus ist nicht bloß ein Teilgebiet der Astronomie, das in enger Beziehung zur Astrophysik steht, sondern das Wirkungsgebiet des Gottes, der Himmel und Erde erschaffen hat. Er hat sie nicht einfach aufgeworfen, um sich irgendwie damit auseinanderzusetzen oder herabgeworfen, um sich an ihnen schadlos zu halten. Er hat sie in Gang gesetzt, um sie zu vollenden. Der Kosmos steht in einem engen Wirkzusammenhang mit dem Menschen, der geistigen Gesetzmäßigkeiten ausgesetzt, aber auch Freiheiten zugeführt werden soll, die weit über das bloß Physische und noch unfertig Geschaffene, das die Bibel auch das Sichtbare nennt, hinausgehen. Der Geist des Menschen ist ebenso wenig eine

Funktion des Kosmos wie der Geist Gottes eine zwingende Erscheinung darin ist. Denn es kommt auf die Wahrnehmbarkeit an. Sie hat beim Menschen Grenzen, bei Gott nicht. Daher muss es klar sein, dass der Mensch im physischen Kosmos nicht alles Geschaffene finden oder erklären, viel weniger sehen kann. Was in einem nichtphysischen Teil des Kosmos stattfindet, in den Überhimmeln oder im Jenseits muss ihm offenbart werden, wenn er davon etwas wissen will. Und das tut niemand so sehr wie Paulus in seinen Briefen. Der weltliche Mensch weiß sehr wenig. Der Ausschnitt der Wirklichkeit, die ihm geläufig ist, ist vermutlich unter 1 %. Und trotzdem reißt er den Mund auf, als wüsste er wenig unter 99%.

Die Christologie, die Paulus im Kolosserbrief entbietet, ist deckungsgleich mit seiner Kosmologie. Das bedeutet, dass alles was ist, von Christus ausgeht und zu Christus hinführt und nur in Ihm überhaupt seine Bestimmung von Gott her erreichen kann. Geistige Wesen können sich andere Bestimmungen zum Ziel setzen. Sie bleiben jedoch nur von vorübergehender Relevanz, sind sie doch selber dazu bestimmt, das Ziel, das ihnen Gott gesetzt hat, zu erreichen. Die Freiheit von geistigen Wesen scheint darin zu bestehen, herumzuirren, bis sie auf die Weisheit Gottes gestoßen sind und sich endlich danach ausrichten dürfen. In Wirklichkeit besteht aber die Freiheit darin, der Bestimmung folgen zu dürfen, weil ja alles andere tatsächlich in eine Unfreiheit und Gebundenheit der einen oder anderen Art führt. Und Paulus verdeutlicht das auch im Kolosserbrief. Es gibt kein Ausweichen von der Realität Gottes. Zu dieser Realität gehört Sein Ratschluss und das Ziel, das Er sich gesetzt hat! Es gibt ein Zaudern in den gegebenen Freiheiten, ein noch so eifriges Drumherum, ein kleines menschliches Brausen und plumpes Dröhnen. Aber der Ton kommt nicht gegen den Töpfer an. Er wird so lange mit Wasser bearbeitet, bis die Form passt. Dann wird er dem Feuer ausgesetzt, damit er, nun formgerecht, gebrauchsfertig wird.

Wer von der kosmologischen Christologie, das heißt der uneingeschränkten Wirkweite des Heilandes und Weltenarchitekts, nichts weiß und glaubt, dass das Licht des Töpfers nicht die Dunkelheit auslöschen kann, weiß nicht, was die Welt und den Menschen im Innern bewegt. Er lebt im Grunde bewusstseinsmäßig an der höchsten Realität vorbei. Und dennoch kann er sich dem nicht entziehen, denn er ist Teil des Ganzen und das Ganze findet seine Ordnung und seinen Platz in Christus, bis zur Vollendung des Kosmos. Der ist eine ganze Ton-Welt, in der am Ende alles harmonisch seinen Platz gefunden haben wird, wie man es sich von einer Komposition nicht idealer wünschen kann.

Paulus lehrt also, dass der Kosmos nur dann seine Bestimmung einer verherrlichten Schöpfung erreichen wird, wenn sich alles, was geschaffen wurde, Christus unterordnet und von Ihm eingliedern lässt in die göttliche Ordnung, die von Anfang an die Verherrlichung Gottes zum Ziel hatte. Sie entfaltet zunächst noch weitgehend unsichtbar ihre Ordnungsmacht, läuft aber spurtreu immer erfahrbarer auf das Ziel zu. Das bedeutet aber unmissverständlich, dass der Heiland alles heil machen muss, wenn Er dieses Ziel verwirklichen will. Paulus lehrt nirgendwo einen Dualismus, der länger bestehen könnte als er dienlich ist, um aus zwei ungleichen Dingen endlich eine Vereinigung zu etwas Größerem und Herrlicherem werden zu lassen, als vorher war.

Was bei Menschen nicht möglich ist, ist bei Gott nicht nur nicht unmöglich, sondern Schöpfungsvorgabe: Er macht alles neu, nicht indem Er das, was alt ist, aufpoliert und frischen Glanz aufträgt, sondern indem Er das Schattenhafte benutzt, um es durchzulichten. Es ist wie bei einem Vater, der seinen Sohn einer Vielfalt von widrigen Umständen aussetzt, an denen er sich bewähren und seine Sinne schärfen kann. Das Heil durch Christus ist eine Durchlichtung, die auch bei der Finsternis – das heißt bei allen Menschen - das Programm auf Lichtwerdung stellt. Eine ganz neue Qualität entsteht, eine göttliche Qualität, eine göttliche Herrlichkeit, eine göttliche Freude, ein göttliches Wohlgefallen.

Die sehr früh gefallene, das heißt von Gott entfremdete Schöpfung wird in eine vergöttlichte, das heißt mit Gottes Willen und Wohlgefallen eins gemachte Schöpfung verwandelt. Aus dem Fernsein wird ein Nahesein, aus dem Zweisein wird ein

Einssein. Aus Trennung und Tod wird Zusammenkunft und Leben nach göttlicher, gedeihlicher, wachstümlicher Art.

Und das alles geschieht durch und in und zu Christus (Röm 11,36). Warum? Weil Er der Vermittler ist zwischen dem Idealen und Göttlichen einerseits und dem Unheiligen und Unfertigen andererseits. Christus ist Mensch geworden und Mensch geblieben. Er war Gott und ist Gott geblieben. Und nur daher kann Er der ideale Vermittler sein. Ohne selbst geschaffen zu sein, ist Er doch ein vom Vater Gezeugter. Er wurde ins Menschliche hineingezeugt, um die Menschen aus dem bloß Menschlichen herauszeugen und ins Göttliche hinein zeugen zu können. Daher spricht das Neue Testament vom Christus als Menschensohn und Gottessohn, als dem Erstgeborenen oder Erstgezeugten (Kol 1,15) und vom Omega, dem Vollender der Schöpfer, nachdem Er als Alpha, dem Beginner der Schöpfung, angefangen hat. Es gibt kein Heil, kein Ganzwerden, kein Vollenden ohne Ihn, der alles angefangen hat (Joh 1,1ff), wie es auch hier im Kolosserbrief heißt (Kol 1,16), und der auch alles zur Vollendung bringen wird, so dass am Ende dieser Kosmos-Zeit alle Knie sich in Anbetung, Dankbarkeit und Lobpreis Ihm beugen werden.

Christus ist der König Israels, das Haupt der Gemeinde seines Leibes. Diese beiden Abteilungen darf man nicht durcheinander bringen. Beide, Israel und die Gemeinde haben eine wichtige Ordnungsfunktion, die Gott in Kraft setzt, wo und wann Er es in Seinem Heilsplan für die Schöpfung vorgesehen hat. Sie haben keinen Selbsterfüllungszweck wie sowohl von Vertretern des Volkes Israel, als auch von Vertretern derer, die sich als Zugehörige des Leibes Christi in den zahlreichen Kirchen verstehen möchten, behauptet wird. *2 Beide haben Gott sei Dank nicht Recht. Sie erkennen daher nur einen Ausschnitt des Heilsplanes Gottes und meinen, das Wichtigste schon erkannt zu haben.

In Israel meint man, Gott würde sich mit einem Bund, der im Idealfall wie ein Ehebund sei, zwischen Ihm und dem Volk Israel zufrieden geben. In den Kirchen meint man, Gott würde sich mit ihrer Kirche – und noch nicht einmal mit allen Kirchenmitgliedern – zufrieden geben, wenn Er sie dann in den Himmel verfrachtet hat. Das ist naiv und zu kurz gedacht. Vor allem ist es nicht biblisch und entspricht nicht der Wahrheit, für die Jesus Christus steht. Für die Wahrheit, die das ganze Heilsprogramm Gottes enthält, ist Er ans Kreuz gegangen. Er hat Sein Leben als Mensch hergegeben, damit die Menschen das Leben gewinnen können. So steht bei jedem Menschen am Anfang seines Erfolgsweges im Sinne des Wohlgefallen Gottes das Siegeszeichen des Kreuzes. Das ist seine Lebensversicherung. Das Kreuz hat Gott persönlich aufgepflanzt, um alle zu sich zu ziehen.

Der Kolosserbrief tut kund, was diese Wahrheit bedeutet: Gott wohnt mit Seiner ganzen Fülle in Christus, um durch Ihn alles zu versöhnen (Kol 1,19). Alles in den Himmeln und auf der Erde, und unter der Erde, alles im Kosmos führt Gott zu Christus, damit es von Christus den Frieden und die Freude erfährt, die sich nach der Versöhnung einstellen (Kol 1,20).

Man könnte auch sagen, die Bibel führt erzählerisch und berichtend das aus, was der Kolosserbrief zusammenfasst und auf die Kernaussage reduziert. Der Kolosserbrief ist auch eschatologisch. Er sagt an, was endgeschichtlich zu erwarten ist. Man muss aber schon die anderen Briefe von Paulus lesen, oder auch die Endzeitreden von Jesus in den Evangelien und die Offenbarung nach Johannes, um zu begreifen, dass die bisherige leidvolle Erfahrung der Menschheit mit dem schmerzhaften Dualismus zwischen Wollen und Nichtkönnen, zwischen höllischen und himmlischen Erfahrungen, zwischen dem Fernsein von Gott und dem Ruhen in Christus noch lange nicht überwunden ist.

Der Mensch muss durch große Tiefen gehen, damit er die Höhen als solche verstehen und erleben kann. Eine Alltagserfahrung, die sich ohne Widerspruch in das kosmologische Weltbild von der Allvollendung einfügen lässt. Das Universum ist ein kalter oder heißer Ort, wo nirgendwo das Leben wie es auf diesem blauen Planeten vorkommt, existieren kann. Man forscht ja nach Spuren von Planeten im Weltall, wo solches Leben möglich sein könnte. Aber auch dann, wenn es ähnliche

Planeten wie die Erde gäbe, bliebe es bei dieser scheinbar unüberwindlichen Kluft zwischen der leeren Finsternis und dem Licht des Lebens, in welchem sich alles das entfalten kann, was die Menschen lieben und sie erfreut. Und sie verfügen über die Kunst, dass sie sich alles immer noch schöner ausmalen können, weil sie wissen, das Gute und Schöne lässt sich steigern und der Mensch wird unter irdischen Verhältnissen nie das Ende der Vorstellung oder das Optimum der Einbildungskraft erreichen.

Auch im mikrokosmischen Forschen sucht man nach dem Übergang zwischen Unbelebtem und Belebtem vergeblich. Man wird auch hier nichts finden, weil eine Grenzüberschreitung nötig wäre, die von der gleichen Qualität wäre, wie wenn ein Toter wieder lebendig würde.

Paulus vertritt die Lebensformel, dass Jesus den Tod besiegt hat. Jesus ist der Mensch, der auferstanden ist. Er hat die entscheidenden Lebensschritte für die Menschheit gemacht. Man muss Ihm nur noch nachfolgen. Die Bibel lehrt, dass der Mensch wegen seiner Sünden sterben muss. Aber es geht gar nicht ums Sterben. Es geht immer nur darum, wie nahe das, was von Gott getrennt ist und deshalb nicht im Strahlglanz seiner Heiligkeit und Vollkommenheit ist, zu Gott hingelangen kann. Der, der in unzugänglichem Licht wohnt, weil Er von unfassbarer Singularität ist, die alles, was jemals vollkommen sein kann, in Einzigartigkeit vereint, ist für jeden und jedes, welches daran mangelt, unerreichbar. Das nennt man Dualität.

Das Problem des Menschen ist, dass er von sich aus, seine Mängel nicht beheben kann. Er kann sich verbessern, aber da es immer etwas geben wird, wo er bemakelt ist, hat er bereits für immer das Wässerchen getrübt, das eigentlich ein reines Wasser sein soll. Und deshalb musste Gott persönlich dafür sorgen, dass reines Wasser fließt, in welchem sich die Menschen reinigen lassen können. Jesus sagte, dass Er dieses Wasser des Lebens darreichen würde (Of 21,6). Er hat die Vollmacht, weil Er die Wirksamkeit der Sünde mit sich ans Kreuz nageln ließ. Das gibt Gott die Rechtfertigung, den Menschen zu vergeben und sie nach dem nur rituellen Wasserbad, das Symbol ihres Einverständnisses zur Übergabe ihres Unvermögens, aus sich selber das Heil erwerben zu können, in ein geistiges Wasserbad zu bringen, das ihnen die Heiligkeit und Reinheit erstehen lässt, die alles Trennende, alles Dualistische aufhebt. Das nennt Paulus „in Christus sein".

Aus diesem allem wird klar, warum Paulus so über die jüdische Torah redet, wie er das tut. Das krampfhafte Versuchen, die Gebote zu halten, hebt den Dualismus und die Trennung nicht auf und bringt niemand Gott auch nur einen Millimeter näher, weil so auf diesem Wege nie eine Grenzüberschreitung des Unheiligen zum Heiligen stattfinden kann. *3 Es ist aber umgekehrt so, dass ein Leben aus Christus heraus, im Geiste Gottes, also nach der Auslösung der Dualität im Einssein mit Christus, immer auch Werke des Geistes, somit gerechte Werke, somit Werke, die mit der göttlichen Torah, dem Gesetz Christi und welche Begriffe Paulus noch verwendet, um das Gleiche zu bezeichnen, übereinstimmen, vollbringen wird. „Ich halte nicht die Torah, um gerecht zu werden", sagt Paulus, sondern, „Ich halte die Torah, nachdem ich gerecht geworden bin, aus meiner Gerechtigkeit heraus. Und meine Gerechtigkeit ist Christus." Aber er meint dabei nicht die Torah, wie sie aus den ersten fünf Büchern Mose wörtlich herausgelesen werden kann, sondern die Torah, die Gott gerade in jedem beliebigen Augenblick Seines Willens meint. Gottes Willen ist jederzeit in Christus präsent.

Taufe ist für Paulus also nur eine Bezeichnung, die man für Sichtbares symbolhaft und stellvertretend sehen kann, für etwas, was im Unsichtbaren eine großartige Realität anzeigt: der Mensch stirbt seinem alten Adam, der sündhaft immer nur sündhaft sein konnte, selbst wenn er es anders wollte und sich um Heiligkeit und Gerechtigkeit bemühte. Und dann steht der neue Mensch auf, um in Christus ein neues Leben anzufangen, das Leben Christi. Die Sünden bleiben im Wasserbad, sie tropfen immer weiter dahin zurück. Sterben bedeutet nun nicht mehr, den physischen Leib zu verlieren und als Seele im Ungewissen des Finsteren zu bleiben – warten auf bessere Zeiten, die dann vielleicht sogar noch schlechter werden. Sterben bedeutet auch nicht mehr, Angst haben zu müssen, vor dem Urteil eines Gottes, weil man ja immer nur der Gerechtigkeit mangeln kann, die man haben sollte. Sterben bedeutet auch nicht mehr, in ein Gericht zu gehen, in dem man die Versäumnisse des Lebens verflucht, weil sie einen einholen und der Tod nichts verbessert hat und keine Erleichterung gebracht hat. All dieses bedeutet Sterben nicht mehr. Sondern Sterben bedeutet jetzt, mit Christus, dem Erstauferstandenen, zu leben und nahtlos in ein neues Leben hinüberzugeben, wo der physische Leib nur ein Hindernis wäre. Er ist ja nur für den alten Äon geschaffen, der seine eigenen Lebensverhältnisse für das noch Unvollkommene hatte. Man muss nicht, sondern darf sich von ihm trennen. An ihm bleiben die Sünden und Fehler der Vergangenheit hängen, dazu die Versäumnisse und Unzulänglichkeiten, die Ärgernisse und Enttäuschungen, die Schmerzen, das Leid und die tiefen Sehnsüchte, die Verlassenheiten und die Vereinsamung. Statt Einsamkeit kommt die Gemeinsamkeit. Erbe Gottes! Das alles bedeutet Taufe für Paulus. Der alte Mensch, der frühere Sünder ist tot, es lebe der neue Mensch in Christus, für den das physische Ableben nur ein Übergang sein kann, wo die Nähe zu Gott vollendete Wirklichkeit wird!

Und was bedeutet für Paulus die „Kirche"? Paulus kennt sie nur als Leib des Hauptes Christi. Es ist die Gemeinschaft aller, die Christus angehören, weil sie Gott vor Grundlegung der Schöpfung dazu auserwählt hat (Eph 1,4). Paulus meint keineswegs, dass jeder, der für Christus die Lippen öffnet, dieser Gemeinschaft angehört. Es genügt nicht, sich nur äußerlich zu taufen, wenn keine Geistestaufe erfolgt. Nur wer den Geist Christi in sich hat, ist Glied am Leibe Christi. Wer andere Geister in sich hat, wer nur den Geist des Menschen hat, wer von anderen Geistern getrieben wird, wer vom anti-christlichen Geist erfasst ist, sie sind eines anderen Herren Diener aber keine freien Gefolgsleute in Christus. Nicht jede Kirche ist eine Geistesgemeinschaft Christi, aber jede sichtbare Kirche ist ein sichtbares Werk von Menschen, das von Gott benutzt werden kann. Dass Kirchen auch von anderen Geistern als dem Geist Gottes inspiriert und angeleitet werden können, scheint die Geschichte der Kirchenchristenheit nur zu deutlich zu zeigen. Hier unbedenklich auf eine ökumenische Vereinheitlichung der Kirchen hinzuwirken, ließe viele geistliche Grundsätze außer Acht und ist daher nicht ratsam.

Wenn vereinzelt von Theologen darauf hingewiesen wird, dass sich Paulus widersprechen würde, wenn er einerseits das Kreuz Christi als absolutes Vollendungszeichen des göttlichen Heilsvorhabens darstellt und andererseits im Kolosserbrief von einem noch zu vollendenden Leiden Christi spricht (Kol 1,24), zeigt das nur ihre theologische Voreingenommenheit, die aus ihrem traditionsverhafteten Denken herrührt. Paulus widerspricht sich nicht, denn das Kreuz Christi steht wie ein Garantiezeichen. Jesus sprach am Kreuz: „Es ist vollbracht!" Es hing nie vom Menschen ab, dass Gott Seine Schöpfung erlöst und zum Ziel bringt. Der Mensch wirkt mit, aber er verwirkt es nicht. Daher können auch diejenigen, die Christus angehören, Glieder sein, die der Leib abwirft, denn der Leib baut sie, gesteuert vom Haupt her, auf. Dieser Aufbau ist aber mit der Kreuzigung Jesu nicht abgeschlossen, sondern er dauert an, bis zur Vereinigung mit Christus.

Christi Erlösungstat am Kreuz gilt universell. Was auf sie folgt, ist die fortschreitende Unterordnung unter Seine Heilsordnung. Dazu gehört auch der Aufbau einer Gemeinde, die ihrerseits noch das Universum weiter ausbauen wird, damit alles, was noch leer und finster wird, gefüllt und licht wird, zur Verherrlichung Gottes. Es ist am Kreuz vollbracht, der Weg ist frei zu Gott, nun wird er aber auch beschritten werden. Der Sieg ist errungen. Und er ist ein vollständiger, der sich nun vollständig vollzieht.

JCJCJCJCJCJCJCJCJCJCJCJCJCJCJC

Würdigkeit und Wandel
Kol 1,5-11

Paulus beginnt seinen Brief mit einem langen Grußwort, das Lob und Ermahnung, Rat und Aufforderung enthält. Beinahe das ganze Programm der christlichen Nachfolge wird angesprochen. Man kann sich des Eindrucks kaum erwehren, dass hier Paulus schon vorbeugend auf das, was er in dem Brief ansprechen will, den richtigen Grundton setzen will. Dennoch ist es vielen Auslegern entgangen, dass Paulus in seine Begrüßung bereits seine Botschaft an die Kolosser hineingelegt hat.

In dem Begrüßungswort an die Kolosser erwähnt Paulus in Bezug auf ihre Hoffnung Worte der *„Wahrheit des Evangeliums, das zu euch gekommen ist"* (**Kol 1,5-6**), und zwar durch Paulus *„so wie es auch in der ganzen Welt ist"* (**Kol 1,6**). Es ist kaum anzunehmen, dass Paulus der Meinung war, dass er sein Evangelium für die Nationen in der *„ganzen Welt"* verkündet hat, zumal er selber ja noch nicht einmal in Spanien, einem wichtigen Teil des Römischen Reiches, der sogenannten „Ökumene", gewesen war. Er nimmt von diesem Evangelium sicherlich nicht die Verkündigung all der anderen Evangelisten des Evangeliums aus, die er zum Teil selber beauftragt hatte – Paulus nennt hier Epaphras (**Kol 1,6**). Es ist naheliegend, anzunehmen, dass er hier unter „Evangelium" die Verkündigung der Sündenvergebung und Erlösung durch Jesus Christus meint und keine damit verbundenen Besonderheiten, weil es auf die in der Frage der „Hoffnung" zunächst nicht ankam. Die „Hoffnung" ist die Rettung durch Christus, die Gemeinschaft mit Ihm, dann auch die Befreiung von diesem beschwerlichen und unvollkommenen Leben zu einem besseren Leben hin. Auch gehört die Naherwartung des Kommens Christi, des Messias, dazu. Allerdings trat diese verständlicherweise im Lauf der Zeit zurück.

Ob es sich bei der „Hoffnung" auch um den Glauben an einen „Himmel auf Erden" wie in einem messianischen Reich handelte, um ein „Paradies im Himmel", das wollte Paulus bei diesem Grußwort schwerlich zur Debatte stellen. Paulus meint mit seiner Hoffnung die Erwartung des seligen Einsseins mit Jesus Christus. Dass diesem Einssein ein Einswerden vorausgehen muss, war ihm klar. Das zeigt sich auch darin, was er den Kolossern dazu in diesem Brief zu schreiben hatte.

Zur inhaltlichen Nähe von der Hoffnung zur Wahrheit in **Kol 1,5** ist noch zu bemerken, dass jemand, der die Wahrheit kennt, weiß, dass er sie kennt. Dass andere es nur meinen und aus ihrer Überzeugung ebenfalls eine Hoffnung für berechtigt halten, bleibt davon unberührt und berührt umgekehrt diese Tatsache ebenso wenig. Da die Hoffnung auf Jesus Christus berechtigt ist, bekommt nur der die Sicherheit der Erlösung durch Jesus Christus, der um die Wahrheit weiß. Was andere erwarten, passt zu ihrem Irrtum um die Wahrheit, die sie nicht oder nur zum Teil kennen. Wer beispielsweise meint, dass man gute Taten vollbringen muss, um von Gott der Erlösung wert geachtet zu werden, hat die Erwartung, dass die Erlösung unter eine Bedingung gestellt ist, die von der Leistung abhängt, die man als Mensch einbringen kann. Dies ist eine unbewusste Erhöhung des Menschen in einer Schattenwelt, wo es, aus Sicht Gottes und Seiner Erlöster, unerheblich ist, ob man dort etwas höher oder niedriger sitzt. Es kann ja keine echte Erhöhung sein, denn es ist keine Welt, die von Gottes Licht durchstrahlt und verherrlicht wird.

Der so durch Fremd- und Selbstbetrug Getäuschte stellt sich Gott, die Welt, den Himmel so vor, wie sie alle gar nicht existieren, außer in seiner durchschatteten Vorstellungswelt. Dort denkt er sich als maßgebender Akteur, da es ja auf seine Werke und seine Entscheidungen ankommt. Die rechte Erhöhung, die Gott bereits durch Jesus Christus am Kreuz von Golgatha vorgenommen hat, betrifft sehr wohl jeden Menschen, aber solange er in seiner Schattenwelt lebt und sich dort gewissermaßen zu einer bedeutenden Person gemacht hat, begreift er diese von Gott vorgenommene und „abrufbare" Erhöhung gar nicht. Er bleibt „alter Adam".

Gott betrachtet jeden Menschen als überaus kostbar. Er will ja sagen können, „Geist von meinem Geist" und Christus will sagen können, „Glied von meinem Leib". Der Mensch kann nicht höher hinaus als da, wo er aus eigener Kraft nie hinkommt, nämlich zu Gott. Aber das ist das Entscheidende: nicht aus eigener Kraft! Nur in der Unterordnung unter Christus erreicht der Mensch den höchsten Gottesgnadenstand. Diese Unterordnung ist so gründlich, dass der Mensch sagen kann, er gibt mit Freuden sein altes Adamswesen her und bekommt von Gott das neue Adamswesen. Der Mensch gibt das alte Adamsleben her, um das Leben göttlicher Natur zu erwerben.

Das alles gehört zur Hoffnung. Das alles gehört zur Wahrheit. Und wie es in **Kol 1,6** auch heißt: es soll Frucht bringen. Es kann aber erst recht Frucht bringen, wenn man diese Beziehung zwischen Hoffnung und Wahrheit lebt. Berechtigtes Hoffen kommt von wahrem Wissen. Manch einem scheint sein Weg recht, am Ende bringt er ihn zu Tode (Spr 16,25). Islamisten sprengen sich in die Luft, weil sie meinen, damit in den Himmel zu kommen. Sie stellen sich Gott nicht als fürsorglichen Vater, sondern als Sprengmeister vor, der gerne Menschen für Gewalttaten belohnen will. Nur Seelen, die zerbrochen sind, können so Schreckliches denken. Und auch Kirchenchristen verknüpfen mit ihrer Hoffnung eine grausige Gewaltanwendung. Sie meinen, dass sie alles tun müssen, um nicht in der Hölle fort und fort mit Gewalt konfrontiert zu werden, die sie zuerst in Stücke sägt oder sprengt, wieder zusammensetzt, um die Tortur zu wiederholen. Ihre Hoffnung ist weniger darauf gerichtet, eine fruchtbare Gemeinschaft mit Gott zu haben, einem Gott, der unnahbar bleibt wegen seiner unmenschlichen Eigenschaften, denn wer würde schon seine missratenen Kinder misshandeln? Ihre Hoffnung ist mehr darauf gerichtet, nicht in die Hände des Gottes zu fallen, der sich nicht scheut, Seine Schöpfung immerfort zu zermahlen. *4

Bei den Indianern gab es den Brauch, die Feinde möglichst langsam zu Tode zu quälen, weniger ging es darum, einen Spaß am Quälen zu haben, als darum dem Feind die Ehre zu gewähren, dass er lange genug demonstrieren konnte, was er als starker Krieger aushalten würde. Der Gott der Kirchenchristen hat im Unterschied zum Gott der Bibel nicht diese Eigenschaft, den Sterbenden ehren zu wollen.

Ein Vater will immer, dass seine Söhne ehrbar werden. Daher zeigt er ihnen, was Ehre bedeutet und wie sie Ehrbarkeit erwerben. In einem dunklen Verlies lernt niemand Ehre und auch derjenige, der andere wegsperrt, bekommt dadurch keine Ehre, sondern erst, wenn es ihm gelingt, die Ehrbarkeit wieder herzustellen. Sie muss auf beiden Seiten vorhanden sein. Ein unbarmherziger Richter ehrt sich ebenso wenig wie ein Mensch, der nie Barmherzigkeit lernt.

Ehrung entsteht durch Ehrbares,
nicht durch fehlendes Erbarmen.

Meinte Paulus wirklich, dass die Kolosser *„in Wahrheit die Gnade Gottes erkannt"* haben? Zum Teil und ansatzweise, denn die Wahrheit ist, dass sie keiner ganz richtig erkannt hat, auch Paulus nicht. *5 Aber Wissen macht verantwortlich. Wem viel gegeben ist, von dem wird auch Vieles verlangt. In erster Linie ist aber unter der angesprochenen Gnade Gottes die Heilsgnade gemeint. Paulus hat den Kolossern, wenn auch nicht in Kolossä, ein Evangelium gepredigt, wo die Erlösung und Gerechtsprechung des Menschen einem Gnadenakt Gottes zu verdanken ist und nicht einer gesteigerten Torahfrömmigkeit oder religiös korrekten Werken oder auch nur den Versuchen derselben. Wenn Paulus von Gnade spricht, meint er immer die Person Jesus Christus in vorderster Linie! „Ihr habt Christus erkennen dürfen", hätte Paulus ebenso gut schreiben können.

Die Gnade Gottes wird in Wahrheit erkannt, heißt es in **Kol 1,6**. Wer die Wahrheit nicht kennt, kennt auch die Gnade Gottes nicht. Das erklärt, warum die Kirchen einen anderen als den biblischen Gott lehren. Sie haben nicht die ganze Wahrheit und daher kennen sie auch die Gnade Gottes nicht im Vollumfang. Sie brauchen die Begnadung Gottes, um Seine Begnadigung zu verstehen. Ein Defizit in der Wahrheit, die ebenfalls den Namen Jesus Christus trägt, hat ein Defizit im Gnadenverständnis zur Folge. Das öffnet die Tür, um andere Lehren in die eigene Religion aufzunehmen. Diese sind immer dem alten Adam angenehm, nie dem neuen Adam. Das Wahrheitsdefizit, das auch ein Gnadendefizit ist, muss gefüllt werden. Und so fand auch die Allverdammungslehre Eingang in die Kirche. Sie stieß auf offene Türen, weil der alte Adam dafür das Willkommen spricht.

Aber welche Hoffnung ist für die Kolosser im Himmel aufbewahrt? Geht es um die Rückkehr Jesu? Geht es ums Kommen ins Tausendjährige Reich (1 Thes 4,16-17). Geht es um die Hoffnung bald aus dieser eingeschränkten Existenz in eine viel bessere überwechseln zu können (1Kor 15,51ff)? Oder doch eher um himmlisches Hoffnungsgut nach Eph 1,11.14? Dort geht es um die Herrlichkeit, die im Lichtkreis der Göttlichkeit Gottes erstrahlt. Alles wird miteinander verbunden mit dem Dienst für Gott, um Seine Schöpfung der Verherrlichung zuzuführen. Darum geht es Paulus immer wieder, dem unermüdlichen Arbeiter für die Sache Gottes: Dienst für Gott, heute, morgen, diesseits, jenseits, in künftigen Äonen und künftigen Verwaltungsbereichen. Es gibt keinen Ruhestand im Himmel und auch keine wolkigen Ruhekissen. Wenn man bedenkt, dass von den ca. 100 Milliarden Menschen, die bisher gelebt haben, jedenfalls mehr als die Hälfte keine Christen waren und wenn man dazu bedenkt, wie stark das Defizit der Christen ist, als vorzeigbare Nachfolger Jesu Christi wahrgenommen werden zu können, dann bekommt man den Eindruck, dass die Schöpfung noch sehr weit davon entfernt ist, vollends ausgereift zu sein. *6

Man sollte bei **Kol 1,5-6** auch beachten, dass Paulus nicht nur an ein Fruchtbringen des Evangeliums denkt, sondern auch an ein Wachstum. Es ist aber nicht nur ein Wachstum in dem Sinne, dass sich das Evangelium weiter unter den Menschen verbreitet. Vielmehr glaubt Paulus an ein individuelles Wachstum, denn das Evangelium ist ausbaufähig. Es enthält den Kern der Lehre, dass Jesus der Erlöser der Welt und der Messias des kommenden Reiches ist. Doch was bedeutet Erlösung? Was bedeutet das kommende Reich des Messias? Da kommt die ganze Prophetie des Alten Testaments zur Entfaltung und all das, was insbesondere Paulus in seinen Briefen thematisiert. In den kommenden Äonen vollzieht sich die Heilsgeschichte Gottes, Jesu erstes Kommen war nur der Akt der alles überragenden Mitte, das kommende Reich betrifft jedoch einen weiteren Heilsäon, an dessen Ende die Schöpfung noch lange nicht der Verherrlichung Gottes Genüge tut, denn dann wird noch einmal der Satan losgelassen, um die Völker in den Bann zu schlagen (Of 20,3). Paulus blickt noch darüber hinaus und blickt damit auch weiter als die anderen Apostel, z.B. in Röm 11,36, 1 Kor 15,22-28; Eph 1,9-10, Phil 2,10-11 und dann auch Kol 1,20. Das liegt daran, dass der Fokus von Israel auf das messianische Reich gerichtet sein muss, wo Israel die Nationen weiden wird. Deshalb verkündeten die zwölf Jünger Jesu die Botschaft vom Reich Gottes. Paulus hat zwar diese Botschaft ebenfalls verkündet. Daneben erkennt er aber, dass sich Jesus Christus eine Körperschaft heranbildet, die mehr als nur den irdischen Bereich der Heilsgeschichte zu betreuen hat. Die Gemeinde Jesu Christi ist das Ausführungsorgan des Christus der kommenden Äonen und Herrschaften. Das Wachstum des Evangeliums geht also auch in die Tiefe. Und weil die Gemeinde ihre Glieder hat, betrifft das Wachstum auch menschliche Individuen, die zugerüstet werden sollen, denn auf sie kommen noch weit größere Aufgaben zu, als in der Jetztzeit.

Nach **Kol 1,8** gibt es eine *„Liebe im Geist"*, die von der Gnade Gottes kund tut. Die Nächstenliebe wirkt sich eben nicht nur in mildtätigen Werken aus. Manchmal ist den Menschen mehr geholfen, wenn man ihnen die Wahrheit sagt. Das können auch Dinge sein, die sich keiner bisher getraut hat, vorzubringen. Nur keinen Staub aufwirbeln! Nur keine Wellen hochpeitschen! Nur nicht mit dem Hauch einer Kritik blasen, vor allem weil das bei vielen bereits als lieblos bezeichnet wird. Aber was sind das für Freundschaften, die keine wohlmeinende Kritik vertragen? Wie soll man in Christus wachsen, wenn man für Kritik nicht empfänglich ist? Das kann auch ein Zeichen von Hochmut sein und weist auf einen wunden Punkt in der Seele hin. Wer liebt, deckt der Sünden viele zu.

Aber diese zudeckende Liebe und der Verzicht auf Kritik sollte nicht verwechselt werden. Denn ebenso wie die Liebe Gottes bedeckt, kann sie auch enthüllen. Und das tut sie zu Recht im Geiste Christi. Sogar Weltmenschen haben eine Ahnung von der benötigten Ausgewogenheit zwischen schweigsamer Rücksichtnahme und ausgesprochenem Zurechtbringen. So brauchen z.B. Eltern gegenüber ihren Kindern eine gewisse Strenge als Erziehungsmittel, aber ebenso eine Milde. Nicht immer, wenn das Kind eine Strafe verdient hat, bekommt es sie, denn das Kind muss vor allem auch lernen, was eine bedingungslose, unverdiente und unverdienbare Liebe ist. Dieserart Liebe mag es bald auch in Gott erkennen können. Und das kann nur der einzige wahre Gott sein, dem diese Liebe herkunftsgemäß zuzuordnen ist. Das ist das Beste, was Eltern tun können, dem Kind ein Vorbild dieser göttlichen Liebe geben. So werden schon im Kindesalter die Kinder evangelisiert durch die praktische Anwendung von Liebe, die immer mehr ist als nur die theoretische Unterweisung. Eines der sicheren Erkennungszeichen des wahren und einzigen Gottes ist, dass Er mehr Liebe hat, als jeder andere. Genau genommen muss Er sogar mehr Liebe haben als alle Geschöpfe zusammengenommen. Das ist leicht zu verstehen, denn da Er der Ursprung jeglicher Liebe ist, kann die Summe aller Lieben nie mehr ausmachen als die Liebe Gottes.

Die „Liebe im Geist" führt auch bei den Lehrern der Gerechtigkeit und der Nachfolge Jesu Christi zur rechten Lehre, sowohl durch die Tat als auch durch das rechte Wort. Was die Menschen am meisten brauchen ist Jesus. In Ihm ist auch alle Liebe des Vaters. Also muss man ihnen die Wahrheit über Jesus erzählen und das ist die Wahrheit des Evangeliums. Man muss nicht mit der Tür ins Haus fallen, es reicht meist, anzuklopfen und auf das „Herein!" zu lauschen. Wenn es nicht zu vernehmen ist, kann man weiterziehen.

Und dann fährt Paulus gleich mit einem anderen Aspekt fort, denn nach der Erlösung und Gerechtstellung, geht die Gnade Gottes nicht in den Ruhezustand über, sondern Gott hat die Gnade „überströmen lassen in aller Weisheit und Einsicht" bzw. *„Weisheit und geistliches Verständnis"* (**Kol 1,9**) *7 Für wen sind „Weisheit und Einsicht"? Natürlich für den, dem die Gnade zugewiesen ist, damit er sie auch erfassen kann. Und hier gibt es große Unterschiede, denn viele glauben, dass Jesus für ihre Sünden gestorben ist und sie vor dem Gerichtstod erlöst hat. Aber sonst fehlen oft noch Weisheit und Einsicht, sonst gäbe es nicht so viele Glaubensunterschiede.

Paulus war vielleicht selber damals noch optimistisch. Er konnte nicht vorausblicken in die Kirchengeschichte. Aber im Vordergrund war für ihn immer das Optimale, das es anzustreben galt. Was daneben noch dabei war, eine Christusbeziehung zu entwickeln, nahm er wahr, ohne es zur Norm zu erheben. Daher muss man bei Paulus, wenn er von Weisheit und Einsicht spricht, an Tiefgründiges denken, das zu einem christologischen Denken dazugehört, und das stand im Gegensatz zum griechischen Denken und Philosophieren.

Weisheit bei Gott beachtet Gottes Wesen und Gottes Wege mit der Schöpfung, denn darauf kommt es auch bei Christus an. Er setzt das um, was Gottes Ratschluss und Wille bewirken sollen. Weisheit bedeutet, Gott hinterher zu denken, wenn man nicht noch unmittelbarer mit Gott, in Seinem Takt, in Seiner Zielrichtung denken kann. Weise ist, wer christusgemäß denkt. Kirchengemäß reicht nicht! Weise ist, wer das, was Paulus offenbart wurde, richtig bedenkt und in das heilsgeschichtliche Handeln Gottes einzuordnen weiß. Das Verständnis, griechisch „synesis" bezieht sich mehr auf die Umsetzung der weisheitlichen Erkenntnis in die Lebenspraxis. Das griechische Wort kommt von „syniemi" und setzt sich zusammen aus „syn" – zusammen und „hiemi" – etwas setzen, stellen, eben auch gedanklich. Wenn man eins und eins zusammenzählt und dann auf ein Ergebnis kommt, hat man so eine Zusammensetzung von Gedanken zu einer Idee gemacht.

Wer nicht weiß, dass Gott Seine eigene Kirche baut, baut vielleicht eine eigene und die muss anders werden, weil sie bloß menschengemacht ist und nur noch darauf hoffen kann, dass Gott sie nicht ganz links liegen lässt. Es wäre also gut, wenn man nicht nur wüsste, was man braucht – Weisheit, sondern auch wie man es bekommt – Einsicht. Tatsächlich steht im Text „synesei pneumatike", es ist also nicht nur eine menschliche Einsicht, sondern eine besondere, weil sie pneumatisch ist, also eine geistliche Einsicht. Sie kann der Mensch nur als Zustrom von Gott bekommen. Sie hängt nicht irgendwo in der Luft oder am Goldstaub. Der menschliche Wille oder Fleiß kann sie nicht fördern oder schürfen.

Und wozu dient das Ganze?
1. „damit ihr des Herrn würdig wandelt und ihm in allem wohlgefällig seid:
2. in jedem guten Werk fruchtbar und
3. in der Erkenntnis Gottes wachsend" (**Kol 1,10**)

Was ist ein würdiger Wandel oder ein Wandel in Würde? Darüber sollte man nachdenken in einer Zeit, in der es in der Gesellschaft der Menschen immer würdeloser zugeht. Selbstverschuldet verliert der Mensch alle Anzeichen der Würde, denn wer Würde sich in seinem Leben äußern lässt, der macht es dadurch auch anderen erkennbar. Wer seine Würde nicht sich entfalten lässt, erweckt den Anschein, als hätte er keine. Das ist wie mit den Talenten. Man hat sie, aber man kann sie vergraben und eine Schicht Mist darüber ausbreiten, oder man bringt sie zur Geltung.

Das hebräische „Nedibah" steht für Adel, kommt von „nadab" ein Verb und zeigt Freigiebigkeit und Hingabebereitschaft an. Würde soll ja jeder Mensch haben. Aber eigentlich kann ein Mensch nur Würde von Gott verliehen bekommen haben, weil er ein Ebenbild Gottes ist. Genau darin liegt seine Würde. Würde der Mensch vom Affen abstammen, hätte er allenfalls äffische Würde. Dann wäre es passend, dass er kulturlos umherspringt und sich sprachlos mit verzerrten Gesichtszügen zurunzt. Es ist keine Ironie der Geschichte, dass viele Menschen sich dem immer weiter annähern. Das ist die Avantgarde des vollends verblödeten Atheismus.

In dem Maße, wie ein Mensch die Wesensmerkmale Gottes wiederspiegelt und verinnerlicht hat, in dem Maße steigt seine Würde. In der Sprache des Neuen Testaments kann man sagen, dass man Würdigkeit, der Glanz der Würde, erwerben kann, wenn man Jesus Christus nachfolgt. Und nur das kann auch der rechte Adel sein. Jesus war edelmütig, weil Er alle Dinge richtig beurteilte, den Wert der Dinge und ihren Platz in der göttlichen Ordnung kannte und danach handelte. Und natürlich zeigte sich Seine Hingabebereitschaft und Freigiebigkeit in Seinem Opfer. Er sagte selbst, dass Er Sein Leben von sich aus und für alle Menschen, die Kleinen und die Großen, die Geringen und die Verachteten ebenso gegeben hat. Wegen dem wurde Er sogar Mensch. Er hat mehr gegeben einem jeden Menschen als sonst irgendein Mensch zu irgendeinem Zeitpunkt einem anderen gegeben hat.

An Jesus sieht man, wie Würde, Adel, Freigiebigkeit und Hingabebereitschaft eine Einheit bilden. Wenn in Abhandlungen die Würde als Seinsbestimmung bezeichnet wird, muss klar sein, dass es irrelevant ist, welche Bestimmung sich der Mensch gibt, denn am Ende ist er tot und solange er lebt, besteht zumindest noch eine Hoffnung darauf, sein gegenwärtiges Sein zu verbessern. Wenn aber Gott die Bestimmung gibt, dann definiert sich die Seinsbestimmung, also auch die Herkunft und der Werdegang von Gott her. *8

Würdig wandeln ist das Gleiche wie „zu allem Wohlgefallen" Gottes. Das griechische „areskia" beschreibt ein Bemühen des völligen Gefallenwollens. So wie man sich der Würde Gottes nur annähern kann und in Christus vollständig erwirbt, so kann man Gott auch nur völlig gefallen, wenn man in Christus ganz und gar einverleibt ist. Wer „areskia" seinem Herrn leistet, vollbringt einen tadellosen Dienst. Der wahre Gottesdienst ist ein areskia-Dienst. Das „Wandeln" in Christus sollte eigentlich die Alltagsgeschäftigkeit eines jeden sein. Tatsächlich sind es nur Wenige, die in Christus wandeln, weil man dazu den Geist Christi haben muss. Der Geist Christi ist kein anderer Geist als der Geist Gottes oder der heilige Geist. Es ergibt keinen Sinn, zu denken, dass der Geist Christi nicht der heilige Geist sei. Daran ist auch nichts zu ändern, wenn man „heiliger Geist" groß schreibt.

Leider findet man bei den Auslegern hier das Diktat der kirchlichen Dogmatik, die zu Ungenauigkeiten und Unschärfen in der Beurteilung geistlicher Gegenstände und der Angelegenheiten Gottes führt. Für Juden, die sich zum christlichen Glauben bekehrt haben, ist es unvermeidlich, dass sie sich mit den Lehren der Kirchen, die nichtjüdische Kirchen sind, befassen. Diese haben ja seit 2000 Jahren die Auslegung des von den Juden abgelehnten Neuen Testaments betrieben. Und so steht vor einen messianischen Juden ein riesiger Berg an „Theologie", der unmöglich bewältigt werden kann, wenn man von einer dem allem gegenüber oppositionell eingestellten Richtung herkommt. Das Beispiel sei hier deshalb genannt, weil es gerade die messianischen Juden sind, die viele fruchtbare Anstöße zur herkömmlichen Überlieferung geben können und das auch tun. Umso unerfreulicher ist es, wenn messianische Juden die Irrtümer der nichtjüdischen Kirchentradition übernehmen. Immer wieder ist festzustellen, dass man eine vorgefertigte Meinung in die Bibel hineinliest. Das ist insbesondere aber dann unklug, wenn die Bibel an Ort und Stelle das nicht zulässt. So versucht ein jüdischer Ausleger im Alten Testament Nachweise neutestamentlicher Lehren zu finden und führt Jesaja 63, 7-14 an. *9 Dort ist von den Gnadenerweisen und Erbarmungen JHWHs die Rede. JHWH bezeichnet Israel als Sein Volk und *„Nicht Bote noch Engel – er selbst hat sie gerettet…. Sie aber, sie sind widerspenstig gewesen und haben seinen heiligen Geist betrübt. Da wandelte er sich ihnen zum Feind."* Ein unvoreingenommener Leser würde gar nicht auf die Idee kommen, dass zwischen *„JHWH"* und *„er"*, welche vor und nach *„seinen heiligen Geist"* stehen, eine andere Person als JHWH vorkommen würde oder dass sich das *„sein"* in *„seinen heiligen Geist"* nicht auf JHWH beziehen würde. Vielmehr würde man selbstverständlich den *„heiligen Geist"* als den Geist JHWH verstehen. Es ist geradezu grotesk unter *„heiliger Geist"* eine von JHWH zu unterscheidende Person zu sehen, weil man dann sich fragen müsste, was mit JHWHs Geist selbst ist. Hat JHWH Israel ohne Beteiligung Seines Geistes geholfen und ohne Beteiligung Seines Geistes sich zum Feind Israels gewandelt? Was macht ein Mensch, wenn er einen anderen Menschen rettet oder ihn als Feind behandelt. Macht er das ohne Beteiligung seines Geistes? Sind sein Geist und der Rest vom Menschen zwei verschiedene Personen? Dass Gott Geist ist, also auch

JHWH, das dürfte klar sein, das sagt sogar das Neue Testament, als ob es notwendig wäre (Joh 4,24). *10

Im Übrigen lässt in Jes 63, 7-14 der Kontext, ohne einen Bruch im Geschehen, gar nicht zu, neben JHWH noch eine weitere Person als Gottheit einzuführen. Diese Art von Auslegung, bei der eine vorgefertigte Sichtweise unter Missachtung sämtlicher Auslegungsnormen in einen Text hineingelesen wird, ist abzulehnen. Man darf glauben, wenn man will, dass hier mit dem heiligen Geist eine weitere Person, die nicht mit JHWH identisch ist, angesprochen ist, aber man darf nicht so tun, als sei hier der „Beweis" dafür zu finden. So tut man Bibelversen Gewalt an. Der Ausleger versteigt sich sogar blindlings zu der Behauptung: „Hier ist die Dreieinigkeit klar in den hebräischen Schriften definiert." *11 Es ist weder „klar", wie ich deutlich nachgewiesen habe, noch steht hier etwas von einer dritten göttlichen Person, denn entweder ist JHWH der Sohn, dann kommt der Vater hier gar nicht vor und dann wären nur zwei Personen beteiligt, oder JHWH ist der Vater und dann wäre der Sohn nicht beteiligt, mit dem gleichen Ergebnis. *12 Jes 63 ist völlig ungeeignet, die Trinität nachzuweisen. Wer es dennoch behauptet, liest seine eigene Lehre hinein und weist damit nach, dass er dogmatisch, aber nicht biblisch argumentiert. Das ist abzulehnen. *13

Die „fruchtbringenden Werke" sind dann auch wieder nur solche Werke, die dem rechten Wandel und dem Gottesdienst entsprechen. Gott hat ja die Werke zuvor schon bereitet, wie Paulus an anderer Stelle sagt und hinzufügt, dass wir in Christus nicht bloß inaktiv ruhen, voller Selbstgefälligkeit, sondern *geschaffen zu guten Werken* sind (Eph 2,10).

Schon Jesus hatte gesagt, *„an ihren Früchten sollt ihr sie erkennen"* (Mt 7,20). Nicht auf die einzelne Frucht kommt es an, deshalb sind vorschnelle Beurteilungen zu vermeiden. Jeder würde durchfallen, wenn er ausgerechnet da geprüft wird, wo er noch ein Überwinder werden soll. Deshalb heißt es „Früchten", - Plural. So eine Prüfung sollte man auch bei Kirchen machen. Wer strukturell viele ungute Früchte hervorbringt und verhindert, dass gute Früchte wachsen können, kann nicht die

Kirche Gottes sein. Ein Beispiel für eine strukturelle Fruchtverhinderung ist z.B. das Zölibat oder die Behauptung, dass nur ein katholischer Bischof das Wort Gottes richtig auslegen kann.

Wenn man sich nicht sicher ist, ob man eine Kirche vor sich hat, die die Bezeichnung „christlich" verdient, muss man kein Gesamturteil fällen, jedoch sollte man sich dessen bewusst sein, was in Unordnung ist und ungute Früchte bringt. Natürlich hat sich so einer Prüfung eine Kirche zuerst jederzeit selber unterziehen. Sie muss ihren Kurs ständig hinterfragen. Das geht jedoch gar nicht, wenn man sich schon per Dogma dazu verpflichtet hat, an einer Irrtumslosigkeit festzuhalten. *14 So wird es unmöglich gemacht, dass sich irgendetwas zum Bessern ändern kann.

Die Frage, die sich der Kirchgänger stellen muss, wenn er nicht einfach nur ein mitgegangener Mithänger sein will, ist, wann aus dem Abwägen zwischen guten und faulen Früchten eine klare Anzeige eines schlechten Baumes wird. Was muss ein Mensch tun, damit man ihn als bösen Menschen bezeichnet? Reicht bereits ein Rufmord? Oder muss ein veritabler Totschlag folgen? Was muss eine Kirche vorzeigen, damit man sie verteufelt – also dem Teufel verfallen erklärt. Im Fall der Kirche Roms fällt viel Gutes in die Waagschale der guten Werke. Aber sie hat sich jahrhundertelang am Rufmord an Juden und anderen Nichtkatholiken beteiligt, das Papsttum hat Kriege nicht nur angezettelt, sondern auch selber durchgeführt. *15 Und die Inquisition hat ähnlich wie die Geistlichen rund um den Globus unmittelbar am gewaltsamen Tod unzähliger Unbotmäßiger mitgewirkt. Von anderen Untaten soll hier gar nicht erst die Rede sein.

Für Christen hat die Frage schon immer eine wichtige Rolle gespielt: wann muss ich mich von einer Gemeinschaft trennen, um mich nicht schuldig zu machen an den von ihr begangenen Taten. Man soll teilhaftig werden an fruchtbaren Werken Gottes, nicht an den furchtbaren Werken von menschlichen Organisationen, die letzten Endes doch nur dem derzeitigen Herrn der Welt dienen. Nicht von ungefähr heißt es in Of 18,4: *„Und ich hörte eine andere Stimme aus dem Himmel, die* sprach: *„Geht hinaus aus ihr, mein Volk, damit ihr nicht ihrer Sünden teilhaftig wer-det und damit ihr nicht von ihren Plagen empfangt!"* Die Rede ist von Babylon, das nach der Offenbarung mehr ist als nur eine Stadt und jedenfalls in den letzten Ta-gen dieses Kosmos eine große Rolle spielt, die sie schon sehr lange mit Nachdruck gespielt hat. Viele geeignete Kandidaten dafür gibt es nicht. Babylon hat die halbe Welt in ihren Bann gezogen, obwohl sie eine „Behausung der Dämonen und ein Gefängnis aller unreiner Geister" geworden ist (Of 18,2). Für das historische Baby-lon, das bis ins 5. vorchristliche Jahrhundert bestanden hat und dann verschwun-den ist, trifft das sicher nicht zu. Die Verführung in den letzten Tagen wird sogar so groß sein, dass Gott die Zeit verkürzen muss, damit überhaupt noch jemand übrig bleibt, der sich nicht verführen lässt (Mk 13,20).

Das bedeutet, dass die Verführungsmacht dieses babylonischen Gebildes sehr groß sein wird. Die Menschen sind nicht verkommener oder böser als in früheren Zeiten, sondern sie denken, dass sie sich für eine gute Sache entschieden hätten. In unserem Medienzeitalter kann das nur der Fall sein, wenn die Wahrheit des Evangeliums eine geringe Verbreitung findet und stattdessen das sehr verbreitete Kirchenchristentum seine Lehren auf einen gemeinsamen Nenner mit der politi-schen Korrektheit und dem Zeitgeist gebracht hat. *16 Besser noch ist, wenn man gar keine verbindlichen Lehren mehr hat und Beliebigkeit, Toleranz und Gesetzlo-sigkeit um sich gegriffen haben. Die heutige westliche Gesellschaft, in die die gro-ßen Kirchen sich integriert haben, ohne noch ein großes Licht anderer Art als wie es vom atheistischen Humanismus ausgestrahlt wird, leuchten zu lassen, ist eine passende Entsprechung des Babylon genannten Systems in der Offenbarung, das sich selbst und andere betrügt.

Die Abwägung, wo gerade Babylon sein könnte und mit ihr der falsche, fruchtlose Gottesdienst und der dem Wesen nach anti-christliche Wandel, hat die Christen durch die Jahrhunderte beschäftigt und interessanterweise hätte zu allen Jahrhun-derten die Antwort Rom gegeben werden können. Zuerst noch das Kaiserlich-heid-nische, dann das Römisch- babylonische der Übergangszeit, wo sich Heidentum und Kirchentum verbanden und mischten. Im Alten Testament wird das Zusammengehen von geistlicher, also priesterlicher und gottfeindlicher weltlicher Macht als Hurerei bezeichnet. Ob dies analog auf das Verhältnis zwischen Kirche und Kaisertum angewendet werden kann, ist fraglich, da die Kirche, anders wie Israel im Alten Testament keinen göttlichen Auftrag bekommen hat. Hurerei ist an sich die Verbindung zwischen zwei Parteien, wovon die eine Geld – das ist die Währung der Welt – gegen eine nachgemachte Form des Liebesdienstes gibt. Käufliche „Liebe" ist eine Liebe ohne Treue. Als die Kirche Roms sich mit der weltlichen Macht zusammenschloss, nahm sie die Währung der Welt, Geld, Macht, Einfluss, Ehre und gab dafür Gunst, Segen, Rechtfertigung, Entsühnung, also geistliche Werte, auch wenn sie sich als umgekehrte Werte auswirken. Wenn man beispielsweise einen Bund mit Satan schließt, hat man zunächst auch eine Art Segnung. Sie hält nur nicht ewig und verwandelt sich in einen Fluch. Es besteht also eine gewisse Berechtigung im Bösen und allem Widergöttlichen Analogien zu sehen, selbst wenn es bei der entgegen gesetzten Entsprechung im Bereich des Gottwohlgefälligen immer von der Entscheidung Gottes abhängt, wann etwas gelten soll und was nicht. Als die Zahl der Rom-Gegner zu groß geworden war, als dass man ihre Wirkung noch ohne Gewalt durch bloßen Rufmord oder korrupte Einverleibung beseitigen konnte, wurde die Kirche gewalttätig. Das ist ein starkes Indiz dafür, dass sie in ihrem Inneren von anderem geleitet wird als vom Geist Gottes.

Immer aber hat der Name Babylon auf Rom gepasst und es bestehen kaum berechtigte Zweifel, dass Johannes eben diesen Namen anstelle von Rom setzte. *17 Man darf sich von der Selbstverständlichkeit, mit der einzelne Kirchen die Aussagen von Paulus im positiven Sinne auf sich beziehen, nicht beirren lassen. Es ist sogar schon immer auch von den größten Übeltätern eine geübte Praxis gewesen, sich in der Öffentlichkeit als große Mildtäter darzustellen und dafür sogar einige Mühen zu verwenden, um es überzeugend erscheinen zu lassen. Man nennt das Tarnen und Täuschen. Damit soll nicht gesagt sein, dass die Protagonisten immer wissen, wer ihr Herr ist oder ob sie selber diejenigen sind, die am meisten verführt sind.

Es könnte die Frage gestellt werden, ob Paulus in **Kol 1,10** nicht einem Perfektionismus das Wort redet. Er redet das Wort des heiligen Geistes: *„um des Herrn würdig zu wandeln zu allem Wohlgefallen, fruchtbringend in jedem guten Werk".* In allem wohlgefallen sollen, in jedem Werk Frucht bringen sollen, ist das nicht zu viel verlangt? Aber das ist es ja gerade, was Gott sagen will. Ohne Ihn vermögen wir gar nichts, mit Ihm alles. Auch wenn wir noch so vermeintlich Großes leisten, ist es doch nichts wert, wenn es nicht von Gott gewirkt ist. Auch wenn wir bar jedes Vermögens und ohne jegliche Kraft und Qualifikation sind, Gott kann alles durch uns. Er bereitet ja die Werke vor, die Er dann von uns ausführen lässt, indem Er uns dann auch das Vermögen oder Das Gelingen dazu gibt. Und deshalb heißt es schon im nachfolgenden Vers: *„gekräftigt mit aller Kraft nach der Macht seiner Herrlichkeit, zu allem Ausharren und aller Langmut, mit Freuden"* (**Kol 1,11**). Alle Kraft, die es braucht, kommt von Gott, alles Ausharren, aller Langmut! Wo nicht, sind auch das Vermögen und das Gelingen nicht gegeben und das Werk soll offensichtlich nicht getan sein. Da wo wir perfekt sein wollen, will es Gott vielleicht gerade nicht! Und zu erinnern ist, dass Gott gerade da stark handeln kann, wo wir wegen unserer Schwachheit nichts tun können. Nicht, weil Gott unsere Schwachheit braucht, damit Er sich entfalten kann, sondern, dass wir uns selber nicht im Wege stehen mit ungerechtfertigten Ambitionen. Gott handelt auf mehreren Ebenen. Es geht Ihm um viele Sachen und zugleich um viele Personen. Wer in einer Sache vermeintlich scheitert, hat vielleicht einen persönlichen Fortschritt erzielt oder zumindest in die Wege leiten dürfen. Gott behält den Überblick, auch wenn um uns herum das Chaos ausbricht.

Gott ist Perfektionist. Wir müssen es nicht sein. Aber wir werden unserem Habitus vollkommen gerecht, wenn wir in Christus sind. In Christus dürfen wir mit all unseren Schwachheiten und Schwächen sein – und sie bleiben lassen. Je mehr Christus übernimmt, je mehr wir Ihn machen lassen, desto mehr wird das, was wir vertreten, auch die Vollkommenheit Christi wiederspiegeln, nur nicht so, dass es deshalb gleich sichtbar werden muss.

Der innere Mensch wird von Gott gebaut. Seine Sichtbarkeit mag gelegentlich auch durchscheinen, wenn es benutzt werden soll, aber da wir nicht mit den Augen Gottes schauen, sehen wir nie das, was wirklich da ist. Und dennoch soll man sich selbst beschauen und überprüfen, ob man in allem immer nur Christus gewähren und leiten lässt. *18 Die innere Größe eines Menschen ist seine Christusebenbildlichkeit. Die kann man nur mit den Augen Gottes sehen. Ein einfacher Mensch, der es nie zu großer Bildung oder zu einem akademischen Grad geschafft hat und auch in der Gemeinde ein unscheinbares Randdasein gelebt hat, kann innerlich reicher ausgestattet sein als ein Starprediger. Und auch ein Paulus, der sein Leben mit großem Eifer dem Evangelium gewidmet hat, muss deshalb nicht der erhabenste aller Heiligen Gottes sein. Bei Gott werden einst viele, die in der Bewertung der Welt versagt haben und gering geschätzt sind, ganz vorne zu Tisch sitzen und andere, die von Erfolg zu Erfolg geeilt und ihre Frömmigkeit anschaulich auf die Spitze getrieben haben, weiter hinten. Menschliche Maßstäbe gelten im Himmel nicht!

Auch wenn in der Geschichte der christlichen Kirche der Erwerb von Einfluss, Macht und Geld immer eine große Rolle gespielt hat, gab es immer auch ein Interesse für die biblische Wahrheit über das Verhältnis zwischen Kirche und Welt. Wahrheit kann man sich aber nicht kaufen. Ohne Wahrheit ist es aber unmöglich die geschichtlichen und heilsgeschichtlichen Entwicklungen geistlich richtig zu beurteilen.

Bei der Gemeinde in Kolossai standen die Dinge so, dass Epaphras und Paulus über die Kolosser, die ihn in Ephesus gehört hatten, so etwas wie eine Gemeinde gegründet hatten, diese aber bald mit heidnischem und jüdischem Gedankengut beeinflusst wurde. Davor hatte Paulus zu warnen. Hier haben wir einen Vorgang, der symptomatisch und schicksalhaft für alle Gemeinden überhaupt war. Der ursprüngliche Glaube, die herkömmliche Lehre hielten sich nirgendwo lange.

Es ist fast so, als hätten die Apostel von Anfang an einen vergeblichen Kampf gegen die Irrlehre gekämpft. Aber warum hätte Gott das zulassen sollen? Was aus Kolossai und anderen Gemeinden wurde, lässt sich einhundert bis zweihundert Jahre später als katholische, also allgemeine Kirche bezeichnen, weil alle Kirchengemeinden so waren. *19 Sofern es zunächst noch jüdische Christen gab, kannte man sich wenigstens noch in Gottes Wort – damals das Alte Testament – aus. Je mehr die jüdischen Christen aus den Gemeinden verschwanden, desto mehr schwand auch die Bibelkenntnis und desto mehr hielten heidnische Lehren und Riten Einzug. Die katholische Kirche behauptet, die einzige und wahre Kirche zu sein und eine Sukzession zu den Aposteln zu haben. Historisch richtig ist, dass sie die einzige und wahre Kirche ist, die sich aus der Tradition heraus ganz allgemein aus dem entwickelt hat, was sichtbar vorhanden war. Das hat aber mit der Ekklesia Jesu Christi wenig zu tun. Hätte Paulus damals schon gewusst, was sich in die Gemeinden hinein entwickeln würde, hätte ihn das, bei all den immensen Schwierigkeiten, denen er sich tagtäglich gegenübersah, noch viel mehr Kraft gekostet. Menschlich hätte ihm dazu sicher die Kraft gefehlt. Es hätte ihn überfordert. Gott hat es nicht für notwendig gehalten, Paulus einzuweihen. Gott wollte, dass sich die katholische Kirche entwickelte, weil sie im heilsgeschichtlichen Plan eine große Widersacherrolle zu spielen hat. Um es nicht zu offenkundig zu machen, gab Er ihr selber den Tarnnamen Babylon.

Als Ekklesia oder Kirche wird im gesamten Neuen Testament immer nur eine Versammlung von Gläubigen genannt. *20 Damit bezieht sich der Begriff aber sowohl auf einzelne jeweilige Versammlungen wie z.B. bei einem Hauskreis, als auch die Gesamtheit aller Gläubigen. Wenn man von einer Einheit dieser Kirche spricht, dann kann im Sinne des Neuen Testaments nicht eine beliebige Summe von Gläubigen gemeint sein, etwa alle Angehörige der katholischen und einiger anderer Kirchen, sondern nur die Gesamtheit dieser durch den heiligen Geist miteinander verbundenen Gläubigen. Deshalb ist die Ekklesia als Gesamtheit eine unsichtbare Kirche, obwohl man einzelne Zugehörige dieser Ekklesia real erleben kann. Daraus ergibt sich ein kritischer Abstand dieser, vom heiligen Geist getriebenen Gläubigen zu den Amtskirchen, weil es in keiner dieser Gebilde eine reine Lehre gibt und ebenso wenig nur „Rechtgläubige". Rechtgläubige sind diejenigen, die in Christus sind. Dass die Kirchen das nicht akzeptieren, liegt daran, dass in ihnen nicht Gottes Geist weht, der das anzeigen würde. In ihnen wird nicht unterschieden zwischen Sichtbarkeit und Unsichtbarkeit, auch wenn man es meint. Es bleibt alles im Sichtbaren. Sogar die Lehren haben eine menschliche Handschrift, weil sie auf menschliche Schwächen verweisen. Wenn einer Kardinal geworden ist, nehmen katholische Gläubige an, dass er dieses Amt von Gott bekommen hat und dass es ein geistliches Amt sei.

Es hat den Schein, dass es so sei, aber die unsichtbare Wirklichkeit vermögen sie nicht zu durchschauen. Wegen der Fixierung auf die Ebene des Schauens, die ihnen gegeben ist, können die Kirchen gar keine andere Wirklichkeit annehmen, weil man dazu den Geist Gottes benötigen würde. Und daher bemerken sie auch nicht, wie einfach das Konzept Gottes über die Ekklesia im Neuen Testament ist. Während das Haupt der Ekklesia im Neuen Testament Christus ist, sind die Häupter in den anderen Kirchen, Menschen. Zwar ist die neutestamentliche Ekklesia auf der Ebene des Menschlichen nach allen Seiten offen. Aber auch hier gilt, dass nicht die menschlichen Bemühungen über Evangelisierung, Mission und Taufriten mit Beitrittserklärungen und Kirchengeldzahlungen Realitäten des Glaubens schaffen, sondern Gott allein verfügt über den Geist, den Er zuteilt oder auch nicht. Diese Lektion hatte ja schon Petrus lernen müssen, der mit Kornelius einen mit Gottes Geist beschenkten Nichtjuden vor sich hatte, der keine der kirchlichen Voraussetzungen erfüllte, in den Kreis der Auserwählten hineinerklärt zu werden (Ap 10).

Das Konzept der katholischen Kirche basiert auf einem Irrtum, denn sie nimmt an, dass Gott ihr alle Möglichkeiten überlassen hätte. Wen sie tauft, der gehöre zur Ekklesia, wem sie das Heil zuspricht, der sei gerettet, wem sie das Heil versagt, der sei verdammt. Ein Gott, der den Menschen überlassen würde, über das Los der

Mitmenschen das letzte Wort zu sprechen, wäre ein an der Menschheit uninteressierter und verantwortungsloser Gott. Daher stellt sich die Frage, welchen Gott die katholische Kirche hat. Sie beantwortet es so, dass es derselbe sei, den der Islam hat. Es ist also nicht der Gott der Bibel, sondern der Allah des Korans. Wenn Theologen sagen, dass die Kirche ihre Vitalität nicht in der Einengung des Adressatenkreises, der formalen Vereinheitlichung und verfestigten Rangordnung, sondern in ihrer Fähigkeit, von Christus her die Einheit in der Vielfalt und die Gemeinschaft in der Verschiedenheit zu gestalten, erweist, ist das ein Missverständnis. Denn die Kirche kann nur dann etwas von Christus her machen, wenn sie Christus von Ihm her machen lässt. Und dann ist sie eben ganz und gar nicht eine Kirche, in der überhaupt Einengung, Formalismus und Verfestigung der Rangordnung überhaupt vorkommen! Der Irrtum besteht also darin, dass man meint, Christus mache die Kirchen und ihre Vielfalt sei das Ergebnis der Vielfalt Gottes. *21 Richtig wird erkannt, dass zwar der metaphysische Hintergrund der Kirche die Wahrheit sein sollte. *22 Die Wahrheit ist aber Christus und wer Christus nicht bei sich hat, bleibt unweigerlich in der Physik der Unwahrheit und betreibt bestenfalls Anthroposophie oder Philosophie.

Gottes Ekklesia ist also nie etwas insgesamt Sichtbares gewesen. ***23 Vgl. Andreas Bühler, „Kirche und Staat", S. 145, 1965.** Das war sie in Kolossai auch nicht zurzeit als die Kolosser den Brief von Paulus zu lesen bekamen. Es waren immer nur Einzelne, die von Gott so geführt wurden, dass sie ihrer besonderen Auserwählung Folge leisteten. Ob sie das in die Gemeinden führte oder an ihnen vorbei ist eine andere Sache. Das erklärt, warum Gott es sich leisten konnte, dass die Ortsgemeinden vom Sauerteig fremder Lehre durchgesäuert wurden. Er gibt nicht her, was Er auserwählt hat, sondern bringt es zum Ziel. Er behütet Seine Auserwählten wie ein Hirte seine Schafe. Die fremden Schafe, die sich in die Herde verirrt haben, kümmern ihn vorerst nicht.

Aber warum macht sich dann Paulus so Mühe mit den Kolossern, Ephesern, Korinthern usw.? Weil er nicht die Augen Gottes hat, die in die Herzen schaut. Paulus kennt schlicht die Auserwählten Gottes nicht, außer mutmaßlich. Er folgt seinem Auftrag. Und er erreicht mit seinen Briefbotschaften alle, die ihm zuhören wollen und daraus ihre persönlichen Lehren ziehen können. Anhand seiner Briefe kann man alles nachvollziehen: wie die Gemeinde Christi am Werden ist, aber auch wie die anti-christliche Gemeinde am Werden ist. Paulus mag es geahnt haben. Aber es spielt keine Rolle. Gott benutzte ihn und ließ ihn dienen. Er vollendete seinen Lauf zum Segen für viele Generationen, die aus seinen Briefen das Evangelium nach Paulus schöpften, und letzten Endes wurde Paulus auch zum Gerichtssegen für alle anderen, die sich nach und nach dieser Lehre von Paulus annähern dürfen. In diesem Äon werden Samen gelegt, die auf unterschiedliche Weise aufgehen, gestern, heute und morgen. Den Reichtum der Gaben Gottes eröffnet sich erst bei denen, die an der Reihe sind, um ihn aufgreifen zu können.

JCJCJCJCJCJCJCJCJCJCJCJCJCJCJC

Die Merkmale der Gemeinde Jesu Christi
Kol 1,9-12

Paulus charakterisiert eine Gemeinde, in denen Christus durch Seinen Geist in den Gläubigen das Sagen hat, folgendermaßen:

1. Sie sind erfüllt mit der Erkenntnis des Willens Gottes „in aller Weisheit und geistlichem Verständnis" (**Kol 1,9**)
2. Sie wandeln würdig dem Herrn Jesus Christus zu allem Wohlgefallen (**Kol 1,10**)
3. Sie bringen Frucht zu jedem guten Werk (**Kol 1,10**)

4. Sie wachsen in der Erkenntnis Gottes (**Kol 1,10**)

5. Sie schöpfen Kraft aus der Macht von Gottes Herrlichkeit (**Kol 1,11**)

6. Sie harren im Glauben mit Freuden aus (**Kol 1,11**)

7. Sie zeichnen sich durch Langmut aus (**Kol 1,11**)

8. Sie danken dem Vatergott (**Kol 1,12**)

Und es gibt auch eine Folge: Sie sind aus der Macht der Finsternis befreit und hineinversetzt in das Reich des Sohnes seiner Liebe (**Kol 1,13**). Genau das ist bei der anti-christlichen Gegenkirche nicht der Fall. Sie befindet sich noch in der Finsternis, sonst würde sie nicht das babylonische Baalswesen in sich tragen und den Kult der Astarte hüten. *24 Das tut sie mehr als Christus zu preisen. Das spiegelt sich auch in ihrer sogenannten sakralen Kunst wieder. Man braucht gar nicht weit gehen, die Kirche Roms zeigt in den Kirchen Roms, was sie hervorhebt, das Papsttum, die Marienverehrung, die Heiligenverehrung und die Darstellung ihrer Macht über die Menschen und über den Himmel. Ihre zur Schau gestellte Liebe ist auch nicht tragfähig, denn sie verfolgt Abtrünnige und Ungläubige immer wieder mit unversöhnlicher Geringschätzung und gnadenloser Arroganz.

Infolgedessen hat sie keine Grundlage, die Erlösung in der Vergebung der Sünden zu haben (**Kol 1,14**) oder gar zu verwalten, obwohl sie behauptet, selber Sünden vergeben zu können und die alleinige Institution dafür zu sein. Auch das ist Geringschätzung gegenüber dem Wort Gottes und Arroganz gegenüber den Menschen, die das Evangelium in der reinen Form brauchen, keine heillose Entstellung davon. Satan versichert seine Gefolgsleute in genau dem, wo sie wegen ihres Unglaubens angreifbar sind.

Die acht Punkte für die Kolosser, die man bei Paulus findet, sind zusammengenommen eine starke Botschaft, wenn man sie mit christlichem Leben füllt.

Zu 1.

Sie sind erfüllt mit der Erkenntnis des Willens Gottes *„in aller Weisheit und geistlichem Verständnis"*

Mit der Erkenntnis des Willens Gottes ist nicht bloßes Wissen gemeint, sondern das, was man damit macht. Dazu muss man vorher schon mit *„Weisheit und geistlichem Verständnis"* ausgestattet sein. Es ist als besser, wenn man beim Gebet um die Erfahrbarkeit des göttlichen Willens schon viel erfahren hat über Gottes Wesen und Seine Heilswege und Sein Vorhaben mit den Menschen. Man darf sich im Leben von Gott führen lassen. Man darf sich von Ihm was sagen lassen. Er zwingt niemals, aber Er gibt Hilfestellungen, dass man das rechte Wollen lernt. Die Kommunikation mit Gott ist keine Einbahnstraße, bei der der Mensch vorgibt, wo es hingeht. Wäre das so, käme kein Mensch zu Gott. Die Kirchen, die es so praktizieren, dass sie Gott den Kurs angeben, sind allesamt noch weit weg von Ihm. ***25** Wir wollen was, also bitten wir Gott darum. Aber wenn Er uns etwas sagen will, sind wir nicht einmal auf Empfang? Dabei fangen dann, wenn man Gottes Gegenentwurf für sein Leben tatsächlich erst einmal zur Kenntnis genommen hat, vielleicht erst die eigentlichen Probleme an, weil die notwendigen Veränderungen oft etwas mit uns zu tun haben. So wie wir sind, sollen wir vielleicht nicht bleiben. Und wenn wir das nicht beachten, können wir lange bitten, Gott erhört nicht. Er erhört nicht, weil wir nicht recht bitten. Wir bitten nicht recht, weil wir ignoriert haben, was Er uns sagen will. Und eigentlich hat Er es uns schon lange gesagt. Man muss dringend geistliches Verständnis und Weisheit nach Gottes Art erwerben. Das ist ein langer Prozess, dahin zu kommen, dass man weiß, wie man seine Ohren öffnet.

Zu 2.

Sie wandeln *„würdig dem Herrn Jesus Christus zu allem Wohlgefallen"* (**Kol 1,10**).

Die hochrangigen Vertreter der Kirchen lassen sich zwar gerne Hochwürden oder hochwürdig nennen, aber sie verhalten sich nicht immer dementsprechend. Was aber noch schlimmer ist, sie haben eine Einstellung, die würdelos ist. *26

Ein gutes Beispiel dafür sind die hochrangigen Vertreter der katholischen Kirche und der protestantischen Kirche, die tatsächlich nicht ihren Glauben, sondern Jesus Christus verleugneten, als sie im Jahre 2017 den Tempelberg in Jerusalem betraten und ihr sonst groß um ihren Hals hängende Kreuz abnahmen. Da sie zu wenig Kontakt zum heiligen Geist hatten, konnten sie sich nicht von ihm recht führen lassen. Wenn man seine Ohren nicht auf die richtige Frequenz eingestellt hat, kann man auch nichts hören. Kein Kontakt ist auch wenig Kontakt. Sie legten stattdessen ein indirektes Bekenntnis nicht nur dafür ab, dass der Tempelberg rechtens unter der Oberaufsicht der Mohammedaner stand, sondern dass ihr Gott und der Gott, der auf dem Tempelberg angebetet wird, der gleiche ist. So sagen sie es ja auch. Handlung und Worte stimmen bei den Kirchenvertretern überein. Aber es sind keine gottwohlgefällige Handlungen und Worte. Das kann man unwürdiger Wandel nennen. Jesus war keineswegs tolerant, als er die Geldwechsel und Händler vom Tempel verjagte. Er nahm keine falschen Rücksichten. Und auch heute kann man die Mohammedaner fragen: „Was habt ihr aus dem Haus des himmlischen Vaters gemacht?" Einen Götzentempel haben sie dort hingestellt. Würdiger Wandel sieht anders aus, als sich den Vertretern von Götzen anzubiedern.

Ebenso wenig würdig ist es, wenn sich die vermeintlichen Würdenträger, die sich gegenseitig ehren, doch nicht die Ehre annehmen, die vor Gott gilt. Sie wollen groß und mächtig sein, angeblich zur Ehre Gottes, dabei haben sie ihren Lohn schon dahin. Sie machen Politik mit den Weltlichen und weisen sie in die Schranken, wenn man ihnen die Macht dafür einräumt. Doch das Reich Jesu war und ist nicht von dieser Welt. Das bedeutet ja nicht, dass man keine guten Ratschläge erteilen darf oder sich nicht an Hilfsaktionen beteiligen darf, aber die Kirche kann kein Staat im Staate oder neben den Staaten sein, wenn sie Gottes Kirche sein will. Dass der Vatikan ein eigener weltlicher Staat ist, ist nicht zufällig. Es gibt viele

Merkzeichen. Es wird einst so sein, wie man heute über die Nazis spricht. Damals hat man das doch wissen können. Und gerade Christen haben sich sagen lassen müssen: wie konntet ihr gegenüber den Nazis still halten, wie konntet ihr die Nazis sogar unterstützen, wie konntet ihr sogar selber Nazis sein? Es hätte doch genügt, die Bibel zu lesen, dann hätte man bemerkt, dass die Nazis anti-christlich und Gott nicht wohlgefällig handeln. Ebenso wird es einst sein, wenn viele, die heute in den Weltkirchen sind, zurückblicken. Und sie werden sich fragen: wie konnten wir nur so blind sein.

Zu 3.
Sie bringen *„Frucht zu jedem guten Werk"* (**Kol 1,10**).

Die Kirchen und ihre Kirchgänger bringen viel Frucht. Die Frage ist, ob es auch zu „jedem guten Werk" ist. Die Kirchengeschichte beantwortet das so, dass man ihnen gute Werke vieler Art nicht absprechen kann. Aber welcher Mensch hat nicht viele gute Werke getan? * Stalins Tochter bezeugte, dass sie die „Liebe und Zärt-lichkeit" des Massenmörders nie hätte vergessen können. Im Laufe eines Lebens kommt einiges zusammen. Deshalb können ja auch Grabreden gehalten werden, die Lobreden sind, solange man sich nur auf das Gute besinnt und das weniger gute verschweigt. Bei den Kirchen ist es wie bei den Kirchgängern: man muss vieles verschweigen, wenn man den Anschein einer vorbildlichen Makellosigkeit her-vorrufen will.

Man muss zum Satz von **Kol 1,10** dazu lesen, dass man jeden an seinen Früchten erkennen kann (Mt 7,20) – vorausgesetzt es ist einem gegeben, das Gute und das Böse zu unterscheiden. Jeder muss selber beurteilen, ob er gute Früchte bringt. Jeder bleibt in der Verantwortung. Dabei ist es aber wichtig, sich nicht auf seine guten Seiten, die jeder hat, zu beschränken. Man muss auch für das Negative Rechenschaft ablegen, deshalb soll man das Negative auch able-gen.

Ein Nachfolger Christi zeichnet sich gerade dadurch aus, dass er sich „zu jedem guten Werk" konditionieren lässt. Gott führt ihn im Leben gerade so wie Er es will, nicht unbedingt wie der Mensch es sich wünscht oder für erforderlich hält. Man muss sich also darauf gefasst machen, dass man eine Verwendung findet, die man für nicht passend hält. Anstatt als Missionar in Indonesien, endet man als Beamter in Mecklenburg-Vorpommern. Anstatt Prediger in der Höhle der Löwen, wird man Zoodirektor. Auf die eigenen Wünsche kommt es nicht an. Kennzeichen von Gottes Leuten ist also, dass sie sich jede Anfangsgabe und ebenso jede Aufgabe gefallen lassen und dass das erkennbar daran ist, dass sie auch in den eingesetzten Bereichen einen Ertrag haben. Doch nun kommt eine Einschränkung, die es zu beachten gilt: dieser Ertrag wird vielleicht nicht mehr oder auch nur nicht ganz in diesem Leben erkennbar. Denn so wie die irdische Hütte allmählich zerfällt und bis zum Lebensende nicht durch eine bessere Behausung ersetzt wird, so wird auch das Fruchtbringen zu sichtbaren und ebenso unsichtbaren Erträgen führen, die erst vom Ende her richtig beurteilt werden.

Zu 4.
Sie „wachsen in der Erkenntnis Gottes" (**Kol 1,10**).

Das Kennenlernen Gottes ist ein Prozess, der seinen Anfang bei Gott nimmt. Mohammed ließ sich von einem Engel anwerben und sich von seiner Frau überzeugen, dass es ein Engel Gottes gewesen sei, obwohl sein eigener Eindruck der war, dass es sich um einen Dämon gehandelt hatte. Man sollte nicht immer auf seine Frau hören. Der Islam ist aus dieser Idee der Frau entstanden. Der erste Sündenfall ist ebenfalls aus einer Idee einer Frau entstanden. Es war die Idee, dass es gut sei, vom Baum der Erkenntnis zu essen. Die Kirche Roms kennt auch solche Engelerscheinungen dank ihres Marienglaubens. Auch bei ihr spielt eine Frau eine prominente Rolle, die ihr nach der Schöpfungsordnung nicht zusteht. Sie fungiert als Beraterin und Besänftigerin Jesu Christi. Das ist natürlich blühender Unsinn. Auffällig ist, dass die dokumentierten Verlautbarungen in beiden Fällen, Mohammed und der Maria Roms, gemessen an den Worten Gottes in der Bibel nur als unschön und unwürdig bezeichnet werden können. Abgesehen davon, dass sie unbiblisch sind. *27

Das kann man freilich nur erkennen, wenn man selber einen anderen Geist hat, der die Dinge beurteilen kann. Der Mangel an biblischer Ästhetik ist auch rein äußerlich erkennbar, wenn man die Kirchen Roms betritt. Sie sind voll von schwülstigem Prunk und lüsterner Zurschaustellung von fragwürdigen Legenden und blutrünstigen Geschichten, um die religiösen Bedürfnisse des Volkes zu befriedigen. Die götzendienerische Kunst passt zum Götzendienst und so werden sogar Götter aus der Antike abgebildet, mit ihrem eigenen Namen oder einem fremden. Der Kirche gehört alles, auch die Götter des alten Rom und des alten Griechentums. Das ist dann das, was die Kirchgänger lernen und behalten sollen. Und von der Kirche bekommen sie die kirchlichen Lehrsätze noch dazu. Die müssen sie kennen, denn die Kirche ist das Instrument der Rettung. Dabei lernt man die Kirche kennen, aber nicht Gott. Und auch nicht Sein Wort.

Jedes Mal, wenn Gott jemand aus dieser erkenntnislosen Verblendung herausholt, beginnt er sprunghaft in der Erkenntnis des wahren Gottes zu wachsen, der sich ihm erstmals offenbart. Es treibt ihn schnell heraus aus dieser finsteren Umgebung der goldumrandeten Unwissenheit und Abhängigkeit von Menschen, er wird ein ganz anderer. Er lernt nun Gott kennen. Und mit dem Kennenlernen beginnt er zu verstehen, wie alles mit ihm, der Gemeinde Christi, dem Reich Gottes und dem Heil für sich und für andere zusammenhängt. Er begreift, warum die Bibel das Wort Gottes heißt und was das Wesen Gottes ausmacht. Er wird mit Jesus Christus persönlich bekannt und beurteilt alles unter einem anderen Blickwinkel, mit einem anderen Geist.

Zu 5.

Sie schöpfen *„Kraft aus der Macht von Gottes Herrlichkeit"* (**Kol 1,11**).

Gottes Herrlichkeit strahlt immer wieder auf die Gottesfürchtigen ab. Das ist immer so, wenn der Gläubige sich auf Gott einlässt und sich Ihm annähert, wie es z.B. im Gebet geschieht. Gott gibt Segen aller Art und geistige Kraft, Er gibt Vollmacht und Gaben, die für die Aufgaben und das Hiersein gebraucht werden. Gott demonstriert Seine Eigenschaften dadurch, dass Sein Geist die Gläubigen leitet und Werke der Liebe, Barmherzigkeit und Güte tun lässt. Das macht Ihn herrlich. Seine Herrlichkeit bewirkt durch Seinen Geist in den Menschen eine Wesensangleichung, die den Mensch im Lichte Gottes erscheinen lässt und dadurch wiederum Gott herrlicher macht. Gott bringt Frucht durch den Menschen. Er bezieht den Menschen mit ein, zur Verherrlichung des Menschen, die Gottes Schöpfungsziel ebenso ist, wie Seine eigene Verherrlichung, die bei Vollendung des Wandels zum Ziel hin, erreicht sein wird. ***28** Von alledem sieht man wenig. Aber das liegt daran, dass Gott bis zum Jahr 2018 noch kaum angefangen hat, die Heilsgeschichte zu entfalten. Wenn einer ein großes Werk tut und gerade erst damit angefangen hat, dann gibt es auch noch nicht viel zu sehen, aber viel anzuzweifeln.

Verherrlichung Gottes ist auch immer VerHERRlichung, weil es immer in Jesus Christus geschieht, dem HERRN und Gott. Hier wird eine Kraft von Gott bereitgestellt, die alles andere in den Schatten stellt und irrelevant erscheinen lässt. ***29** Es ist eine Kraft, die sich nicht durch Stärke aufbaut, sondern in Gott personifiziert ist und deshalb unerschöpflich ist. Sie kann sich daher auch der menschlichen Schwächen annehmen, sie beliebig umwandeln und dadurch die Werke tun lassen, wie sie sein sollen, damit Gottes Ratschlag verwirklicht wird. Die Omnipotenz Gottes steht in einem starken Missverhältnis zu dem, was Gott tatsächlich mobilisieren und verfügbar machen muss. Gott ist gewissermaßen ewig überqualifiziert und nicht unterqualifiziert, wie Ihn ausgerechnet die Kirchen darstellen, die es ja eigentlich besser wissen sollten. Sie kennen Gottes Kraft nicht und verleugnen sie dadurch.

Paulus sagte seinem Mitarbeiter Timotheus, dass man solche Leute meiden soll (2 Tim 3,5).

Wo Gottes Kraft wirkt, wirkt sonst nichts. Aus dieser Kraft lässt Gott die Menschen schöpfen, wenn sie sich Ihm anvertrauen. Und das Sich-vertraut-sein-lassen hat Er in Jesus Christus geschenkt. Selbsternannte Kraftquellen sind Irrquellen, die eine vergängliche Macht erzeugen können. Gott lässt solche täuschenden Mächte zu, aber im Lauf der Zeit werden sie alle zu nichts zusammenbrechen. Und das ist ein besonderer Triumph, dass gerade sie, die gegen Gott handelten und gesinnt waren, am Ende ihre Knie in Anbetung beten werden. Der Triumph besteht darin, dass zur Freude aller, alles mit Gott versöhnt sein wird. Der besondere Triumph der Freude besteht darin, dass sie auch da uneingeschränkt herrschen wird, wo sich zuerst Freudlosigkeit, Beschwer und Bosheit ausbreiten durften. Gottes Herrlichkeit erweist sich aber gerade da in einem alles überstrahlenden Licht, wo die Finsternis am dunkelsten war. So wie auf Golgatha, der schwärzesten Stunde der menschlichen Schuld und Versäumnisse, die aus Gottes Sicht der strahlendste Moment Seines Heilshandelns war.

Zu 6.
Sie *„harren im Glauben mit Freuden aus"* (**Kol 1,11**).

Das ist tatsächlich ein Grund zur Freude, wenn man die Narren weise geworden sieht, die Gottlosen zu Gott endlos Preisenden, die verloren geglaubten Verwandten und Freunde kehren als Gerettete heim. Und das kann man jetzt schon, dank Gottes Wort wissen. Daraus ersteht die Freude im Glauben. Ein Glauben, der annehmen muss, dass 99% oder auch nur 1 % verloren geht, kann sich nicht freuen, außer so wie sich einer freut, der gerade noch das Rettungsboot erwischt hat, obwohl einer der Liebsten untergegangen ist. Die Freude ist spontan und verständlich, denn man lebt ja, man hat es geschafft. Aber nach einer kleinen Weile kommt schon die große Trauer und das

Jammern und schließlich findet man das Weiterleben als Last, denn was fehlt, was einem weggenommen worden ist, ist nicht zu ersetzen und der Verlust nagt immer an der Seele, bis zum Lebensende. Welches Lebensende, wenn man immer weiterlebt?

Also, wozu sich freuen? Es muss immer eine begrenzte Freude bleiben, weil man es gerade geschafft hat. Und es muss immer eine unbegrenzte, endlose Trauer sein, weil es der andere nicht geschafft hat, denn nun muss man weiterleben und kann sich niemals ganz und restlos freuen, weil ein schwerer Makel bleibt. Bestimmt haben 99% der Weltbevölkerung in ihrem Familien-, Verwandten- und Freundeskreis Menschen, die gestorben sein werden und sich nicht zu Christus bekehrt haben. Das wäre eine ewige Belastung, wenn nicht auch ihnen irgendwann die Freude gelten könnte, die von einem Glauben resultierend, zu einer geschauten Wirklichkeit wird.

Wollte das der Apostel Paulus den Kolossern vermitteln? Bald in den nächsten Versen führt er zu diesem wichtigen Thema weiteres aus. Vorerst spricht er seinen Glauben und hoffentlich auch den der Kolosser an, der eine berechtigte Freude beinhaltet. Und natürlich besteht kein Grund zur Freude, wenn die Welt untergeht mit all den wertvollen Menschen, die noch bei weitem nicht dazu gekommen sind, ihr wunderbares, ihnen von Gott verliehenes Potential auswachsen zu lassen. Das wäre ein Grauen ohne Ende. Und Paulus müsste sich wie ein Gestrandeter auf einer Insel fühlen. Das Schiff ist mit fast allen Passagieren untergegangen. Wenigstens fallen die Früchte alleine von den Bäumen und Wasser ist auch genug da.

Wenn Gott in Aussicht gestellt hat, dass es bei Ihm wunderbar sein wird, dann erinnert sich der Mann von Adel daran, dass er in einem wunderbaren Garten auf die Liebe seines Lebens wartete, aber sie kam nicht. Und je länger die Zeit verstrich, desto mehr verloren die Blumen ihren Duft. Ihr Glanz und ihre Schönheit wurden nicht mehr wahrgenommen und die Blütenpracht verwelkte. So muss es dem gereiften, von Gottes Geist geadelten Menschen ergehen, wenn er bemerkt, dass er auf all die Menschen, die er liebte oder schätzte, im Himmel umsonst warten muss, weil sie für immer ausgeschlossen bleiben. Die anfängliche Freude über die Schönheit des Paradieses weicht einer ewigen Kränkung und Enttäuschung.

So kann der Himmel nicht sein, das ist klar. Im Himmel ist es anders als in der Welt. Die Liebe des Lebens kommt und bleibt, die Blumen dürfen weiter duften und werden im Auge des Betrachters sogar noch beeindruckender. Das kann auch nicht anders sein, denn in den Himmel kommen alle nur, wenn sie den entsprechenden Duft und die passende Schönheit haben. Und das Gute ist, dass Duft und Schönheit aus der gereinigten Seele und aus dem geläuterten Herz ausströmen. In Christus werden alle vollendet. In Christus wird man temperiert für den Himmel.

Auch das Evangelium ist eine schöne Botschaft. Die Schönheit kommt von nichts anderem und kann von nichts anderem kommen als von der Wahrheit, dass Jesus für alle Menschen und die ganze Schöpfung den Zugang zu Gott und Seiner Herrlichkeit geschaffen hat. Das Evangelium wäre hässlich, wenn es nur ein paar Wenigen gelten würde. Schönheit kommt von der Harmonie der einzelnen Teile, die, jedes für sich, ihr Höchstmaß an Vollkommenheit erreicht haben. Das ist überall in der Schöpfung so. Es ist im Kleinen so wie im Großen. Wenn jeder Mensch seinen Platz in Christus gefunden hat, ist das All am Ziel angelangt und Gott hat sich verherrlicht. Das ist die vollendete Schönheit!

Zu 7.
Sie zeichnen sich durch Langmut aus (**Kol 1,11**).

Die großen Juden- und Christenverfolgungen hatten im Römischen Reich noch nicht begonnen, aber der Druck der heidnischen Umwelt war latent vorhanden und ebenso belastend wie jener, der von den Juden gegenüber den messianischen Juden ausgeübt wurde. Paulus konnte gleich mehrere Lieder in seinen Briefen davon singen. Da war Geduld gefragt. Die Lebensumstände waren für einen Christen als Angehörige einer Sekte, die sich mehr und mehr den Ruf erwarb, Feinde des Reiches und des Kaisers zu sein, erschwert. Aber, was Weltmenschen nicht verstehen können, ist, dass Menschen, in denen der Geist Gottes am Werk ist, auf ein anderes als nur menschliche Ziele hinstreben. Sie richten sich durch den Geist Gottes auf das Göttliche aus, und das ist nicht von dieser Welt. Daher bedeutet ein Verbleibenmüssen in dieser Welt unvermeidlich einen gewissen Verdruss.

Die Jünger Jesu warteten auf die Rückkehr Jesu. Als er nicht kam, wurden sie ungeduldig. Die Ungeduld wird ein Problem, wenn man sie eintauscht in die Aufgabe der Erwartung. Langmut hingegen schützt vor dem Einschlafen. Wer einschläft, verpasst den hellen Morgen. Das ist heilsgeschichtlich die beste Zeit. Wer meint, dass das Wohl und Wehe der Mitmenschen vom Missionarseifer abhinge, muss sich und andere unermüdlich auf die Menschheit loslassen. Er muss ja alle vor dem Höllenfeuer retten. Erstaunlicherweise meinen die meisten Kirchenleute, es läge an ihnen, ob jemand gerettet würde oder nicht. Zwar habe Christus alles getan, aber eben nur die Voraussetzung geschaffen, glauben sie. Die gilt es nun, in die Praxis umzusetzen und dann rennt man von einem Haus und von einer Straßenecke zur anderen, um aus Nächstenliebe noch mal möglichst viele Menschen zu retten, bevor sie im Unglauben dahingerafft werden!

Von wegen! Erstaunlicherweise findet man nur sehr wenige dieser verdammungstheologischen Kirchgänger. Sie müssten ja alle andauernd missionieren. Das tun sie aber nicht. Eigentlich unverantwortlich nach ihrer eigenen Schlussfolgerung. Es gibt unter ihnen viele, die sich dieser Problematik bewusst sind und andere immer wieder brav dazu aufrufen, doch auf Menschenjagd, pardon, Menschenfischerei zu gehen. Aber selber tun sie es auch nur sporadisch oder gar nicht. Man veranstaltet einmal im Monat eine Verkündigung an einem öffentlichen Ort, mit der Hand an der Bibel und verteilt Flyer. Das ist gut gemeint und für Gott ist es nicht zu schade, auch da zu wirken, wenn Er will. Das ist das

Großartige an Gott, wie so vieles andere, Er handelt stets nach Seinen Maßstäben. Aber konsequent untätig sind alle die Verdammungstheologen und ihre Anhänger in Relation zu dem, was sie eigentlich leisten müssten. Mangelt es ihnen an Nächstenliebe, wenn sie sich so selten aufraffen, das drohende Unheil von ihren Mitmenschen abzuwenden? Ganz sicher auch. Aber ihr Problem ist nicht die mangelnde Nächstenliebe, die alle zu wenig haben, sondern ihr mangelnder Langmut. Faules abwarten und Schläfrigkeit darf man nicht mit Langmut verwechseln.

Langmut begleitet alle Bestrebungen und Bemühungen des Gläubigen, das Überwinden, das Erdulden, das Ertragen und vor allem das Erleiden. Und nirgendwo wird die Langmut mehr benötigt als daran, an der Treue zu Gott und Seinen Zusagen festzuhalten. Da darf man keinen Millimeter preisgeben. In der Treue liegt die Gefolgschaft und die Verheißung. Mut zur Treue, das ist Langmut. Und wenn die Treue bis in den Tod reicht, dann reicht die Langmut aus.

Die rechte Standhaftigkeit und Langmut (**Kol 1,11** und Kol 1,19) setzt voraus, dass man die richtigen Werte vertritt. Man muss von Christus her denken. Angenommen man befindet sich in irgend einer Art Folter - für manche erscheint das ganze Leben wie eine Folter zu sein -, bei der es darauf ankommt, von seiner Tugendhaftigkeit nicht abzukommen. Für Christen gibt es ja die Tradition auch im Angesicht des Todes Christus nicht zu verleugnen, auch wenn es einem voraussichtlich das Leben kostet. Dazu gehört Mut, Aufrichtigkeit und Treue. Diese Werte müssen mobilisiert bleiben. Und das können sie nur, wenn sie einem in „Fleisch und Blut" übergegangen sind, würde man sagen wollen. Besser noch ist es aber, wenn sie vom „Geist" hergekommen und zum „Blut" übergegangen sind, damit sie von dort auch ausgehen können. Im Blut ist die Seele. Dann sind sie abrufbar, stets vorhanden, ein Dauerzustand, der mit dem Wesen eins ist. Bei Gläubigen kommt es jederzeit auf die Konsequenz der Nachfolge an. Sie ist nicht verhandelbar. Man kann dabei nicht taktieren. Das irdische Leben ist kostbar, es darf aber nie auf Kosten des Verhältnisses mit dem, der Herr über alles Leben ist, wichtig gemacht werden. Die Nachfolge Christi ist deshalb radikal, weil sie an absoluten Werten absolut festhält. Das kann sie aber nur in der engen Beziehung zu dem, der die absoluten Werte verkörpert und das ist Christus. In Christus lernt man sie kennen. In Christus lernt man sie schätzen und lieben. In Christus übernimmt man sie. In Christus werden sie zum Wesensbestandteil. Und dann erst kann sich Standhaftigkeit und Langmut entwickeln und als Frucht offenbar werden.

Es kommt also nicht auf die Zahl der Jahre an, in denen ein Mensch auf Erden wandelt, sondern darauf, wie stark er sich Christus widmet, wie sehr er Ihm sein Leben überlässt. Das können Momente des Lebens sein, in denen sich vieles gerade richtet. Bei anderen dauert es ein halbes Menschenleben, bis sie zu Recht gerückt sind. Und wenn man selber zurecht gerückt ist, kann man dazu benutzt werden, andere den rechten Weg zu weisen. Und weil das alles beim alten Adam sehr gemächlich zugeht, reichen da oft kurze Menschenleben nicht aus. Aber der Mensch soll sich nicht mit seiner Bequemlichkeit vertrösten auf ein Leben nach dem Leben, wo alles einfacher werden soll. Wer jetzt schon dabei ist, sein Leben Christus zu übergeben, ist im Vorteil, denn so schwer auch die Nachfolge sein kann, so sehr sie auch das bloße Menschsein belastet, so verkürzt sie doch den gesamten Werdeprozess und hat dazu noch die Verheißung für viele andere im Dienst zum Segen werden zu können.

Gute Wesensmerkmale entwickeln ist das Eine. Ungute Wesensmerkmale abzustoßen oder ungebräuchlich zu machen, ist das Andere. Gott ist langmütig, Er ist aber auch zornig. Wie ist das zu vereinbaren? Gott ist langmütig, weil Er sich einen Vorsatz zu Anbeginn der Schöpfung gesetzt hat, sich durch die Schöpfung zu verherrlichen. In Seiner Weisheit hat Er voraussehen können, dass Seine Schöpfung durch ein tiefes Tal der Tränen gehen muss, um dann oben auf dem heiligen Berg anzukommen. Er sieht die Vollendung. Er kann es sich leisten, langmütig zu sein, aber es ist ja Seine Natur, die aus Seiner Güte hervorkommt. Die Vereinbarkeit mit Seinem Zorn hat die gleiche Quelle, denn der Zorn beschleunigt die Prozesse der Läuterung und Verwandlung der Schöpfung, wo sein Willen auf Widerstand stößt.

Wer nun angesichts der Zähigkeit des Menschengeschlechts, mit der es an der Rebellion gegen Gott festhält, zu der Überlegung kommt, dass doch Gott noch mehr Zorn entwickeln könnte, dem muss gesagt werden, dass einerseits zu viel des Guten bei den Vielen Verhärtungen sogar noch fördern kann. Gott kennt das rechte Maß. Andererseits hält sich Gottes Zorn noch zurück. Er hat angekündigt, dass die Zorngerichte für viele Menschen erst noch ablaufen werden. Sie werden so schwer sein, dass den Menschen alle Lust auf Rebellion vergehen wird. Wichtiger aber ist, dass den Menschen die göttliche Vernunft erst noch gelehrt werden muss. Und das wird nicht nur eine globale Angelegenheit, denn die meisten Menschen werden sich in einem Äon wiederfinden, der ihnen alles das abverlangt, was sie in unserem jetzigen Äon verpasst haben. Sie kommen dahin, nicht weil sie Teil eines Kollektivs sind, sondern aus eigenem Antrieb.

Auch Bibelausleger machen immer wieder den Fehler, dass sie den Zorn Gottes als Vergrößerung ihres eigenen menschlichen Zorns verstehen. *30 Der Mensch hat aber selten eine rechte Vorstellung, was der Zorn bei Gott ist, weil sein menschlicher Zorn das göttliche Maß und die göttliche Zielrichtung des Heils nicht hat. Denn Gott zürnt nicht, um Seiner Laune willen. Er zürnt um des Menschen willen. Damit der Mensch leben kann und zu Ehren kommt, zürnt Gott. Der menschliche Zorn ist zügellos und heillos. Gottes Zorn ist Ordnung schaffend und heilsam.

Ein großer Feind im Leben von Gläubigen ist die Verbitterung. Man lebt sein Leben in der Nachfolge Christi und hat immer wieder Tiefschläge zu verzeichnen. Man weiß, dass jede Nachfolge auch Verfolgung und Anfechtung bedeutet. Aber man kennt auch die Verheißungen über das sanfte Joch, von dem Jesus tröstlich zu sprechen wusste (Mt 11,30). Irgendwann, denkt man, ist doch genug mit den Schicksalsschlägen, den leidvollen Erfahrungen, den übermäßigen Belastungen, den Enttäuschungen und den Reinfällen. Und man hat doch auch die Zusage, dass niemand über die Belastungsgrenze gefordert wird (1 Kor 10,13). Aber die Not wird immer größer und wird von frommen Sprüchen nicht gelindert. Und auch die Gebete scheinen nicht gehört zu werden. Was macht man dann?

Die menschliche Reaktion ist Verbitterung. Aber Verbitterung lähmt und verhärtet. Der Geist verbittert nicht, es ist das Fleisch, der alte Adam, der es ja schon immer wusste, dass man sich nur auf sich selbst verlassen kann. Aber da denkt er zu viel an sich. In der Wurzel jeder Sünde steckt die Ichsucht, die, wenn sie geheilt werden soll, zu einer Wir-Sucht werden muss. Wir-Sucht bedeutet, man darf sich zwar fragen, was man selber will und wie man es gerne haben möchte im Leben. Aber man ist in Christus nie alleine unterwegs und so muss man sich immer auch fragen, was wollen „wir". Da man sein Leben Jesus übergeben hat, muss man es auch komplett Ihm überlassen, was Er daraus macht. Man fragt richtigerweise: „was willst du, das ich will?" (Ap 9,6 SchlachterÜ) So dass der eigene Wille sich verwandeln möge und zu einem „Wir" wollen wird. Das rechte „Wir" findet sich also immer im „Du" und in der Konsequenz lebt man in das Leben des Christus hinein. Es ist das Leben, das man Christus zur Verfügung gestellt hat, weil Er es in uns und durch uns leben will.

Jesus Christus hat das Veto zu jedem meiner Wünsche und Sehnsüchte. Und Jesus sagt auch, was dagegen hilft, das zu vergessen und stattdessen Ruhe zu finden für die enttäuschte und verbitterte Seele. Er sagt es im Vers zuvor: *Ich bin sanftmütig und von Herzen demütig; so werdet ihr Ruhe finden für eure Seelen."* (Mt 11,29)

Demut in Christus, das ist das Heilmittel gegen Verbitterung. Ja, es stimmt, es gibt vieles, was zum Himmel schreit: Unrecht, Mangel an Liebe, Einsamkeit. Ja, es stimmt, es gibt vieles, was die Menschen zu ertragen nicht verdient haben. Aber wer die Demut Christi hat, beugt sich jedes Mal zum Gebet und gibt Gott die Ehre. Die Ehre zu glauben, dass Er es gut zu Ende führen wird, denn einst werden alle Tränen gelöscht sein (Of 21,4). Und dann gibt es auch keine Verbitterung mehr, denn es gibt dann keinen Grund mehr dafür. Die Verbitterung hebt sich ja immer hervor. Sie will es nicht erdulden, nicht wahrhaben, dass ein großes Unrecht nicht nur geschehen ist, sondern auch weiter Geltung haben darf und das Leben ganz entscheidend mitbestimmt. Das schmerzt, aber dann soll es überlebt sein. Wir haben alle berechtigte Ansprüche auf Glück, denken wir, und Unglück muss sofort wieder revidiert werden, wenn es einmal geschehen ist. Und wenn es dann Jahre dauert und nichts bessert sich, ist es zum Verzweifeln. Aber wenn man sich demütig, nicht dem Schicksal, sondern in Christus begibt, wird man Ruhe finden. Es ist alles Seines, das Unglück, das Leiden, die Entsagung, die Lasten. Es ist Seine Sache.

Zu 8.
Sie danken dem Vatergott (**Kol 1,12**).

Man dankt im Gebet. Aber das ganze Leben soll ein Gebet Gottes sein. Und dann wird schnell klar, dass das nur der Fall sein kann, wenn man keine falschen Vorstellungen vom Gottesdienst hat. Es ist nicht hilfreich, wenn man wie ein Pharisäer dafür dankt, dass man nicht so ein Sünder ist wie der Zöllner, den Gott ganz anders anschaut, weil Gott unbestechlich ins Herz schaut (Lk 18,11ff). Auf so einen Pharisäer-Dank kann Gott verzichten. Vor allem sollte der Pharisäer auf solche Gebete verzichten. Bevor man recht betet, muss schon vieles mit dem Betenden geschehen sein, dass er recht betet.

Viele Prediger der Allverdammung tun im Grunde das gleiche. Sie sagen, Gott sei Dank, dass ich nicht so unbekehrbar bin wie der Ungläubige, der in die Hölle geht und die gerechte Strafe empfängt. Immer wenn jemand sagt, „der hat es verdient in die Hölle zu gehen", ist er wie der Pharisäer, der nicht begreift, dass er es mindestens ebenso verdient hätte, in die Hölle zu gehen, und dass es nur die Gnade Gottes ist, die jenen in die Hölle bringt, um ihn durch Gerichte zu läutern oder ihm vorher schon so viel Gnade schenkt, dass er gar nicht erst in Gerichte hinein muss.

Was für eine erschreckende Vorstellung für manche frommen Leute, die einmal scharf darüber nachdenken sollten, warum sie diese Vorstellung so ängstigt. „Sollte ich tatsächlich nicht besser und mehr geliebt sein von Gott als jene?"

Ebenso ist es mit dem Gleichnis von dem Hausherrn und den Arbeitern im Weinberg (Mt 20,1 ff). Da gibt es doch tatsächlich Arbeiter, die sich über die Großzügigkeit des Hausherren beklagen, weil er den zuletzt hinzugefügten Lohnempfängern den gleichen Lohn gibt, den er den anderen bereits zugesagt hat. Das ist typisch menschliches Denken. Der Mensch mangelt der Güte und Barmherzigkeit Gottes. Daher versteht er nicht, warum Gott nicht nur diejenigen zu sich aufnimmt, die er mit dem Privileg beschenkte, gleich zu den Auserwählten zu gehören, die nicht ins Gericht müssen, sondern auch die Restlichen. Die Pharisäermenschen wollen nicht wahrhaben, dass Gott die Seelen aus der Hölle herausnimmt. Warum? Kommen sie zu ihrer Rechtfertigung mit ihrer brüchigen menschlichen Gerechtigkeit, die sie keinen Zentimeter näher zu Gottes Thron gebracht hat? Es war nämlich bei ihnen genauso wie bei den Höllenbewohnern das Blut Christi, das vergossen wurde zur Vergebung der Sünden, auch der Vergebung der Sünden der Höllenbewohner!

Wer sagt, dass Gott nicht alle aus der Hölle herausholen könne, ist sich nicht bewusst, dass er mit dieser Behauptung seinen Vorwurf an Gott offen ausspricht. Er sagt, Gott sei ungerecht. Dabei hat Gottes Begnadigung allen gegolten. Man kann sie sich nicht verdienen. Jeder muss in seinem Selbstverständnis zu der Erkenntnis des Zöllners kommen: „Ich habe gesündigt, mein Gott, ich danke dir, dass du mir vergeben hast, obwohl ich es nicht verdient habe."

Man sieht, der Dank, der Gott gefällt, hat etwas mit der Herzensstellung zu tun. Gott hasst es, wenn man hochmütig über andere denkt. Daher sollen sich Allverdammer vorsehen, denn sie teilen Menschen ein in die Guten, die Gott zu sich in den Himmel holt und dazu zählen sie sich selber, und die Bösen, die Gott nicht in den Himmel holt. *31 Das wäre an Selbstherrlichkeit nicht zu überbieten, wenn Gott nicht ausdrücklich sagte, dass es solche gibt, die äonische Strafe erleiden. Warum sich dann so viele darauf versteifen, die zeitliche Strafe des äonischen Zeitrahmens auf einen ewig-endlosen auszudehnen, liegt weniger in einem Gedankenfehler begründet als in einer noch unreifen Einstellung anderen Menschen gegenüber. Man ist noch dabei, sie so zu lieben, wie man sich selber liebt. *32

Die Gefahr, die man selbst dabei hat, ist, sich eine Verhärtung des Gemüts zuzuziehen, die nur schwer wieder kurierbar ist. Das hemmt die Bereitschaft, sich dem Nächsten in Liebe und nicht einfach nur in höflicher Freundlichkeit zu-zuwenden. Bestimmt, aber im Grunde ablehnend – solange ein Mensch unbe-kehrt ist, wird er als Feind Gottes gewertet, den der Zorn Gottes zurecht in die ewige Hölle schickt, also muss man sich solidarischen mit Gott verhalten und zu dem potentiellen Verlorenen sagen können: „Hör` zu, ich liebe dich, wie Gott dich liebt, aber wenn du nicht umkehrst, ist es aus mit meiner Liebe, weil es dann nämlich auch aus ist mit Gottes Liebe. Da wäre es Unsinn dich noch weiter lieben zu wollen." So erklärt sich auch die Gewissenlosigkeit, mit der man in früheren Zeiten, Andersgläubige aburteilte und bei lebendigem Leib verbrannte. So erklärt sich auch die Gewissenlosigkeit, mit der islamistische Dschihadisten ohne großes Zögern Andersgläubigen den Hals durchschneiden. Es ist die glei-che Vorstellung von Gott, die dahinter steht. „Da Gott diese Menschen verwor-fen hat, kann ich mit ihnen tut, wie es mir beliebt." *33 Dahinter hat sich ohne Zweifel der Geist Satans verborgen.

Wäre Gott nicht von grenzenloser Güte und dem Wunsch beseelt, alle Men-schen zu sich zu ziehen, hätten Dschihadisten und Allverdammungslehrer (und ihre Praktikanten) ganz schnell nichts mehr, was sie verdammen und quälen könnten. Aber Gott nutz auch ihre Verirrungen, um aufzuzeigen, welche Wege Menschen nicht gehen dürfen, wenn sie zu Gott gelangen und die ganze Fülle

Seines heiligen Wesens verstehen und kennen lernen wollen. Später werden Dschihadismus und Katholizismus als abschreckende Beispiele religiöser Gräuellehren gelten. Ihr Gottesdienst ist kein Dank Gottes, sondern eine Beleidigung Gottes. Viele verwechseln ihren Götzendienst und die Selbstbeweihräucherung mit der Anbetung Gottes. Der katholische und griechisch-orthodoxe bzw. russisch-orthodoxe Marienkult gehört auch zu dem Undank, den die Menschen Gott präsentieren. Man kann Gott nur durch Gott wohlgefälligem Gottesdienst danken. *34 Anstatt die Götzen aus ihrem Leben zu verbannen, rennen sie ihnen weiter nach und setzen sie auf ihre billigen Altäre. An diesen Altären sind zu früheren Zeiten Menschenopfer dargebracht worden. Unter dem Zeichen der katholischen Maria (nicht dem der unbeteiligten Mutter Jesu) wurden viele Menschen hingeschlachtet. Millionen beugten ihre Knie vor ihr, um ihr zu danken und nicht Gott, denn Gott war nicht verantwortlich, dass die Metzeleien und Massenmorde geplant wurden, sondern der Geist des Widerwirkers, der jeden Mensch Hiobsleiden aussetzen möchte. Wenigstens das hat man dann richtig erkannt, dass man nicht vor Gott die Knie beugen sollte.

Gott danken und Gott anbeten gehören zusammen, denn jedes Gebet ist mit Dank verbunden. Aber der Dank muss auch an die richtige Adresse gehen. Man hat keinen Toten zu danken, selbst wenn man annimmt, dass sie auferstanden sind. Wahre Anbetung gebührt nur Gott. Heilige, Scheinheilige, Verstorbene und Götzen sind nicht der richtige Adressat für Gottesfreunde. Die Freunde von Dämonen wenden sich Dämonen zu. Sie anzurufen ist eine Beleidigung und Entehrung Gottes, die Gott erzürnt und strafende Richtigung nach sich ziehen wird. Wer solches tut, betätigt sich im Okkultismus und muss sich nicht wundern, wenn er von finsteren Trugmächten vereinnahmt wird. Es gibt Kirchen, bei denen die weitaus überwiegende Zahl der „Follower" okkult belastet sind. Die Belastung entfaltet nicht unbedingt ihre Wirkung, weil man von Gespenstern verfolgt wird, sondern weil man seine Sehfähigkeit und Denkfähigkeit zunagelt und das Gerade krumm macht. *35

Wer sich ständig in den Gefilden der Unwahrheit aufhält, wird unempfänglich für die Wahrheiten des Evangeliums. Und so kann man viele Menschen kennen lernen, die aufgrund ihrer Prägung nicht mehr zum folgerichtigen Denken fähig sind, wenn man bestimmte Bereiche ihres Glaubens anspricht. Da gibt es einen wunden Punkt, und wenn man ihn berührt, läuft ein anderes Programm ab, in dem die normalen Gesetze der Denkfähigkeit nicht mehr angewendet werden. Das sollen sie auch nicht, von dem aus, der das trojanische Neuprogramm installiert hat. Die Irrdenker sind gefangen in einem okkult-satanischen Regelkreis, nachdem sie sich einmal eingeloggt haben. Nur Jesus ist in der Lage, das System abzuschalten und das Fremdprogramm zu desinstallieren.

In den Kirchen gibt es manchmal auch sogenannte „Dankgottesdienste". Eine gedacht geniale Verbindung zwischen Gottesdienst und Dank. Das wird wenig helfen, wenn nicht vor und nach diesen Programmpunkten nicht auch ein praktisches Leben im Dank an Gott gelebt wird. Dankt man wirklich Gott, wenn in der gleichen Kirche vorher oder nachher von der darwinistischen Evolution und von der Mythologie der Bibel gesprochen wird, als seien diese Narrative die gültige Wahrheit. Worin besteht der Dank, wenn man nicht glaubt, dass Jesus gerettet hat und dass man nicht von den Toten aufersteht, um von Gott in Empfang genommen zu werden? Wozu einmal im Jahr einen Dankgottesdienst veranstalten, wenn man sonst immer Undank-Gottesdienste feiert? Dieserart Dankgottesdienste hat schon das unbekehrte Israel im Alten Testament abgehalten und Gott hat sie nicht gewürdigt. Wie naiv es doch ist, wenn man meint Gott zu gefallen, obwohl man so viel mit Fleiß betreibt, was Ihn verunehrt und als schwachen, inkompetenten Gott aussehen lässt.

Der Dank dem Vatergott gegenüber wird auch schwerlich gehört werden, wenn man den Mitmenschen gegenüber undankbar ist. Das ist eine große Schwäche der Menschen, dass sie vieles erwarten und in Anspruch nehmen, aber sich selten bedanken. Gerade wenn man oft und wiederholt Dankenswertes erfährt, neigt die menschliche Natur dazu, es als selbstverständlich hinzunehmen. Dabei verpasst man die Gelegenheit eine den Zusammenhalt fördernde Haltung einzunehmen und das auch dem anderen deutlich zu zeigen. Dank entspannt, entschärft, erfreut und befreundet. Undank lässt den Blick auf die falschen Wege fallen und in die Irre gehen, nicht weil das Undank so an sich hat, sondern, weil eine Gesinnung, die die Dankbarkeit nicht kennt oder vernachlässigt, eine falsche Orientierung bekommt. Sie bekommt einen Schlag der Ichsucht und fällt damit wieder auf das typisch „Fleischliche" zurück. „Fleisch", das ist das am Menschen, was vergeht.

Jeder Mensch hat Grund genug, Gott zu danken, weil Gott sich in jedem Menschen verherrlichen wird. Er hat seine Existenz der Liebe Gottes zu verdanken, sowohl den Anfang seiner Existenz, denn Gottes Ratschluss legte das so fest, als auch den Fortgang bis zur Ankunft bei Ihm. Weil Gott den Menschen liebte, schenkte Er ihm das Leben. Nicht, damit der Mensch dann verloren zu gehen habe, nicht damit er als halbfertige Rohform stecken bleibt oder schließlich zu Staub oder Asche vergeht. Erst recht nicht, um ewig darunter zu leiden zu haben, dass er den Worten eines unsympathischen Höllenpredigers nichts abgewinnen konnte. Sondern, um seinen Weg zu Gott zu gehen, um mit Ihm vereint zu werden und in großer Freude in der Gemeinschaft mit dem verherrlichten Gott zu bleiben. Der Weg eines jeden Menschen gleicht dem Weg des verlorenen Sohnes im Gleichnis von Lk 15. Der Vater lässt dem Sohn die große Freiheit, in die Verlorenheit und Verdammnis zu gehen, weil der Sohn das in seiner Verblendung und in Unkenntnis des Segens, den er hat, wenn er bei seinem Vater bleibt, so will. Doch es ist nur eine Frage der Zeit und der Erfahrung bis der Sohn erkennt, dass er in der Fremde vom Vater sein Lebensglück nicht finden kann, sondern dass es ihm nirgendwo besser geht als beim Vater. Und was ist mit dem zweiten Sohn? Der zweite Sohn wähnt sich in der Nähe des Vaters, ist sich aber noch nicht einmal über sich selber im Klaren. Und tatsächlich hat er dem Vater sogar gedient. Allerdings sieht man, er hat des Lohnes wegen gedient, nicht aus substantiierter Liebe zum Vater und schon gar nicht liebte er seinen Bruder, weil der ja Haus und Hof den Rücken zugekehrt hat und nun Gnade finden soll. Dieser zweite Sohn ist ein Bild für die Allverdammerkirchen, die das Wesen ihres Vaters noch gar nicht erfasst haben.

Der Vater feiert ein Fest bei seiner Rückkehr und geht über die Versäumnisse des verlorenen Sohnes hinweg, als hätte es nie welche gegeben. Das gefällt dem zurückgebliebenen Sohn nicht. Er ist in Wirklichkeit sehr weit vom Vaterherz entfernt. Er versteht den Vater gar nicht. Ihm fehlt die Liebe und damit auch die Versöhnungsbereitschaft. *36 Und daher ist klar, wer als Christ fleißig in die Kirche geht, aber keine Liebe für die bewahrt, die man noch als für Gott Verlorene betrachtet, der ist selber noch nicht ganz und gar bei Gott anbelangt.

Wichtig ist, dass man nicht nur Liebe für das Evangelisieren und Missionieren aufbringt und dann, wenn man Menschen nicht erreicht, sich enttäuscht von ihnen abwendet und sie der Verdammnis überlässt, als ob ihnen das zu Recht geschähe. Wichtiger ist, dass man sich seine Liebe und Versöhnungsbereitschaft bewahrt. Christus bewahrt sie auch. Bei Gott ist das wesentlich, ein Bestandteil Seines Wesens! Um Liebe und Versöhnungsbereitschaft bitten, sie erwerben, sich schenken lassen und dann bewahren! Tut man es nicht, gleicht man dem Sohn im Gleichnis, der dem verlorenen Sohn die Rettung nicht gönnte. Was für ein schändliches Verhalten! Was für eine schändliche Einstellung! Die Verdammungsprediger werden sich noch in Grund und Boden schämen! Der fromme, der Form nach dem Vater treue Sohn hätte den Herumtreiber-Sohn vom Hof gejagt.

Solche Vom-Hof-jagen-Bekundungen bekommt man von vielen Kirchenchristen zu hören, z.B. wenn jemand sagt, dass solche Menschen wie jener und jene nichts im Himmel zu suchen haben. Dabei werden sogar Namen genannt, als hätte man diesen Menschen persönlich ins Herz geschaut und darin lesen können „Gott vergibt dir nie!", was ja auch wieder nur ein falsches Gottesbild wäre. Man stelle sich einen Stephanus vor, der mit ansehen musste, wie seine

Mörder die Steine aufhoben! Manche sammelten Steine, ohne die Absicht zu haben, Steine zu werfen. Manche verwahrten vielleicht die langen Kleider, die die Werfer ablegten, damit sie besser werfen konnten und die Kleider auch nicht vom Blut bespritzt würden. Stephanus hatte sie alle vor Augen. Hätte er nicht denken können, ich sehe gleich den Himmel, aber sie werden den Himmel nie sehen, so böse wie sie sind? Aber er hat es nicht gedacht. Und es wäre auch falsch gewesen, denn einer, der dabei war, war ein gewisser Saulus.

In unserem Urteil über andere Menschen irren wir uns beständig. Deshalb sollen wir sie nicht aburteilen, weil wir immer ungerecht urteilen. Es hilft niemand und schadet immer.

Wir können nur mit echter Freude dem Vater danken, wenn wir auch von Seinem Vorhaben wissen und verstanden haben, dass Gott Seinem Willen entsprechend handelt. Er hat mit der Schöpfung kein Chaosunternehmen, das im Untergang der Menschheit endet, begonnen. So wird es von den Kirchen dargestellt. So wird Gott klein geredet und der Mensch groß gemacht. Der Mensch habe es fertig gebracht, Gottes Pläne zu durchkreuzen. Gott hat die Welt schön und gut geplant, aber dann kam der Mensch und hat alles kaputt gemacht, nun gelingt es Gott nur noch eine kosmetische Schönheitskorrektur durchzuführen bei etwas, was total entstellt ist. Der Mensch maßgeblicher als Gott und Satan siegreicher als Jesus! Welch kümmerliche Vorstellung!

Wenn aber Gott alles nach Plan durchgeführt hätte, weil Er alles von Anfang an auf einen zweifachen Ausgang angelegt hat, wenn die Menschheit ihre Zukunft in der Hölle fristen müsste, wäre Gott kein anbetungswürdiger Gott, weil Er mehr Unheil angestiftet hat, als Heil. Er hätte es so beabsichtigt. Die Freude über die eigene Rettung ist eine egoistische Freude, die niemals so groß sein kann, als wenn man sich über das Gelingen eines viel größeren Rettungsvorhabens freut. Es ist aber undenkbar, dass die menschlichen Absichten ehrwürdiger und erhabener und das menschliche Erbarmen größer sind, als Gottes Absichten und Gottes Erbarmen. Tatsächlich ist der biblische Gott ein Erbarmer. *37

Die rechte Freude ist eine berechtigte Freude und nur sie ist dazu beigesteuert, dass der Glauben bemerkt, wie Christus das Leben verändert. Nie freut sich der Mensch mehr, als dass er sich des Beiseins Christi vergegenwärtigen darf. Wer diese Freude nicht kennt, darf aber wissen warum. Man darf immer guter Hoffnung sein, denn Gott ist gnädig und möchte auch, dass wir uns Ihm nahen, aber wenn wir es nicht tun, weil wir anstatt zu lieben, hassen oder anstatt zu vergeben, unversöhnlich sind, müssen wir uns nicht wundern, wenn Gott für uns eine abstrakte Größe bleibt. Manchmal müssen wir vielleicht nur unsere schmutzigen Schuhe ausziehen, dass wir uns Seiner Gegenwart bewusst werden. Und die Schuhe können für alles stehen, was unrein ist, Gedanken, Erwartungen, Absichten, Handlungsweisen, Gefühle. Vielleicht kann man gegen Gefühle wenig machen, gegen das andere schon (2 Kor 10,5). Wer sich gegen die Andeutungen und Berührungen des Geistes Christi versperrt, kommt so nicht weiter und behindert seine Entwicklung. Dann wird Gott vielleicht zu gröberen Maßnahmen greifen. Diese gelten nicht nur Weltmenschen, sondern auch den Gläubigen.

Dass man dem Vater unablässig danken kann, begründet Paulus auch damit, weil Gott *„euch fähig gemacht hat zum Anteil am Erbe der Heiligen im Licht"* (**Kol 1,12**).

Es ist also Gott, der fähig macht. Er befähigt und autorisiert zu den Werken, die nicht zufällig zustande kommen oder sich aus einer bestimmten Situation ergeben, und auch zu den Entscheidungen und Lebenseinstellungen gibt Er die entscheidenden Impulse. Er schenkt den Glauben, die Liebe, die Hoffnung, die Zuversicht, die Erwartung. Und das alles ist auch *„Anteil am Erbe der Heiligen im Licht."* Das göttliche Erbe ist *„im Licht"*. Weil es tadellos ist, was Gott denen bereitet hat, die Er auch auserwählt hat und weil es in der Auserwählung immer eine Gegenwart Gottes geben wird. Sie ist jetzt schon erfahrbar, aber sie wird noch gemindert durch das Trennende und Verschleiernde und Unfertige.

Das Erbe der Heiligen ist die Verwaltung der göttlichen Güter.

Bei den göttlichen Gütern, die die Heiligen erben, handelt es sich sowohl um Wesensmerkmale Gottes, die die Heiligen erwerben dürfen, als auch um Aufgaben und Ämter, womit Gott durch die Heiligen die Herrlichkeiten der künftigen Welt herstellen und verwalten lässt. Das Erbe ist also etwas Allumfassendes, Allmächtiges, Allwesentliches. Dass dabei die Wohlbefindlichkeiten, welche Menschen in einem irdischen Format erfahren können, wenn sie sich glücklich wähnen, wenn sie lieben und Erfüllung finden, in all dem enthalten und in einem himmlischen Format vervollkommnet sind, versteht sich von selbst, weil ja erst in Gott und bei Gott alles, was Menschen erfahren können, in Vollkommenheit vorliegt. Wer vollkommene Erfüllung in den vollkommensten Wünschen erfahren will, muss Gottes Einladung annehmen. Wer sich mit weniger begnügen will, wird erleben, dass jedes Glück, das nicht in Gott gegründet ist, vergänglich ist und die Eigenschaft hat, sich mit der Endlichkeit nicht zur Ruhe setzen zu wollen. Das zu begreifen, ist der Lernprozess, den jeder Mensch durchmacht.

Dieser Lernprozess „heiligt" den Menschen. Und deshalb ist es richtig, zu sagen, dass ein Mensch unheilig ist, wenn er sich diesem Lernprozess nicht stellt und ein anderes Lebensziel verfolgt. Die „Heiligen" sind diejenigen, die Gott im Leben nicht nur einen Raum zur Verfügung stellen, wo Er wirken darf, mit Wänden des „Bis hierher und nicht weiter", sondern, die Gott uneingeschränkt alles überlassen. Die Heiligen, das sind die, die Gott Vertrauen schenken und sich von Ihm führen lassen. Die Heiligen, das sind nicht die, die sich der Kirche unterwerfen.

Vielleicht kommt der Dialog mit Gott und das Sich-Führen-lassen von Gott ins Stocken, so wie bei Hiob. Aber die Heiligen Gottes haben die Eigenschaft, sich immer wieder zu besinnen, sich besinnen zu lassen, Gott weiter in Dankbarkeit die Führung überlassend. Dabei sind sie nicht demütig nach menschlicher Art. Das ist eine Demut, die den Menschen erhöhen soll und auch andere Menschen beeindrucken soll. Die Demut nach Gottes Art ist die Dienstbereitschaft für den Gottesdienst am eigenen Menschsein.

JCJCJCJCJCJCJCJCJCJCJCJC

Vom finsteren Schein ins lichte Sein
Kol 1,13-14

Wenn Ausleger verwundert feststellen, dass in den Zehn Geboten keine dieser Punkte von Paulus in seinem Brief an die Kolosser in **Kol 1,10-13** vorkommen, zeigt das nur, dass sie gar nicht verstanden haben, wozu die Zehn Gebote gegeben sind. ***38** Ihnen fehlt die heilsgeschichtliche Erkenntnis, wonach man Israel und die Gemeinde ebenso wie die heilsgeschichtlichen Phasen auseinanderhalten muss. Paulus ist kein Prediger der Zehn Gebote, weil er weiß, dass sie ein wesentlicher Teil der Torah auf der Segenslinie Gottes mit Seinem Volk Israel sind. Bei ihnen geht es um das israelische Gemeinwesen, das friedliche, auf Wachstum angelegte Zusammenleben natürlicher, zur Sünde neigender Menschen. Hält man die Gebote, ist dieses Zusammenleben möglich. Man ist aber weit davon entfernt ein vollkommener Mensch zu sein. Paulus weiß, die Zehn Gebote, ebenso wie die ganze Torah, reichen bei weitem nicht aus, eine tadellose und vollkommene Verbindung zu Gott oder auch nur zu den Mitmenschen herzustellen. Man wird durch das Einhalten der Gebote nicht „gekräftigt mit aller Kraft", weil das nur in Christus möglich ist. Man wird nicht geschickt *„zu allem Ausharren und aller Langmut, mit Freuden"*, weil man das nur in Christus bekommt. Man wird keine vollständige Danksagung fertigbringen und erst recht nicht wird man *„fähig gemacht zum Anteil am Erbe der Heiligen im Licht"*.

Die Kirchen als Geboteverwalter und „Wir-wissen-was"- Institutionen haben aber erkannt, dass ihr erstes Ziel erst einmal die Gebote sind, weil sie von Christus noch so weit weg sind. Da sie aber auch nicht das Volk Gottes ersetzt haben, schweben sie in einem unerlösten und unbefriedigenden Zwischenzustand irgendwo im Niemandsland zwischen Christuserkenntnis und Unverständnis. Das gilt auch für die Juden, die Christus noch nicht als Messias anerkannt haben.

Wenn es über Gott heißt: *„Er hat uns gerettet aus der Macht der Finsternis und versetzt in das Reich des Sohnes seiner Liebe."* (**Kol 1,13**) fasst hier Paulus wiederum sein Evangelium zusammen.

Warum hat die Finsternis eine Macht? Ist sie nicht einfach nur Abwesenheit des Lichts? Das Licht ist aber aus unterschiedlichsten Gründen abwesend. Je mehr man sich Gott annähert, desto mehr kommt man ins Licht. Finsternis ist also tatsächlich mehr als nur ein Wort für das Böse. Das muss man verstehen. Wer in dieser Welt unbehelligt ein gemächliches Leben führt und ein erträgliches Gemüt hat, mag nicht viel von finsteren Werken wissen oder von der jedem Menschen innewohnenden Bösartigkeit, die nicht bei ihm zum Vorschein gekommen ist, obschon sie vorhanden ist. Und seine Mitmenschen haben ihn auch vor ihren Bösartigkeiten verschont. Und doch fehlt einem solchen in aller Stille und Beschaulichkeit aufwachsenden Menschen noch das Entscheidende, weil er Gott nicht begegnet ist und wie ein roher Edelstein die Bearbeitung zum Ziel hin noch gar nicht erfahren hat. Er weiß noch nichts über seine Bestimmung und es fehlt ihm der Glanz, den er nur bei Gott wirklich entfalten kann.

Aber warum liegt eine Macht in dieser Gott-Abgewandtheit? Weil der Mensch ein unbekehrtes Herz hat, das von Gott so lange nichts wissen will, wie es ihm noch ohne Gott leidlich gut geht. Der Mensch bemächtigt sich seiner selbst. Das hat mit Eva angefangen. Der Mensch muss nun lernen, dass er nicht viel hat, um sinnträchtig über sich selber Macht auszuüben und dass ja eigentlich das Leben in der Gottesferne ein Leben in Ohnmacht ist. Die Begegnung mit Gott zeigt nämlich sofort, dass man so nicht bleiben kann, wie man ist. Es ist als ob der Ton auf der Töpferscheibe plötzlich feststellt, was und wo sie ist und dass der Töpfer den Anspruch hat, aus dem Ton ein Gefäß zu machen, ein Anspruch, dem der Ton nur zustimmen kann, weil er aus sich selber nichts machen kann. Gott hat die besten Lösungen des Problems ein tönerner Mensch zu sein. Das stößt auf Widerstand, aber der Ton merkt irgendwann, er kann sich anstellen wie er will, die Scheibe dreht sich, wie der Töpfer will.

In **Kol 1,13-14** fährt Paulus mit einer Feststellung und Klarstellung fort, die die Erlösung des Menschen nicht zu einer Möglichkeit macht, sondern zu einem bereits geschehenen Ereignis, dem wichtigsten der Geschichte des Universums, denn Gott *„hat uns gerettet aus der Macht der Finsternis und versetzt in das Reich des Sohnes seiner Liebe. In ihm haben wir die Erlösung, die Vergebung der Sünden.“*

Der Mensch, der sich Christus anvertraut, ist gerettet und versetzt in das Reich Jesu Christi. Daran ist nichts zu rütteln. Die Kirchen tun es zwar als ob sie Verwalter des großen Zerrüttlers wären, der nur „groß“ heißt, weil er große Anstrengungen unternimmt, aber doch nichts an Plan und Ausführung Gottes ändern kann.

In **Kol 1,13** benutzt Paulus eine Formulierung, die zeigt, dass Paulus Jesus ein Reich zuordnet, das man nicht mit dem messianischen Reich mit Israel gleichsetzen muss. Jesus steht aber immer für die Befreiung von der Sündenschuld (**Kol 1,14**). Daraus folgt aber auch, dass Er Gottes vollkommenes Abbild ist (**Kol 1,15**). *39 Paulus meint keine Äußerlichkeiten, die beim Menschen niemals vollkommen sein können, sondern die wesensmäßige Übereinstimmung des Sohnes mit dem Vater. Daraus folgt außerdem noch, dass der Sohn Gottes nur als Mensch in der Lage war, die menschliche Verfehlung auf sich zu laden, was Paulus ebenfalls in Vers 15 abhandelt, wenn er Jesus als „[der] Erstgeborene [vor einer] jeden Schöpfung" bezeichnet.

„Versetzt in das Reich des Sohnes seiner Liebe", **(Kol 1,13)** hat uns der Vatergott, sagt Paulus. Es ist geradeso als gäbe es den Sohn wegen der Liebe Gottes. Man bedenke, so sehr hat Gott Seine Schöpfung geliebt, dass Er Seinen Sohn für die Rettung der Menschen gab (1 Joh 4,9). Der Sohn opferte sich zur universalen Vergebung der Sünden, so auch die Aussage im nachfolgenden Vers (**Kol 1,14**).

Gott hat ja den Sohn aus sich heraus gezeugt (Ps 2,7). Das erklärt Paulus den Antiochiern (Ap 13,3) und der Verfasser des Hebräerbriefes den Juden (Heb 1,5). Aber wozu hat Gott es getan? Um Seinen Sohn zum Erben aller Dinge einzusetzen, die der Vater den Sohn erschaffen ließ (Heb 1,2). Die Schöpfung ist aber gefallen, von Gott weggefallen. Der Sohn, der sie geschaffen hat, richtet die Schöpfung auch wieder auf und bringt sie zur Vollendung (1 Kor 15,24-28).

In **Kol 1,14** verdeutlicht Paulus, dass die Vergebung der Sünden durch Jesu geschah und zwar aufgrund der Gnade Gottes. Jesus hat das Blut vergossen, welches Gott für die Sühnung der Sünden vorgesehen hat. Im Blut ist das Leben. Zu leben ist die erste Voraussetzung, dass man mit Gott eine Beziehung eingehen kann. Das ist die Absicht Gottes, weshalb Er Leben gegeben hat. Er will eine Beziehung eingehen, die ewig hält, weil sie die Wesensmerkmale des ewigen Gottes hat. „Erlösung" durch Jesus Christus bedeutet daher, die Beziehung zu Gott herzustellen, die man vorher wegen der Sünden unmöglich gemacht hat. Die Erlösung hat nichts mit Menschenwerk zu tun. Bei Paulus gehört das zum Grundwissen, weshalb er hier den Kolossern nichts weiter dazu ausführt. Man fängt zu Beginn jeder Infinitesimalmathematikstunde auch nicht immer mit dem Einmaleins an. Das muss man wissen. Auch muss man wissen, was Gott darunter versteht, zu rechtfertigen, warum Er sündige Menschen zu sich kommen lässt. Er muss sie gerecht und nahbar machen. Am Kreuz hat Gott durch Jesus Christus der göttlichen Forderung nach Gerechtigkeit Genüge getan, aber dass Er diesen Weg selber, an Seinem eigenen Leib gegangen ist, geschah aus der Fülle Seiner Gnade. Gerechtigkeit, die den Tod fordert als ein Akt der Trennung zwischen dem Heiligen und Unheiligen, der fundamental ist, und Gnade, die die Erlösung in Gang bringt, gehen eine heilsame Verbindung ein. Daher spricht Paulus von dem Reichtum der Herrlichkeit Christi, die ein Reichtum Seiner Gnade ist (Kol 1,27). Die göttliche Forderung nach Gerechtigkeit wurde durch Jesus erfüllt, der Sein menschliches Leben für die Sünden der Menschen aufgegeben hat. Sein heiliges Leben fällt mehr ins Gewicht als alle Sünden aller Menschen zusammengenommen. Nicht die Kirche hat einen Schatz von Werken aller Heiliger, aus der sie schöpfen und Sünden vergeben kann, wie es die katholische Kirche behauptet, sondern Christus hat den Schatz der Sündenvergebung durch Sein Opfer zur unerschöpflichen Quelle der Begnadigung gemacht.

Bei einer Zeugung sollte immer die Liebe beteiligt sein. Sie sollte am Anfang stehen und so war es auch bei Gott. Johannes bringt die Kindschaft Gottes in Verbindung mit der Liebe, die vom Vater kommt (1 Joh 3,1). Sie soll nicht nach der Zeugung verschwinden, sondern soll sich in dem Erzeugten weiter fortpflanzen. Das ist also das große Vorhaben Gottes. Er kann und will nicht für sich und bei sich bleiben. Seine Liebe bringt Ihn dazu, sich zu vermehren und auszubreiten über das, was Er aus sich herausgibt. So hat Gott zuerst den Sohn gezeugt, den die Bibel „Erstgeborener" nennt, obwohl dieser Erstgeborene die ganze Schöpfung geschaffen hat. (**Kol 1,15**) *40 Dann hat dieser Sohn alle Dinge erschaffen. Das ganze Weltall, mit allem, was darin ist, kommt aus Seiner Schöpferhand. Er wurde schließlich Mensch, um die gefallene Schöpfung zu retten und den Heilungsprozess in Gang zu setzen, der damit enden wird, dass aus dem „Von", dem „vom Sohn", ein „Zu", dem „zum Sohn", geworden ist (Röm 11,36). *41

Weil die Welt diese göttliche Liebe und auch nicht die Zielstrebigkeit dieser Liebe nicht kennt, kennt sie Gott nicht und will Ihn auch gar nicht kennen. Und sie kennt die Kinder Gottes nicht und will sie auch gar nicht kennen (1 Joh 1,3). Wie die Kirchen sich zu den Kindern Gottes und zu Gott stellen, zeigt also, ob sie zur Welt gehören oder zu Gottes Kindschaft. Es fällt schwer, anzuzweifeln, dass diejenigen, die Gottes Kinder und Gottes Volk Israel feindselig behandelt haben, es aus einem anderen Grund getan haben, als dem, dass sie weltlich sind. Der Fürst dieser Welt in diesem Äon ist aber immer noch Satan (Joh 16,11).

„In ihm haben wir die Erlösung, die Vergebung der Sünden." (**Kol 1,14**) Dieser Satz muss also in seinem heilsgeschichtlichen Zusammenhang mit der Liebe Gottes gesehen werden. Aus Liebe hat Gott den Sohn gezeugt, aus Liebe zeugt er weitere Kinder in Jesus Christus und aus Liebe wird in Jesus Christus alles zum Ziel gebracht, bis es alles vor Gott als erlöst und verherrlicht dargestellt wird. Es ist kaum verwunderlich, wenn auch wunderlich, dass Gott den Menschen immer wieder großzügig von Seiner Liebe gibt. Allen Menschen wendet sich Gottes Liebe immer wieder zu, denn überall, wo die Menschen lieben, tun sie etwas, was sie von Gott bekommen haben. Es hat noch nie einen Menschen gegeben, der nicht wenigstens einen kleinen Bruchteil der Liebe, die er von Gott bekommen hat, wiedergespiegelt hat, so furchtbar die Menschen auch immer wieder in die Irre gehen, so grauenhaft sie sich auch unter die Sünde versklaven lassen. Und doch wissen die Menschen, die Liebe, das ist das höchste Gut, welches wir Menschen haben können. *42 Es konnte und durfte ihnen nicht verborgen bleiben.

Leider ist es in fromm-christlichen Kreisen wie ein ungeschriebenes Gesetz, dass ungläubige Menschen nichts von wahrer Liebe verstünden. Man unterschätzt dabei tatsächlich Gottes Liebe, der jeden Menschen liebt und daher auch jedem Menschen die Möglichkeit gibt, zu lieben, auch dann, wenn Gott diese Menschen noch nicht in besonderer Weise angesprochen hat.

Die Bibel selbst unterscheidet zwar zwischen verschiedenen Arten der Liebe, aber sie kommen alle von Gott und sie sind nicht grenzhaft voneinander unterschieden. Es ist leider auch üblich, die nichtchristliche Rezeption der menschlichen Liebe wie sie z.B. in Liedern besungen wird, abzuqualifizieren und einem unchristlichen Spott auszusetzen. Daraus entspringt wohl auch der Wunsch der Bibelausleger, das Hohelied Salomos zu vergeistigen. Es ist aber widersprüchlich, wenn man Menschen verwehren will, ihre menschliche Liebe zu besingen, wo es doch Gott vorbildlich vorgemacht hat. Denn natürlich geht es im Hohelied um zwei Verliebte.

Wohl dem, der Gott liebt, wohl Israel, wenn es Gott als seinen Bräutigam erkennen kann, aber die Liebe ist den Menschen auch dann gegeben, wenn sie (noch) nicht bekehrt sind. Und auch Christen dürfen lieben, wie es im Hohelied beschrieben wird. Bach hat Gott geliebt und alle Lieder und Kompositionen Ihm gewidmet. Man sollte aber nicht kritisieren, wenn es andere Komponisten gibt, die texten „All You need is love!" nur weil sie keine Christen sind. ***43** Hat doch Gott aus Liebe alle Dinge erschaffen, aus Liebe Seinen Sohn gezeugt, aus Liebe die Kindschaft aller Menschen möglich gemacht, weil Er aus Liebe Seinen Sohn geopfert hat und der Sohn aus Liebe zum Vater und zu den Menschen Sein Leben freiwillig gegeben hat. Insofern stimmt es. Alles was wir zu unserer Errettung und Seligkeit gebraucht haben, ist die Liebe Gottes. Zwar mögen die Texter nicht daran gedacht haben, sie haben aber dennoch das Gespür entwickelt, dass nichts über die Liebe geht. Dass es die Liebe sein muss, die in Gott wesenhaft vorhanden ist, ist vielen noch verborgen. Aber es ist Gott, der es offenbart. Der Mensch kann aus sich selber keine Wahrheit der göttlichen Weisheit offenbaren.

Paulus hat verstanden, warum er die Erlösung und die Vergebung der Sünden brauchte. Das erklärt sich daraus, dass er Christus kennen gelernt und vorher schon eine ungefähre Vorstellung von Gott hatte. Es ist nämlich so, dass ungläubige Menschen und Atheisten nicht wissen können, was sie unter der Erlösung und der Vergebung der Sünden verstehen sollen. Ihre Gedanken gehen in eine andere Richtung. Sie sagen vielleicht, ich brauche keine Vergebung meiner Sünden. Wozu soll das gut sein? Oder, eine Erlösung gibt es durch den Tod, denn danach ist es aus. Im fernen Osten sieht man im Leben etwas Leidvolles, was irgendwie abgelöst werden soll, durch etwas Leidfreies, das man als Aufgehen der Einzelseele im Weltmeer des Brahman sieht oder als Nirwana, jedenfalls wird das Individuum zerstört. Das Individuum ist genau das, was Gott erfunden und geschaffen hat, um sich damit zu verherrlichen. Die Weltreligionen sind also gottfeindlich, erlösungsfeindlich und menschenfeindlich. Wenn gerade viele Westliche Menschen, die im christlichen Kulturkreis aufgewachsen sind, dem Hinduismus oder Buddhismus zuwenden, tun sie es deshalb, weil sie den christlichen Glauben und den Sinn des Lebens nicht verstanden haben. Schlimmer ist aber, wenn Kirchenvertreter, die es besser wissen müssten, einen Schulterschluss mit Vertretern dieser Religionen suchen. Auch bei Mohammedanern und Kirchgängern wird die „Erlösung" nur so verstanden, dass man statt in die Hölle in den Himmel kommt. Dabei ist das gar nicht die Erlösung.

Erlösung und Sündenvergebung werden nur in der Bibel sinngemäß erläutert. Sie hängen eng mit der Bestimmung des Menschen und dem Vorhaben Gottes mit der Schöpfung zusammen. Das Sündigen ist oder erzeugt das Nicht-so-wollen wie Gott will, aber auch das Nicht-so-können-können wie Gott will. Und die Erlösung befreit davon und von den Folgen davon. Wie man nämlich an Gläubigen sehen kann, ändert sich zunächst gar nichts. Der Todkranke stirbt doch.

Und solange er gelebt hat, mag er sich noch so sehr als Mensch zum Besseren gewandelt haben, er war nicht in der Lage, sündlos zu sein. Das bedeutet, dass Christi Erlösung von der Sündenschuld ihre Wirksamkeit zwar bis zum Tode entfaltet, aber dennoch nicht so weit ging, dass die Sünden ganz aus dem Leben verschwanden. Die Erlösung in den Tod hinein und darüber hinaus entfaltet eine besondere Wirksamkeit. Wer sich Christus ganz anvertraut, wird nicht nur von seiner Sündenschuld befreit, sondern auch von den Sünden und den Folgen des Sündigens, sonst wäre es keine vollständige Erlösung. Eine Folge des Sündigens ist schon das Sterben im ersten Tod. Es ist also klar, dass es nach dem Tode noch weitergehen muss mit der Erlösung, sonst wäre es keine vollständige Erlösung. Die Erlösung zielt also nicht nur auf eine richtungsweisende Veränderung des Gläubigen ab, sondern auf seine Vervollkommnung.

Als der Schöpfergott Adam und Eva erschuf, machte Er sie zwar sehr gut. Aber sie waren nicht vollkommen. Sie waren ohne den Geist Gottes Kinder des Glaubens, aber nicht ausgereift. Erst als sie dann die Sündhaftigkeit entdeckten und ihr verfielen, wurde ihnen ihre Unvollkommenheit selbst klar. Dafür verloren sie die Klarheit im Blick auf Gott. Das Vollkommene in der begeisteten Schöpfung kann sich erst entwickeln, wenn die Schöpfung mit dem Bösen konfrontiert wird. Dabei lernt sie zwischen Gut und Böse zu unterscheiden und erst dann kann sie eine bewusste und endgültige Entscheidung gegen das Böse fällen. *44 Der Fall der Schöpfung war also naturgemäß und wohl auch notwendig. Er war kein Un-Fall und kein Zu-Fall, sondern ein Hinzu-Fall.

Es ist bezeichnend, dass es in der Bibel heißt, dass Adam und Eva bemerkten, dass sie nackt waren, nachdem sie gesündigt, also gegen den Willen Gottes verstoßen hatten. Das nackt sein steht hier dafür, entblößt zu sein. Eine unansehnliche Natur ist sichtbar geworden: der sündhafte Mensch. Scham ist die logische Reaktion. Ab sofort wusste der Mensch von seinem Gewissen. Solange Gott nicht sprach und nicht gebot, regte sich beim Mensch fortan das Gewissen.

Israel wurde privilegiert, weil Gott sehr vieles von Seinem Willen diesem Volk offenbarte. Die Torah ist eine Gesetzessammlung. Sie ist aber auch eine Auskunft darüber, was Sünde ist und was Gott gefällt. Sie ist vor allem eine Ansage Gottes an das Volk Israel, was Er von ihm wollte. Seit Gott einer Auswahl von Menschen den Geist Christi innewohnen lässt, kann der Mensch noch gewisser wissen, was Gottes Willen ist. Wissen alleine, hilft nicht. Der Geist Christi leitet nicht nur in Gottes Wahrheiten, sondern verwandelt auch den Menschen, bis zu seiner Vervollkommnung. Und erst dann hat er das von Gott gesetzte Ziel erreicht.

Erlösung ist also mehr als nur eine Weiterexistenz an einem angenehmeren und stressfreieren Ort, Sie sichert den wachstumsmäßigen Fortgang der Verwandlung des Menschen zu dem, wozu ihn Gott bestimmt hat. Etwas Herrlicheres kann ihm nicht geschehen. Die Erlösungsangebote der Religionen sind in keiner Weise auch nur annähernd, wenn sie wahr wären, so erstrebenswert. *45 Die Vorstellung von 70 Jungfrauen im Paradies, die auf Allahs Getreue warten, zeigt die ganze Primitivität und Beschränktheit der menschlichen Vorstellungskraft. Was soll das ewige Harfenspielen auf einer Wolke, das ewige Liegen auf einem Diwan, das selige vor sich hin Ruhen im Nirwana? Wie unbegeistet doch die besorgte Vorstellungswelt des unbekehrten Menschen ist!

Und so zeigt sich, dass nur derjenige eine ungefähre Vorstellung davon haben kann, was Erlösung ist, was ihre Tragweite und was ihr Ziel ist, der schon eine gewisse Grundstruktur des Hauses erkannt hat, an dem Gott baut. Und jeder, der sagt, er braucht nicht erlöst zu werden und Sünden gäbe es nicht, zeigt damit nur, dass er nichts von Gott weiß.

JCJCJCJCJCJCJCJCJCJCJC

Der sichtbar werdende Gott
Kol 1,15

Von Gott wissen kann man nur, wenn man bereits in biblische Ordnungen eingeführt worden ist. Da hat man zu erfassen, dass die Welt mit allem was darinnen ist, erschaffen worden ist (Röm 1,19ff). Da hat man, so einem Israel begegnet ist, zur Kenntnis zu nehmen, dass Gott mit einem Volk auf eine ganz besondere Weise verfährt. Und dann gibt es die historisch gesicherte Auferstehung des Messias Israels, der sogar in Seinen Gefolgsleuten noch in dieser Welt präsent ist.

Christus ist zunächst einmal *„das Bild des unsichtbaren Gottes, der Erstgeborene aller Schöpfung."* (**Kol 1,15**). Der unsichtbare Gott ist der Vater. Wenn an anderer Stelle steht, dass Jesus und der Vater eins sind, dann ist damit die Gottheit Jesu erwiesen (Joh 10,30). Jesus ist insofern mehr als nur das Bild des Vaters. Er ist aber das Bild des Vaters insofern Er alles an Wesenhaftigkeit zeigt, was wesensgleich beim Vater vorhanden ist. Daher sagt Jesus, dass, wer Ihn sieht, den Vater sieht (Joh 14,9). Es nützt ja dem Menschen nichts, wenn er in Gottes Gegenwart ist, Ihn aber vor lauter Überblendung durch das Licht, das von Ihm ausgeht, nicht sehen kann. In Christus, als Er im Fleisch war, war dieses Licht verdeckt, eingehüllt in Adamsfleisch. Das war die große Chance, Gott zu sehen, wie Er, wie durch einen Filter, ist (Joh 1,10).

Die Frage stellt sich, warum der Vater unsichtbar ist. Weil der Mensch das Licht nicht ertragen könnte. Er hat keine Augen dafür. Die Sonne ist ein winziger Lichttropfen aus der Fingerspitze Gottes. Der Mensch kann ja nicht einmal unbeschadet in die Sonne blicken. Das brachte Völker dazu, die Sonne als Gott anzusehen. Man muss den Blick demütig vor ihr senken. In der geistlichen Realität ist es ganz ähnlich. Für böse Menschen sind gute Menschen unerträglich.

Ihr Licht behagt ihnen gar nicht. Gott gegenüber sind wir alle kleine Lichter, die den Anblick Gottes in Seinem Strahlenglanz nicht ertragen würden. Aber warum zeigt sich Gott dann nicht in einer irgendwie abgeschwächten Form? Kann Er nicht an Seinem Lichtschalter drehen und das Licht auf Dämmerlicht stellen? In Einzelfällen hat Er es gemacht, aber dabei hatte Er nie Seine ganze Herrlichkeit im Gefolge. Die größte „Abblendung" hat Er aber in Jesus Christus vollbracht.

Jesus Christus hat sich erniedrigt wie sich noch nie ein lebendiges Wesen erniedrigt hat, dabei ist Er ein Mensch geworden, der hoch erhaben ist, über allen anderen Menschen. Jesus Christus ist die letztendliche, ultimative Herabbeugung Gottes zu Seiner Schöpfung. Zu bedenken ist, dass Gott als Schöpfer der Materie und Lebensquelle die völlige Kontrolle und Souveränität über diese jederzeit und in jeder Form, wie Er will, hat. *46 Eines ist bei dieser Erniedrigung erhalten geblieben, das sind die Wesenszüge Gottes. Weiterer Sichtbarmachungen bedarf es nicht, zumal im Zeitalter des Glaubens, das Vertrauen in den, der nicht sichtbar ist, wachsen soll und nicht im Schauen Gewissheiten erworben werden sollen, für die der Mensch noch nicht die Reife besitzt. Der Mensch soll behutsam auf seine Begegnungen mit Gott vorbereitet werden.

Natürlich behaupten die Menschen, „zeige uns Gott und wir glauben!", aber Gott hat ein ganzes Volk in die Rolle geschickt, zu beweisen, dass es nicht wahr ist. Alle Versprechungen, die der Mensch Gott gibt, hält er nicht ein. Israel hat Gott gehört und Seine Wunder gesehen, und doch war Israel nicht bereit, Gott zu folgen. Wenn es eine Himmelserscheinung gibt, gibt es vielleicht morgen schon noch Größere. Wo ein Außerirdischer seine Macht demonstriert, kann das noch ein anderer überbieten. Mohammed glaubte bei seinen Visionen, Opfer von Dämonen geworden zu sein. Da blickte er noch klar. Später behauptete er, es sei ein Engel Gottes gewesen und schnurstracks wird aus einem Absender, den man als Teufel identifiziert hat, Gott persönlich. Wie fragwürdig die Urteilsfähigkeit von Menschen in Bezug auf Himmelserscheinungen und Außerirdische ist, bekundet die Bibel ja auch. Auch hier gilt, wer einem Engel Gottes begegnet, weiß es. Wer keinem Engel Gottes begegnet, könnte es dennoch glauben. Die letzten Kapitel der Erdgeschichte, bevor Jesus Christus zurückkommt, zeigen die Irrtumsfähigkeit und Verführbarkeit gerade der religiösen Menschenmassen, die sich nur in den großen Weltreligionen und Weltideologien finden. Auch die Juden verlangten von Jesus – ausgerechnet Ihm – einen Beweis, dass Er der Messias sei, mit nicht weniger als dem Vorzeigen des Vaters (Joh 14,9). ***47** Das war natürlich nicht schriftgemäß. Aber auch sonst zeichnet sich die Theologie derer, die Gott nicht kennen, dadurch aus, dass sie unbiblisch veranlagt ist. Und so sind auch ihre Beweisforderungen unbiblisch und nur Ausdruck ihres Unglaubens.

Gott ist deshalb unsichtbar, weil sich der Mensch von Ihm abgewandt hat, oder, optimistischer ausgedrückt: weil sich der Mensch Ihm nicht zugewandt hat. Wer sich Gott wahrhaft zuwendet, bekommt Ihn auch zu sehen. Nicht gleich vielleicht und dann auch nicht gleich ganz. Und zugleich bekommt er sich selber zu sehen, so wie er wirklich ist. Welches ist wohl der größere Schock?

**In gleichem Maße wie der Mensch reif gemacht wird
Gott zu sehen, wird er auch reif gemacht,
sich selber zu sehen.**

Wenn er der Mensch nicht vorbereitet wird, Gott oder sich selbst zu sehen, packt ihn das Erschrecken. Bei Gott wegen Seiner Heiligkeit, bei sich selber wegen der Unheiligkeit. Reift der Mensch, wird er heiliger und damit auch ersichtlich erträglicher. Es ist für den Menschen gut, wenn er sich soweit zunächst aufklären lässt wie Gott ist, bis er reif ist, Gott so zu sehen, wie Er ist. Der Schock wäre für eine unerwartete und unvorbereitete Sichtung zu groß. Das Sehen Gottes geht also mit dem Erkennen Gottes einher und ist ein Wachstumsprozess. Mit der Vertreibung aus dem Garten Eden war also auch das Unsichtbarwerden Gottes notwendig.

Man muss außerdem wissen, wahrhaftes Erkennen Gottes im Geiste, ohne zugleich ins Licht gestellt zu werden, gibt es nicht. Und das bedeutet, dass Gott nicht nur nicht unsichtbar ist, sondern auch unhörbar und zeugnislos. Gottes Unsichtbarkeit, Unhörbarkeit und Zeugnislosigkeit dienen dem Schutz und der Wachstumsmöglichkeit des Menschen. Je mehr der Mensch wächst und reift, desto mehr bekommt er von Gott zu sehen, zu hören und zu fühlen.

Die Menschwerdung Gottes in Christus ergänzt die Erkenntnis Gottes, die von den Propheten und Weisen des Alten Testaments hergekommen ist entscheidend und unverzichtbar, weshalb nicht an Jesus glaubende Juden Gott nicht wirklich kennen können. *48

Das überwiegend ablehnende Verhalten des Judentums beim Auftreten Jesu zeigt, dass es das Gottesbild, das es aus der bisherigen Überlieferung hatte, nicht mit der Rezeption Jesu in Übereinstimmung bringen konnte. Die Juden waren für den Sohn der Liebe nicht bereit. *49 Selbst Johannes der Täufer, den Jesus als Größten der Menschen bezeichnete (Lk 7,28), war sich über Jesus nicht ganz im Klaren (Lk 7,20). Das Hauptproblem des Judentums war wohl auch ein unaufgeklärter Sachverhalt für Johannes, man erwartete den Messias nur einmal und nicht zweimal. Man dachte, er würde gleich sein Königreich errichten. *Bist du es? Oder sollen wir noch auf einen anderen warten?"* Die Frage haben sich zweifelnde Menschen zu allen Zeiten gestellt. Sie ist gleichbedeutend mit der Frage, welchem Gott sollen wir uns zuwenden? Wem sollen wir unser Vertrauen geben? Jesus sagt, „Mir!", doch dann geht Er hin und lässt sich ans Kreuz nageln und fragt ausgerechnet auch noch am Kreuz: *„Mein Gott, warum hast du mich verlassen?"* Wie um allen Zweiflern zu bestätigen, dass sie mit ihrem Zweifel an Jesus Recht hatten. „Er ist auch nur ein Mensch, zwar mit hehren Idealen und guten Absichten, aber sterblich und unvermögend wie wir." So müssen viele damals gedacht haben, einschließlich der Jünger Jesu. Warum ließ Gott Johannes den Täufer so hängen? Die Bibel erklärt es nicht, aber Johannes gehörte dem Alten Bund an. Ihm war es nicht gegeben, die ganze Tragweite der Bedeutung des Messias zu wissen. Sehr bezeichnend ist, was Jesus auf die Anfrage von Johannes zur Antwort gab. Die Antwort ist streng messianisch. Lahme gehen, Blinde sehen, sind das nicht Beweise für das Kommen des Messias. Jesus hat es nie für nötig gefunden, Johannes aufzusuchen und ihn umfassend aufzuklären. Zu viel Licht, macht nicht unbedingt sehend. Jesus hielt sich genau an den göttlichen Fahrplan, klar: Er IST Gott! Er ist der Planmacher! Er ist der Durchführer! David wusste nichts von einem zweimaligen Kommen des Messias, Abraham wusste noch nicht einmal etwas von dem erstmaligen Kommen des Messias. Und Johannes` Wissen blieb auch nur Stückwerk! Es gab keinen einzigen Juden, der zu Lebzeiten von Johannes etwas von einem zweimaligen Kommen des Messias wusste. Es stand einfach nicht geschrieben? Man kann es indirekt ableiten von dem, was geschrieben steht. Aber es ist nicht zwingend und es drängt sich auch nicht auf.

Und das ist einer der Wesenseigenheiten Gottes, mit denen weder die Juden im Alten Bund, noch die Christen danach gerne gerechnet hätten. Gott ist anders, durch Niedrigkeit erlöst Er die Niedrigen und fängt bei den Niedrigsten an. Er macht es durch ein Werk der Niedrigkeit, nämlich den schmählichsten Tod, den es gibt. Jesus starb nicht wie ein heldischer Widerstandskämpfer, der ungefesselt, wie er schon im Leben ungebunden war, ohne verbundene Augen und mit einem letzten Spruch auf den Lippen, „Es lebe die Freiheit!" oder etwas ähnlich Schlagzeilenfreundliches. Er war zur Beschämung nackt angenagelt, seine Augen waren verschlossen vom geronnenen Blut, seine Stimme trocken und brüchig, als er noch einmal aufschrie. Am Kreuz röchelt und stöhnt man, solange man noch die Kraft dazu hat, denn das Leben rinnt quälend aus einem heraus. Da ist keine Hoheit, da ist kein Heldentum, da ist elendigliches Herunterkommen vom Menschsein zum Totsein. Und bei Jesus war das nicht anders, was die rein menschliche Seite ausmacht.

Und doch war diese erste Mission, die scheinbar im Triumpf Seiner Feinde und Hasser endete, ein großer Erfolg - aus der Perspektive einiger Jahrhunderte später betrachtet. Nicht einmal weltliche Historiker können das anzweifeln. Das Christentum hat den letzten zweitausend Jahren Menschheitsgeschichte seinen Stempel aufgedrückt.

Was dabei der einzelne Gläubige verstehen muss, ist, dass auch sein eigenes Leben nach dem gleichen Grundmuster ablaufen kann wie das Leben des Messias. Er lebt sozusagen zweimal, aber, anders als Jesus, bereits in diesen Leben. Und zwar so: er erlebt manches in seinem Leben, was man unter „sichtbarer Segen Gottes" verbuchen könnte. Er ist im Leben nämlich erfolgreich. In jeder nur erdenklichen Beziehung sind Christen unter den Erfolgreichen. Und gerne schieben sie die Schuld dafür Gott in die Schuhe, und hoffentlich tun sie es ohne einen Gedanken, dass Gottes Segnungen kommen müssen, weil man ja so ein braver Christ sei. Den meisten reicht es aber schon, Gott aus großem Herzen zu danken, wenn sie glücklich verheiratet sind und es der Familie gut geht. Bis hierher versteht man noch Gott. Er ist Liebe und Er ist gütig. Und da wir Seine Kinder sind, segnet Er uns. Konsequent und folgerichtig und erwartbar.

Doch das Wesentliche fehlt noch. Das Wichtigste was Jesus tat, waren nicht Seine Predigten und Seine Verkündigung des Evangeliums landauf und landab. Auch nicht, dass Er unermüdlich Kranke heilte und Erkenntnisse über Gott offenbarte. Das Wichtigste war, dass Er sein Kreuz auf sich nahm, von Anfang bis zum Ende Seiner irdischen Laufbahn. Und ebenso ist es bei jedem, der Ihm nachfolgen will. Vielleicht hat man drei gute Jahre der Wanderschaft, die auf 30 Jahre unauffälligen Heranwachsens folgen. Aber dann ist das Leben in Christus unvollständig. Paulus wusste das. *50

Das ist mehr noch neutestamentliche Lehre als dass diese Sichtweise schon klar im Alten Testament zum Ausdruck gebracht worden wäre. Im Alten Testament leiden aber auch schon viele zu einem ganz bestimmten Zweck, der nichts mit den bloßen Folgeerscheinungen von Sünden oder Fehlverhalten zu tun hat, sondern mit den Wegen Gottes mit den Menschen. Im Alten Testament sind die Probleme so zu lösen, dass man sich dem Gott Israels in Vertrauen zuwendet, im Gehorsam, im Werkgehorsam, aber auch im Glaubensgehorsam, im geduldigen Harren auf den Herrn, im Gebet, im, gerade in ausweglosen Situationen, Überlassen der Situation dem Gott, nachdem man bereits das getan hat, was man als seine Verantwortung erkannt hat. Aber auch im Alten Testament sind Gebete nicht erhört worden. Das Beispiel der Freunde Hiobs zeigt, dass man dann immer zuerst die Erklärung für den Fortbestand eines Übels in dem Versagen des betroffenen Menschen suchte.

Das Neue Testament lenkt aber den Blick auf etwas ganz anderes. Leiden um der Vollendung willen. ***51** Das war etwas noch Ungehörtes. Prediger sollten jede Botschaft über die Wichtigkeit des Gebets und des vollständigen Vertrauens in Gott deshalb unbedingt mit dem Hinweis versehen, dass unerhörte Gebete immer um einer höheren Sache willen nicht erhört werden sollen. Es bleibt die Betonung des Glaubensgehorsams („hypakoen pisteos"). Das ist der Gehorsam, der gerade auch in ungünstigen Zeiten und Umständen am Vertrauen in Gott festhält. Wenn man zu seinem Diener sagt, „Hole mir sofort zweitausend Euro von der Bank, die Hälfte darfst du für dich behalten!", gehört nicht viel Überwindung zum Gehorsam dazu, sich auf den Weg zu machen. Aber Gott weiter zu vertrauen, wenn auch Gebete nicht erhört werden, da fängt eigentlich das kernige Vertrauen an, das man auch „Treue in Abwesenheit" oder „Treue in Verlassenheit!" nennen könnte. So muss man reden können: „Ich vertraue auf Gott, auch wenn ich nichts von Ihm und Seinen Wirkungen sehen kann, obwohl ich es gerade jetzt so dringend nötig hätte."

Der unsichtbare Gott ist eben oft auch ein unhörbarer Gott. Gebetserhörungen, die nicht beantwortet werden, gibt es dennoch nicht wirklich. Denn, wenn man für eine bestimmte Sache betet, die dann schief geht, weiß man, dass es nicht der Wille Gottes war, es zu vermeiden. Es ist wie in einer Ehe. Nur weil der

Traumpartner keine Traumgeschenke macht, heißt das nicht, dass man Ihm nicht vertrauen könnte oder dass man ihn austauschen müsste. Wer auf der Seite Gottes ist, ist immer richtig, auch wenn es schwierig wird, ja sogar schwieriger als man es verkraften könnte.

Gerade weil Jesus als Abbild Gottes die Wesensmerkmale Gottes hat, lässt sich daraus auch schließen, dass Er Gott ist. *52 Wenn Jesus die Wesensmerkmale Gottes gültig haben soll, müssen sie ja mit den Wesensmerkmalen Gottes übereinstimmen, denn es kann keine Übereinstimmung mit etwas Vollkommenem geben, was nicht selber vollkommen vorhanden ist. Es ist also ein grundlegender Unterschied, wenn man sagt, dass jemand eine Liebe hat, die er von Gott bekommen hat, oder die durch den Geist Gottes in sein Herz eingezogen ist. Oder wenn man sagt, „er liebt, wie Gott liebt". Das kann man nur vom Sohn sagen. Doch nun geschieht bei denen, die in Christus sind, etwas Seltsames und Kostbares. Wenn sie sich ganz vom Geist Christi vereinnahmen lassen, ist ihre Liebe ganz die Liebe Christi. Und dann sind sie in einem Status, den Paulus ein Tempel des heiligen Geistes nennt. Wenn Menschen nie in diesen Status gelangen, liegt es einzig daran, dass sie dem Geist Christi nicht den Raum geben, den es dazu bräuchte.

Aber warum nennt Paulus Jesus, der nach Joh 1 und nach seiner eigenen Erkenntnis, die er schon im nächsten Satz kund tut, der Schöpfergott ist, der alles erschaffen hat, den Erstgeborenen oder Erstgezeugten der Schöpfung? Wie kann jemand der Erstgezeugte eines Erzeugnisses sein, das Er selber erzeugt hat? Hat er sich denn als erstes erzeugt? So meint es Paulus nicht. Seine Aussage ist heilsgeschichtlich zu verstehen. *53

Das Wort wurde Fleisch in die Schöpfung hinein, um den Grund zu legen, wonach, ursächlich und auch zeitlich, alle Menschen und die ganze Schöpfung neu gezeugt, also zu einer höheren Existenzebene zugeführt werden konnten.

Diese Grundlegung war ein Akt, der zwar auch himmelweit und geistlich Gültigkeit hat, aber eben auch auf die Schöpfung hin bezogen. Es war ein Erzeugungsakt einer besseren Welt. Zu diesem Akt gehörte dazu, dass Jesus am Kreuz sich für die gesamte Schöpfung opferte. Er starb als Mensch und stand als Mensch wieder auf. Gott hat Ihn im Himmel wieder auf den göttlichen Thron gesetzt. Mit der Auferstehung Jesu ist Jesus der Erstgeborene unter den Menschen geworden. Hätte es vor Jesus schon solche Auferstehungen von Menschen, die ihren Lauf wie Jesus vollständig vollendet haben, gegeben, könnte Jesus nicht Erstgeborener genannt werden!

Jesus hat Seinen Auftrag erfüllt. Er hat das, was vorher geplant war, zur Vollendung bereit gemacht, denn Er hat das Gipfelkreuz gesetzt - der höchste Punkt in der Heilsgeschichte Gottes ist erreicht, jener Heilsgeschichte, die den Fall der Schöpfung nur ausgenutzt haben wird, weil sie eine Vollendigungsgeschichte und Verherrlichungsgeschichte der Schöpfung ist.

Die Geschichte Gottes mit den Menschen ist eine Vollendigungsgeschichte und Verherrlichungsgeschichte der Schöpfung.

Die Schöpfung ist nicht vollendet, solange sie nicht von Jesus dem Vater vorgelegt wird (1 Kor 15,22-28; Eph 1,9-10), aber das Kreuz ist bereits das Siegeszeichen. Es gibt den vollständigen Sieg. Es gibt ihn bei Gott, weil Gott Seinen vollständigen Ratschluss vollzieht. *54

Dass Paulus Jesus als Erstgeborenen, oder, wie das griechische „prototokos" auch sagt, „Erstgezeugter" bezeichnet, verweist nicht nur auf die Heilsgeschichte, dass nach dem zuerst gewordenen Sohn noch weitere folgen, sondern zeigt die Nähe der Christusnachfolger zu ihrem Haupt (Eph 4,19). *55

Wenn sie die Glieder sind, sind sie zwangsläufig aufs Engste mit Ihm verbunden und gehören zu Ihm. Das ist eine ganz andere Heilskategorie als Israel. *56

In **Kol 1,15** heißt es über Jesus: *„Er ist das Bild des unsichtbaren Gottes"*. Nach neutestamentlicher Lehre füllte die Herrlichkeit des Vaters den Sohn (Heb 1,3), so wie auch die Gemeinde von der Herrlichkeit Christi erfüllt wird (Eph 1,23). Jesus sagte selber in Joh 14,7-11: *„Wer mich sieht, sieht den Vater… Glaubt mir, dass ich im Vater bin und der Vater in mir."*

Die Juden sagen, niemand hat je Gott gesehen. Dabei hatten sie das Vorrecht in Jesus Gott leibhaftig zu sehen! Welch` eine Tragödie! Aber schon Jakob hätte den Juden widersprochen, denn er sagte folgendes in 1 Mo 32,30: *„Und Jakob nannte die Stätte Pnuël; denn, sprach er, ich habe Gott (Elohim) von Angesicht gesehen"*. Es ist kaum anzunehmen, dass die Bibel Gott und die Engel auf einer Stufe stellt. Gott zu sehen, bedeutet nicht unbedingt, dass man alles von Ihm gesehen hat. So haben die Israelis am Sinaiberg bestimmt nur wenig von Ihm gesehen und vernommen, auch wenn sie sagen können: *„Siehe, der HERR, unser Gott, hat uns sehen lassen seine Herrlichkeit und seine Majestät".* (5 Mo 5,24). Das sagt auch das NT, aber auf eine höchst widersprüchliche Weise, nämlich in Joh 1,18: *„Niemand hat Gott je gesehen; der Eingeborene, der Gott ist und in des Vaters Schoß ist, der hat ihn uns verkündigt."* Da sagt also Johannes, der schon im ersten Kapitel seines Evangeliums die Gottheit Jesu lehrt, in einem Satz sowohl, dass niemand Gott gesehen hat und dann aber auch das Gegenteil, weil er Jesus als Gott bezeichnet. Was hat dieser Widerspruch zu bedeuten?

Diesen Widerspruch kann man nur so lösen: Kein Mensch hat Gott gesehen in Seinem ganzen Wesen und Seiner ganzen Herrlichkeit. Als aber Jesus kam, zeigte sich Gott in Wort, Tat und Persönlichkeit. Wo immer im Alten Testament Gott gesehen wurde, hat man ihn nur unter Teilaspekten gesehen, hinter Wolke, hinter Flammen, in mannigfacher Gestalt. Jedoch so deutlich hat sich Gott niemals gezeigt wie in Jesus Christus. Den gleichen scheinbaren Widerspruch haben wir schon im Alten Testament. Auch hier wieder sieht man, dass das Neue

Testament an das Alte Testament anknüpft. In 2 Mo 33,20 hatte Gott dem Mose gesagt, dass kein Mensch ihn sehen und am Leben bleiben könne. Aber in 2 Mo 24,9-11 ist andererseits zu lesen, dass Mose und Aaron auf dem Berg Sinai Gott gesehen haben.

Die Erklärung dafür ist offensichtlich, dass Gott sich in verschiedenen Manifestationen und verschiedenen Offenbarungsstärken zeigen kann. Und nicht jede offenbart Seine ganze Herrlichkeit. Wenn von Gott gesagt werden kann, dass Er sich durch Engel offenbart, dann nicht, weil Engel wie Gott wären, sondern weil das Wort für Engel, hebräisch „Malak" lediglich Botschafter Gottes bedeutet.

Gott zeigt sich in verschiedenen Manifestationen und Offenbarungsstärken.

In 1 Mo 32,30 sagt Jakob nach seinem nächtlichen Ringkampf, der ihm den Namen Israel eingebracht hat: *„Ich habe Gott (Elohim) von Gesicht zu Gesicht gesehen."* Aber nach Hosea 12,4 war das ein Engel. Warum wirft die Bibel Gott und die Engel in einen Topf?

Sie tut das getreu den tatsächlichen Vorkommnissen wie man besonders gut in Richter 13,19-23 sehen kann. Da hat Manoah, der Vater von Samson, ein Opfer auf dem Altar dargebracht und als das Opfer von der Flamme verzehrt wird, sagt die Bibel, wird ein Engel des Herrn sichtbar in der Flamme. Manoah und seine Frau fallen vor Furcht zu Boden und Manoah sagt: *„Wir haben Gott gesehen."* Liegt hier ein Irrtum vor? Kaum, denn merkwürdigerweise hat dieser Wechsel vom Engel des Herrn auf Gott selbst in der Bibel Methode, obwohl die Bibel doch viele Verfasser hat. Auch hier gibt es wieder nur eine Lösung des vermeintlichen Problems. 1. Gott offenbart sich wie ER will; 2. Da Gott niemand täuscht, sind Seine Offenbarungen wahr; 3. Da seine Offenbarungen wahr sind, gibt es verschiedene Manifestationen von Gott. *57

Der Gott der Bibel scheint also eine mehrheitliche Einheit und eine einheitliche Mehrheit zu sein. Er ist eine mehrheitliche Einheit, weil alle Wesenheiten, die organisch mit ihm verbunden sind, als auch seine eigenen Wesensmäßigkeiten eine vollkommene harmonische Einheit bilden, in welcher Bereicherung und Verherrlichung wesenhaft werden und sind. Er ist eine einheitliche Mehrheit, weil alle Wesenheiten, die mit Ihm verbunden sind, als auch seine eigenen Wesensmäßigkeiten von den gleichen Harmonien durchdrungen sind, die sich gegenseitig bereichern und verherrlichen.

Auf diese Folge von Jesu Erstgeburt nach Kol 1,15 folgt noch eine nächste logische Folge. Kol 1,16-17 ist tiefschürfend. *„Denn in ihm ist alles in den Himmeln und auf der Erde geschaffen worden, das Sichtbare und das Unsichtbare, es seien Throne oder Herrschaften oder Gewalten oder Mächte: Alles ist durch ihn und zu ihm hin geschaffen."* Das Sichtbare und Unsichtbare zeigt sich zu allererst und zu guter Letzt bei Gott selbst. Und es fragt sich, wie der Mensch Gott wahrnehmen kann. Muss für ihn Gott unsichtbar und unbemerkt bleiben? Offenbar nicht, denn sonst könnte es nicht zugleich heißen: Alles ist zu Christus hin geschaffen. Und Christus legt es dem Vater vor, wenn alles vollendet ist. In der Vollendung wird dem Menschen Gott ganz sichtbar, mit Seiner ganzen Wesenheit und Majestät.

Gott ist unsichtbar, aber im Sohn sichtbar. Immer da, wo Gott sichtbar geworden ist, so scheint es, war es der Sohn, der den Menschen offenbar gemacht wurde.

JCJCJCJCJCJCJCJCJCJCJC

Die Vollendung des Alls durch Christus
Kol 1,16-17

Kaum sonst irgendwo in der Bibel gibt es Verse, die so inkonsequent von den Kirchen ausgelegt und durchdacht werden wie **Kol 1,16 -17**. Paulus stellt folgende Behauptung auf:

1. In Christus ist das All erschaffen, einschließlich des Unsichtbaren und der Throne und Herrschaften usw.
2. Durch Christus ist das All erschaffen.
3. Zu Christus (hin) ist das All erschaffen.

   nimmt man Vers 17 hinzu, ist noch zu ergänzen
4. Christus ist vor dem All.
5. Das All steht zusammen in Christus. ***58**

Was bedeuten die einzelnen Punkte?

1. Es gibt nichts im All, das in irgendeiner Weise über Christus hinausragt. Es unterliegt alles Seiner Herrschaft und Obergewalt. Sein Wesen umschließt mit aller Konsequenz, was innerhalb des Alls geschieht und ist und war und wird. Das Wesen des Christus ist also maßgeblich dafür wie dem All geschieht.
2. Alles Kreatürliche hängt mit Christus zusammen, weil Er derjenige ist, der alles hervorrief und erschuf. Was weiter entsteht und wird, behält eine Beteiligung durch Christus.
3. Das All dient dem Ziel, wie es der Christus vorgesehen hat. Es hat seine Herkunft und seine Bestimmung in Christus. Es kann sich kein eigenes Ziel setzen, weil es für den Christus bestimmt ist.
4. Christus ist größer als die Schöpfung, denn der Schöpfer ist immer größer als sein Werk. Er ist auch zeitlich vor seiner Schöpfung.

5. Christus ist nicht nur der Erbauer des Alls, Er bleibt auch ein ständig tragender und gestaltender Bauherr. Er ist souverän und garantiert das Gelingen des Schöpfungswerks bis zur Vollendung. Das All kann nicht ohne Christus bestehen bleiben. Es hat kein Leben und Werden an sich.

Die Konsequenzen dieser Punkte sind kaum überschaubar. Aber schon bei einer oberflächlichen Betrachtung wird schnell klar, dass die christlichen Kirchen diese Verse entweder komplett ignorieren oder gründlich missverstanden haben.

Wie kümmerlich es doch ist, in **Kol 1,16**: *„es ist alles durch ihn und zu ihm geschaffen"*, nur an die Sterne im Weltraum zu denken. Die Sterne hat Gott an einem Tag geschaffen und ihnen fehlt nichts. Aber Gott hat vor allem Menschen geschaffen und Er verwendet Äonen, um die Schöpfung zu vervollständigen. Das Verhältnis der Schöpfung zum Menschen ist so, dass die Schöpfung darauf wartet, dass der Mensch endlich zu seiner Bestimmung findet (Röm 8,22). Er geht voran. Und das ist sichergestellt. Ein Ausleger schreib über Jesus: *„Sein Kreuz über Erde und Himmel ragt durch alle Tiefen und Höhen des Weltalls, überragt alle Zeiten der Geschichte, alle Völker, alle Menschen."* *59 Ja, aber was heißt denn das? Wie kann das Kreuz den Menschen überragen, wenn der Mensch in der Hölle verbleibt? Es hätte sich dann als völlig wertlos und wirkungslos erwiesen. Große Taten Gottes, große Worte Gottes und der Unwillen des Menschen macht alles zunichte! Tatsächlich überragt das Kreuz auch die Hölle. Jesus Christus ist „die Versöhnung für unsere Sünden, nicht allein aber für die unseren, sondern auch für die der ganzen Welt." (1 Joh 2,2)

Jesus Christus ist nicht nur der Sieger für die Sieger, sondern auch gerade für die größten Verlierer. Zu Recht kann man daher sagen: *„Seine Versöhnung umspannt alles... Er hat mit dem Blut seines Kreuzes Frieden gemacht für mich, für dich, für alle."* * **60** Doch der so wortgewaltige Theologe kann es selber nicht glauben, denn es sei „*mit dieser mächtigen Wahrheit, dass die Versöhnung dem All gilt, noch nichts darüber gesagt, ob nun auch „alle" diese Versöhnung annehmen."* Was der Theologe nicht versteht, ist, dass eine Versöhnung immer nur dann eine Versöhnung ist, wenn sie auf Gegenseitigkeit beruht. Man kann nicht sagen, „ich habe mich mit meinem Nachbarn versöhnt", solange der Nachbar anderer Meinung ist. Ebenso wie niemand einen anderen seinen Sohn nennen kann, wenn er es nicht ist. Zwar betont der Theologe, dass man „*niemals die einen Aussagen zugunsten der anderen streichen oder entwerten"* darf, ***61** doch genau das macht er, wenn er das „alles" nicht gelten lässt und es einschränkt damit, dass Er sagt, Gott bietet die Versöhnung allen an, aber nicht alle nehmen sie an.

Die Bibel sagt, dass Gott alle zu sich hin versöhnt,
nicht, dass Er allen die Versöhnung lediglich anbietet.

Der Theologe widerspricht sich aber selbst: „*War das All von vornherein darauf angelegt, in Jesus sein Ziel und seine Vollendung zu finde, so ist erst recht und in ganz neuer und tieferer Weise die Versöhnung eine solche zu ihm."* ***62** Und erst recht gilt, wenn das All darauf angelegt war, sein Ziel und seine Vollendung finden, dann wäre ja Gott ein Versager, der Sein Ziel nicht erreicht, wenn die Versöhnung und damit die Zielerreichung und Vollendung nicht zu allen durchdringt. Der Theologe widerspricht klar den biblischen Aussagen, die belegen, dass es nicht auf den Menschen ankommt, sondern allein auf Gott:

- Nichts was sich Gott vorgenommen hat, ist Ihm zu schwer (Hiob 41,2).
- Alles, was Gott will, das tut Er (Psalm 135,6) „*Alles, was er will, das tut er, im Himmel und auf Erden, im Meer und in allen Tiefen."* Auch hier kann „alles" nichts anderes bedeuten als alles.
- Gottes Ratschluss kommt zustande und alles, was Ihm gefällt, führt Er

auch aus (Jes 46,10f).

- Für Gott ist alles möglich, gerade auch das, was für Menschen nicht möglich ist! (Jer 32,27; Mt 19,26)
- Gott erbarmt sich, wem Er will (Röm 9,18).
- Der Mensch ist unfreiwillig unterworfen, weil Gott es will (Röm 8,20), bis er sich freiwillig unterordnet.
- Die Rettung ist Gottes Gabe (Eph 2, 8).
- Gott will, dass alle Menschen gerettet werden (1.Tim. 2,4; 4,10).
- es liegt nicht am Willen des Menschen, sondern am sich erbarmenden Gott (Röm 9,16)
- Kein Mensch kann Gott daran hindern, Seinen Willen zu vollziehen (Dan 4,32)
- Der Absicht Gottes kann niemand widerstehen (Röm 9,19).
- Gott wirkt alles nach dem Ratschluss Seines Willens (Eph 1,11).

Wenn Gott alles nach dem Ratschluss Seines Willens wirkt, ist offensichtlich der Satz „Wenn der Mensch nicht will, kann Gott nicht." falsch.

Der Mensch hat nichts dazu getan, dass Jesus Sein Werk am Kreuz vollbracht hat. Er hat es nicht verhindern können. Er soll jetzt nicht großspurig Gott in die Schranken verweisen wollen, was Er kann und was Er nicht zu können hat, als ob Er vom Menschen abhängig wäre. Und auch die Ausleger sollten sich hüten, Gott klein zu machen, indem sie Sein Erlösungswerk anzweifeln, denn das wäre eine nicht zu entschuldigende Verunehrung Gottes.

Nachdem das von Paulus geklärt ist, dass das All zu Jesus Christus in einem totalen Unterordnungsverhältnis steht, *63 welches aber die Vollendung zum Ziel hat, erklärt Paulus, was das mit denen, die daran glauben, zu tun hat. Das ist die herausgerufene Gemeinde: *„Er ist das Haupt der Körper[schaft], der herausgerufenen [Gemeinde, deren] Anfang Er ist [als] Erstgeborener aus den Toten, [so] dass Er in allem [der] Erste werde"* (Kol 1,18)

Christus fängt die Vollendung Seiner Schöpfung bei der Herausgerufenen, der Ekklesia, an. Wichtig ist, zu erkennen, dass Er da keineswegs stehen bleibt. Er hat ja die Vollendung der Schöpfung im Sinn. *64 Die Herausgerufene ist ja nur die Erstlingsgabe und so ist es richtig, Jesus als „Erstgeborener aus den Toten" zu bezeichnen, denn Er geht voran und alle anderen folgen. Wirklich alle? Ja, denn Paulus fährt fort *„dass Er in allem [der] Erste werde".*

Jesus ist also zunächst das Haupt der herausgerufenen Gemeinde, um nach und nach auch von allem anderen als Haupt angenommen zu werden. *65 Alles andere ist das, was die Entscheidung jemand zum Haupt haben zu wollen, treffen kann. Niemand will das Haupt eines Steins werden, sondern es geht immer um ein Lebendiges, was nach einem Haupt verlangen kann. Niemand kann selber Haupt sein. Das ist genau das, was jeder lernen muss. Ein Haupt wird aber nur dann verlangt, wenn man verstanden hat, dass man ein Haupt braucht und nicht selber sich „be-haupten" kann in diesem letzten Endes nach Christi Art ausgerichteten Universums. Der Ruf nach dem Haupt ist also natürlich und normal. Man kann ihn nur verweigern, wenn man selber sich noch etwas zutraut. Sobald man seinen Irrtum erkennt, ist man bereit für die Aufgabe der „Selbst-be-hauptung!" *66

Wer Christus zum Haupt hat, braucht keine Selbstbehauptung.

Mit **Kol 1,15-18** ist klar, dass sämtliche Ecken und Örter im Universum mit allen Herrschaften und Mächten und Gewalten, ob Naturgewalten oder personalen oder geistigen Gewalten, in Christus erschaffen wurden und Seiner Machtausübung untergeordnet sind. Die Machtausübung ist aber nicht auf die bloße Beherrschung ausgerichtet. Man denke an einen Töpfer oder Künstler. Dem Töpfer geht es nicht darum, dass er die Macht hat, den Ton stehen zu lassen oder wegzuwerfen, sondern ein Gefäß zu seiner „Ehre" herzustellen. Das ist nur der Fall, wenn das Gefäß genau für den Zweck tauglich ist, zu welchem es dienen soll. Der Künstler interessiert sich nicht dafür, Wegwerfware herzustellen, sondern er will ein Kunstwerk schaffen, für das er gelobt und gepriesen wird. Dem Handwerker geht es darum, als Meister seines Faches erkannt und beauftragt zu werden, dem Künstler geht es darum, für sein Kunstwerk etwas Bleibendes zu schaffen, das noch nachfolgende Generationen inspiriert und erfreut. Gott vereinigt alle Qualitäten eines Handwerksmeisters und Künstlers in sich.

Das All ist wegen des Sündenfalls des Menschen aus der Kindschaft herausgefallen und muss in seinen personalen und geistigen Wesenheiten erst wieder Christus, dem Sohn Gottes untergeordnet werden, damit der Mensch, das Ebenbild Gottes, wieder Erbe aller Dinge und Herrlichkeiten, die Gott als Meister und Künstler bereitstellen will, wird. *67 Er muss selber noch ein Meister und Künstler werden. Doch zuerst muss er sich mit Gott versöhnen lassen, sich wieder in den Kindesstand versetzen lassen. Das geht nur durch die Eingliederung in den Leib Christi, den Sohn Gottes. Heinrich Langenberg schreibt: *Das All als Schöpfung ist „in Christo". Deshalb kann auch die Versöhnung des Alls durch ihn geschehen."* *68

Wenn aber alles „durch ihn und zu ihm geschaffen" ist, dann kann auch nichts dauerhaft aus dieser Spur des Heils ausscheren und sich auf ein Abstellgleis verirren.

Bei Gott gibt es keine Abstellgleise.

Mit *„Es hat Gott gefallen..."* fängt **Kol 1,19** an. Das ist also schon entschieden, schon festgelegt, denn Gott hat es gefallen, *„durch ihn alles zu versöhnen zu ihm hin".* Die Schöpfung, d.h. das *„zu ihm geschaffen"* hängt also engstens mit dem „*versöhnen zu ihm hin*" zusammen.

Das ist leicht zu verstehen. Gott hat die Himmel und die Erde und die Menschen erschaffen „zu ihm hin" und wenn die alle von Ihm weg wollen, dann müssen sie erst versöhnt werden, damit es zum „zu ihm" hin kommt.

**Die Schöpfung ist zu Gott hin geschaffen
und Gott schafft die Versöhnung zur Schöpfung hin.**

Damit ist auch klar:

Es gibt keine Schöpfung in der Entfernung von Gott, die nicht von Gott genaht wird. Oder zeitbezogen gesagt:

**Es gibt ohne Versöhnung keine Schöpfung mit Bestand.
Das Geschaffene, das bleibt, ist versöhnt.**

Ebenso klar ist: Es gibt keine Versöhnung bei Gott, die nicht vollständig wäre. Denn dann wäre es keine vollständige Versöhnung. Die Kirchen haben dieser Folgerichtigkeit nichts entgegenzusetzen, außer ihrem Unglauben, dass Gott es ernst macht, mit Seiner Schöpfung und dem Ratschluss alle zu erlösen.

Seitens Gott ist Sein Zorn das, was der Versöhnung im Weg stehen könnte, wenn Er nicht gerade auf die Versöhnung aus wäre. Seitens des Menschen ist der Unglaube, das mangelnde Vertrauen in die Vaterschaft, mit allen Begleiterscheinungen des Ausbrechens aus dem Vaterhaus, bis zur Leugnung „ich habe keinen Vater" Ursache für die zögerliche Bereitschaft, sich versöhnen zu lassen. Aber sie müssen auch noch lernen: die Ferne vom Vaterhaus erweist sich bald als lebens- und liebesfeindlich.

Die Ferne von Gott erweckt die Sehnsucht nach Gott, zuerst noch unbestimmt und ungewiss, doch dann wird sie immer stärker und unaushaltbarer.

Davenant schrieb einmal über **Kol 1,19-20**: „*Diese Stelle foltert die Ausleger* *und wird wiederum von ihnen gefoltert.“* ***69** Die Ausleger foltern sich in Wirklichkeit selber, weil sie sich zu verstehen weigern, dass Gott tatsächlich die Größe hat, Seinen Plan mit der Schöpfung vollkommen zu erfüllen. Sie können es nicht glauben, weil ihnen die Versöhnungsbereitschaft noch fehlt. Sie glauben nicht, dass Gott sich wirklich mit allen versöhnt, weil sie sich selber nicht mit allen versöhnen wollen. Aber die Konsequenzen sind noch tragischer, denn:

Wer nicht glaubt, dass Gott sich mit allen versöhnt,
ist noch nicht selber mit Gott versöhnt.

Das gilt vielleicht nicht für alle, aber für viele, wie man klar an ihren Äußerungen und ihrer geoffenbarten Denkweise erkennen kann. Und weil sie darauf bestehen, dass Gott sich nur mit ihnen, den Unversöhnlichen versöhnt hat, foltern sie das Wort Gottes in dem Sinne, dass sie es umdeuten und so entstellen, dass nicht mehr Gott die Ehre zukommt, sondern eine zweifelhafte Ehre in der minimalisierten Verkürzungsversion der Ehrerbietung.

Langenberg bezeichnet die so von ihm genannte „Allversöhnungslehre“ als paulinische *„Krone seiner christologischen Verkündigung“*. Das zu Recht, denn was könnte Christus und den Vater mehr ehren als das ganze All und daher auch alle Menschen mit sich zu versöhnen. Wie sagte Jesus selber? Es ist keine große Kunst, wenn man die liebt, von denen man geliebt wird (Lk 6,32). Von Christus heißt es, dass Er Sein Leben hingab, als die Menschen noch Sünder und gegen Ihn waren (Röm 5,8). Er liebte also Seine Feinde und liebt sie immer noch. Aber warum sollte Er auch die, die von Ihm ausgegangen und durch Ihn geschaffen worden sind, nicht lieben? Auch menschlichen Eltern ist diese ursprüngliche Liebe gegenüber ihren Kindern gegeben.

Gottes Allmacht ist keine „All-macht!“, wenn es irgendwo im Universum noch ein Widerstandsnest gibt. Jeder Diktator, der noch in Gefängnissen Menschen eingesperrt hat, die gegen ihn sind, hat nicht wirklich die Macht über sie, auch wenn in den Straßen seines Reiches nur noch Ja-Sager herumlaufen. Seine Herrschaft hat und behält den Makel, dass er wegen der Gewaltausübung auf die Gegner nur eine eingeschränkte Macht hat. Gott ist jedoch kein solcher Diktator, sondern Er ist der Vater aller Geschöpfe, ihr Ursprung und ihre Bestimmung.

Zwar erkennen viele Theologen, dass bei Paulus die souveräne Verheißungstreue „normativen" Charakter hat, **70** Aber daraus schließen sie dennoch nicht, dass Gott Seinen Ratschluss ebenso souverän zur Verwirklichung bringt. Auch erkennt man, dass die Christologie von Paulus konsequent vom Kreuz Christi her entfaltet wird. Jedoch, dass Christus verheißen hat, alle zu sich zu ziehen, wird unterschätzt. Dazu passt vollkommen die Erkenntnis, dass nicht wir Menschen das Heil erwirken können, sondern dass es allein Gottes Gnade ist, die durch Jesus Christus wirksam wird. Es gibt also in Wahrheit nichts, was den souveränen Ratschluss Gottes, die Schöpfung zu verherrlichen, verhindern kann. Wenn Gott vollkommen gnädig und vollkommen treu ist, dann vermag die menschliche Kraft nichts dagegen ausrichten. Sie kann es auch nur im Unverstand wollen und im Stand der Ungnade. Doch Gottes Gnade gilt allen, wie auch Gottes Liebe allen gilt.

JCJCJCJCJCJCJCJCJCJCJCJCJC

Der unversöhnliche Mensch
Kol 1,21-22

Wenn Paulus von Versöhnung spricht, ist es immer eine Versöhnung mit Gott (Röm 5,10; 2 Kor 5,18-20, Eph 2,16). Aber die Allversöhnung ist nicht das Ende der Schöpfungsgeschichte, sondern die Allvollendung. Die Allvollendung ist Schöpfungsvollendung und Heilsvollendung. Dann hat Gott das Ziel Seines Kunstschaffens erreicht, wenn sich jeder an dem herrlichen Gesamtwerk erfreuen kann. Da müssen keine Opfer oder bleibende Schäden beweint oder vergessen werden. Sondern alle Tränen werden weggewischt, mit Ausnahme der Freudentränen, die es nur noch zu weinen gibt. Aber bis dahin ist es noch ein weiter Weg. Den kürzesten Weg nehmen die Glieder am Leibe Christi. Sie werden viele Dienste leisten. Die Gemeinde Christi wird in den kommenden Äonen zusammen mit Israel reiche Früchte bringen, auf die Vollendung der Schöpfung hinzuwirken. Dann ist der wahre Frieden erreicht, den Israel schon immer anstrebte. Der Frieden, der bereits am Kreuz durch das Blut Christi besiegelt worden ist (**Kol 1,20**).

Ein Theologe übertitelt seine Auslegung zum Kolosserbrief zwar mit *„Wie groß Jesus ist"*, aber dann macht er Ihn doch nur wieder klein. Dabei beklagt er selber noch: *„Welch kleinen Jesus haben wir oft."* ***71** Und ganz recht hat der Theologe erkannt, dass er mit seinen Genossen so redet „als wäre sein (Jesu) Erlösungswerk nur eben eine kleine Freundlichkeit". Was für eine Posse! Was für eine Clownerie! Man ist geneigt zu sagen, dass diese traditionshörigen Theologen Jesu Erlösungswerk auch nur als kleine Freundlichkeit darstellen, denn sie glauben, dass Jesus nur einen kleinen Teil der Menschheit ans Ziel bringt. Sie führen halt Reden, die Theologen. Und oft genug im Unverstand. Die auflagenstarke Wuppertaler Studienbibel schreibt sogar, dass es ein kleiner Jesus wäre, dessen Bild man vor Augen hätte, *„dem man nicht trauen kann, dass vor*

Ihm die Dämonen zittern, die Pforten des Totenreichs aufspringen…". ***72** Genau so sehen die meisten Kirchenarchitekten ihren Jesus, man kann Ihm nicht das zutrauen, was Er sagt.

Wen meint der akademische Theologe, wenn er fragt, welch kleinen Jesus „wir" haben? Die Gemeinde der Kirchentheologen und Kirchenakademiker und Kirchenschriftgelehrten? Er spricht sich selber schuldig, denn er sagt ja, dass er zu denen gehört, die Jesus nicht zutrauen, dass vor ihm die Dämonen erzittern und die Pforten des Totenreiches aufspringen. Die Vorstellung ist ja, dass es eine Hölle gibt, in der Dämonen eine endlose Herrschaft über die ungläubigen Menschen haben, ungestört von Jesus Christus. Dort haben die Dämonen ihre Ruhe vor Gott und müssen Ihn tatsächlich nicht mehr fürchten. Ihre Pforten, glauben die Theologen, bleiben verschlossen, Jesus klopft erst gar nicht an, denn Er ist ja im Himmel und Satan gehört die Hölle. Soweit die Theorie der Kirchenlehrer. Wie kommen sie darauf? Sie haben es von ihren Lehrern übernommen und nicht die Freiheit entdeckt, selber zur Quelle aller Lehren zurückzugehen. Was Paulus nun in seinem Brief an die Kolosser folgen lässt, ist ein Christushymnus, der den vorstellt, der die Erlösung erbracht hat. *73 Christus ist der Heiland. Christus ist der Menschheitsretter. Er hat die Menschheit erschaffen und auf den Weg geschickt. Und als sie vom Weg abgekommen ist, hat Er sie wieder auf den rechten Weg gebracht. Auf diesem Weg wird Er sie vollenden.

Viele Ausleger haben diese Textpassage mit großen Worten belegt, aber kaum einer hat verstanden, was da gesagt ist. Ein anderer Ausleger schreibt ganz richtig *„Wie hoch der Christenstand mit seiner Erkenntnis, seiner Fruchtbarkeit, seiner Stärke und seinem Dank steigt, hängt von der Bedeutung Jesu ab."* ***74** Was nun, wenn man aber die Bedeutung Jesu minimalisiert zu einer Null vor dem Komma? Dann wäre ja der Christenstand all derer Christen, die daran glauben, dass ein Großteil der Menschheit verloren geht, nicht sehr ausgeprägt. Manchmal sagen Theologen etwas Wahres, ohne es so zu meinen. Bei einem solchen Christenstand wäre die Erkenntnis über das Wesen und die Absichten Gottes zwangsläufig gering. Sie wissen ja das Wichtigste nicht: Jesus Christus hat tatsächlich den totalen Sieg errungen! Anders wäre hingegen die Fruchtbarkeit wie sie sich im Leben eines Christusnachfolgers auswirken soll, von einer zweifelhaften Qualität, und der Glauben und die Zuversicht könnten sich nicht stark entwickeln, weil ja das Heil eine seltene Ausnahmeerscheinung wäre. Und was wäre noch zu danken? Angenommen aus einer Familie von Fünfen, wird nur einer gerettet. Dann entfällt schon einmal der Dank für die Rettung von den Vieren, die verloren gingen. Vor allem wäre das Wahrhabenwollen gering. Man ist gebunden an die Theologie, die man vorgebetet bekommen hat und deren eigenmächtige Erweiterung man sich nicht getraut hat.

Dem, der an die Verdammungslehre glaubt, ist es letzten Endes egal, ob der Nachbar in die Hölle muss, denn Hauptsache ist doch, dass er selber in den Himmel kommt. Dass es ihm egal sein darf, ergibt sich aus dem Glauben, dass ja ohnehin die meisten in die Hölle kommen. Auch die hingebungsvollsten Bemühungen ändern nichts an ihrem Schicksal. Zwar würde das schreckliche Los der Verdammten bei einer glühenden Nächstenliebe die Kraft und das Interesse erwecken, unermüdlich zu evangelisieren, doch wegen der Einsicht, dass es Böse gibt, die böse bleiben, kann erst gar kein Funken glühender Nächstenliebe entfacht werden. Die Hölle steht ja bereits in Flammen.

Ganz anders ist es bei denen, die wissen, dass Gott alle zum Ziel bringt und Gott mit jedem Menschen einen Laufplan hat. Man muss die Menschen wegen ihrer Bosheit nicht hassen oder verschmähen, sondern sieht die Bösen als Verirrte, die einen langen und schmerzhaften Weg vor sich haben, ehe sie keine Bösen und Verirrten mehr sind.

Paulus verdeutlicht auch, dass die Vollendung des Schöpfungsvorhabens Gottes in nicht weniger besteht als die gesamte Schöpfung in Christus einzuordnen und so das All mit Sich auszusöhnen: *„da die gesamte Vervollständigung [ihr] Wohl[gefallen daran] hat, in Ihm zu wohnen und durch Ihn das All mit Sich* *auszusöhnen ([indem Er] durch das Blut Seines Kreuzes Frieden macht), durch Ihn, sei es das auf der Erde oder das in den Himmeln."* (**Kol 1,19-20**)

Es gibt inzwischen in Deutschland wieder Juden, die sich sehr um die Versöhnung zwischen Deutschen und Juden einsetzen. *75 Tatsächlich haben ja, wie jeder weiß, beide Seiten einen starken Grund dafür, sich über ihre Versöhnung Gedanken zu machen. Die Deutschen haben im 20. Jahrhundert das Leben von vielen jüdischen Familien zerstört und das Judentum Europas beinahe ausgelöscht. Sie tragen eine große Schuld. Und die einzigen, die ihnen vergeben können, sind die Angehörigen dieses Volkes, die ihrerseits eine schwere Last tragen. Einmal wegen der Erinnerung und den Schmerzen über den Verlust. Aber auch wenn sie den Verursachern nicht vergeben können.

Jede Versöhnung ist aber unvollständig, wenn sie nicht zugleich eine Versöhnung mit Gott ist. Das machen gerade auch die messianischen Juden in Deutschland klar, weshalb sie im evangelistischen Dienst stehen, denn nur das Evangelium des Friedens und der Versöhnung durch Jesus Christus bringt den Menschen die Kunde von der wahren Versöhnung. Wer sich mit Gott versöhnt hat, wird bereit gemacht für die Versöhnung mit den Menschen. Wer Gott um Vergebung für seine Gottlosigkeit und all die Sünden, die ihr entspringen, bittet, wird sie erfahren. Zugleich wird er befähigt, auch anderen ihre Sünden vergeben zu können. Der Gott der Bibel sagt, wie sonst kein Gott, dass die Sünden auch noch so schlimm sein können und die Gottlosigkeit noch so groß gewesen sein kann, dennoch vergibt Er. Nicht zufällig heißt es im Vater unser: Vergib uns - wie auch wir vergeben.

Versöhnung ist ohne Vergebung nicht möglich. Auch die Vergebung ist nur ein Stückwerk, wenn sie nicht zur Versöhnung führt.

Aus Sicht der Bibel kann es zwischen Juden und Deutschen ebenso wenig echte Versöhnung geben, wie zwischen Juden und Palästinensern, wenn nicht beide zuvor dem Evangelium glauben. Egal wie erfolgreich auch die politischen

Bemühungen sein werden, wenn die beiden Parteien aufeinander zugehen, wird es bei einem „bis hierher und nicht weiter" bleiben.

Die Frage, die sich jeder einzelne stellen kann, ist, ob es nicht auch für jeden selber so ein „bis hierher und nicht weiter" gegenüber dem Nächsten, ja sogar gegenüber Gott gibt. Besteht zwischen der Verweigerung dem Nächsten und Gott gegenüber ein Zusammenhang mit der Rückständigkeit des Menschseins, das man gerade verkörpert. Kann ein Mensch gereift und *„gottesreichkompatibel"* sein, wenn man keinen Frieden in sich hat oder wenn die Versöhnungsbereitschaft fehlt?

Versöhnung ist das Thema der Bibel. Und das ist nicht erstaunlich. ***76** Versöhnung ist nur notwendig, wenn es vorher eine Entzweiung, einen Streit, einen Bruch gegeben hat. Adam und Eva wurden aus dem Garten Eden vertrieben, weil sie gesündigt hatten. Die Sünde ist ein solcher Bruch, der zur Folge hat, dass man keine Gemeinschaft mit dem heiligen Gott haben kann. Die Folgen der Sünden haben im Universum zum teils schleichenden, teils chaotischen Zerfall aller Ordnungen geführt. Die Menschen leben seither in Krieg, Krankheit und Konflikten aller Art und mit ihm die gesamte Schöpfung.

Es gibt vor allem aber geistliche Folgen:
1.

Der Mensch wendet zuerst sein Angesicht von Gott ab, dann verbirgt er sich vor Ihm. Er schämt sich, weil er nackt und bloß ist (1 Mos 3,8-10). Er hat kein Lichtkleid an. Er tut so, als gäbe es Gott nicht oder als sei Gott ganz anders. Er erschafft sich Ersatzgötter, die bezeichnenderweise die Heiligkeit Gottes nicht aufzuweisen haben. Doch das kostet viel. Unter anderem auch die Versöhnungsbereitschaft mit Gott, ohne die es kein „Paradies" oder „Himmel" oder „Reich Gottes", jedenfalls keine Gemeinschaft mit Gott geben kann.

2.

Der Mensch wendet aber auch sein Angesicht trotzig gegen seinen Mitmenschen. Er wird rachsüchtig, eifersüchtig, neidisch, untreu, kriegs- und mordlüstern, unversöhnlich. Dafür müsste er sich ebenfalls schämen, aber er deutet die Werte um und wird infolgedessen immer schamloser. Dies geht wiederum einher mit dem Spott auf Gott und alles Göttliche. Für alles, was schief geht, ist immer der andere als Schuldigen auszumachen (1 Mos 3,11-13). Er entfernt sich somit immer weiter von der Versöhnungsfähigkeit.

3.

Der Mensch wendet sein Angesicht gegen den Rest der Schöpfung. Gottes Wille war ja, dass der Mensch über die Schöpfung haushalte und sie zum Erblühen bringe. Das Gegenteil ist der Fall, der Mensch vernichtet die natürliche Umwelt und manövriert sich zunehmend selber ins Abseits des Unnatürlichen. Mit seinem Fall, beginnt auch die Schöpfung zu degenerieren und daraus entsteht ein Kampf ums Futter und ums Überleben (1 Mos 3,17-19; 4,11-12; 9,2-6). Nicht nur, dass der Mensch selber gegen die Schöpfungsordnung verstößt, indem er beispielsweise die Sexualität missbraucht oder die Familien auflöst, er lässt immer mehr Lebensvorgänge durch unbelebte Maschinen übernehmen und lebt zunehmend in einer künstlichen, entseelten Welt. Er entfremdet sich aus der Schöpfung und damit auch weiter Seinem Schöpfer.

4.

Der Mensch wendet sein Angesicht von sich selbst ab, denn das, was er im Spiegel betrachtet, ist seine eitle, selbstverliebte Maske. Er will gar nicht dahinter schauen. Er ist dazu verdammt, sich nicht für die Abgründe seines Herzens zu interessieren, um etwa heil werden zu können. Stattdessen richtet er sein Leben nach der Maxime ein: „Ich bin ganz in Ordnung wie ich bin, nur mit den anderen ist etwas nicht in Ordnung!" Der Mensch wird sich selbst gegenüber oberflächlich und unehrlich. Er verliert Persönlichkeit und Echtheit. Er bleibt eine halbe Portion, mehr Schein als Sein. Er bleibt dabei, solange er nicht entdeckt, dass er nur in Christus eine vollständige Persönlichkeit werden kann.

Versöhnung mit sich, mit den Menschen und mit Gott - das fällt schwer, denn das Herz ist leichter dabei, der Sünde, dem Abfall, dem Nein zu Gott Raum zu geben. Man kann sehen, die Geschichte der Menschheit ist eine Geschichte nicht der Versöhnung, sondern der Entzweiung und Trennung. Für Adam und Eva gibt es kein Zurück mehr in den Garten Eden (1 Mos 3,24); für Kain und Abel keine Verbrüderung (1Mos 4,15); die Menschen der Sintflut kamen alle um (1 Mos 6,5-7); Abraham trennte sich endgültig von seinem Sohn Ismael (1 Mos 21,14-21); Jakob geht zwar auf Esau zu, aber er macht dann doch wieder einen Schritt zurück (1 Mos 33,4-17). Israel hat seinen Messias gekreuzigt und beharrt bis heute darauf, damit Recht getan zu haben - oder es nicht getan zu haben! Und verweist darauf, nicht Täter, sondern Opfer zu sein. Kein Wunder, wenn auf all diese Trennungstendenzen der Mensch doch einer Sehnsucht in ihm Raum geben will. Er sucht nach der Vereinigung mit allem möglichen, nur nicht mit Gott. Er setzt auf Gleichheit, Vereinheitlichung, Gleichschaltung, Globalisierung und Multikulturierung, wenn nur nicht Gott darin vorkommen muss.

Die Geschichte zeigt, ebenso wie die Bibel, Gott lässt es zu Scheidungen und Trennungen kommen, aber nur weil das, was zusammen ist, nicht, oder noch nicht zusammengehört. Zwar kann es auch Gott zu Trennungen kommen lassen, aber nur um später wieder zu verbinden, denn Er ist der Gott, der alles unter Christus wieder zusammenführt und das Chaos beendet (1 Kor 15,20ff, 1 Mos 1,2-3). Er ist der Gott der Versöhnung. Er hat das Kreuz von Golgatha als Siegeszeichen auch für die Verzweifelten und tief Getroffenen aufgerichtet. Er hat begonnen, Sein Volk Israel in das verlorene Land wieder zurückzuführen, Er hat ein Füllhorn der Segnungen über Sein Volk ausgeschüttet und der größte Segen ist, dass zugleich immer mehr Juden entdecken, dass ihr Messias Yeschua ist.

Die traditionsbewussten Juden lieben die Torah. Ein großer Teil der Torah beschäftigt sich mit der Versöhnung. Gott hat Seinem Volk geboten, Ihm für die begangenen Sünden Opfer darzubringen und sich so wieder zu entsühnen. Da wird dem Sünder bereits deutlich gemacht, auch wenn er einem anderen ein Unrecht begangen hat, hat er zugleich immer auch gegen Gott gesündigt. Versöhnung ist also immer zugleich auch mit Gott notwendig, sonst ist sie nicht vollständig. Man versucht den Schaden wieder bei seinem Nächsten gut zu machen, - das kostet Überwindung, das kostet Demut, das kostet Besitztum - zugleich bittet man Gott um Vergebung (3 Mos 4,1-5,13.26). Und Gott bleibt immer versöhnungsbereit. Das zeigen auch die Bündnisse, die Er mit den Menschen schließt (1 Mos 12,3). Er führt Seinen Ratschluss aus. Israel hat sich Ihm bis zum heutigen Tag widersetzt, dennoch wird Er es zum Volk von Priestern und Königen machen. *77

Bei all der Opferbereitschaft und den Kosten, die es verursacht, wenn man die Opfergebote der Torah beachtet, so muss man doch sehen, dass das Opfer, das Gott zur Vergebung aller Sünden erbracht hat, weitaus größer ist. Es ist so unermesslich groß, dass es gar nicht so viele Sünden geben kann, die es ausschöpfen: Gott gab Seinen eigenen Sohn. Er ist das vollkommene und endgültige Opfer, das nicht nur den Juden, sondern auch für die Deutschen und Palästinenser und alle anderen Menschen bereit steht.

Und Gott hat eine große Geduld, um auf unsere Versöhnungsbereitschaft zu warten, obwohl wir Ihn zutiefst kränken (1 Mos 6,5-7), obwohl wir beständig Seinen Namen verunehren (Hes 36,20-22). Und am meisten geschieht es, wenn die Menschen in Seinem Namen etwas tun, was Er ihnen gar nicht geheißen hat, sondern was Ihm ein Gräuel ist. Die Kirchengeschichte ist voll von solchen Beispielen. Gott ist treu, auch wenn wir untreu sind (2 Tim 2,13). Die Menschen brechen die Bündnisse mit Ihm, und trotzdem hält Gott weiter daran fest. Mehr noch, er verheißt uns, dass Er unser Grundübel an der Wurzel anpacken wird, wenn Er uns ein neues Herz gibt (Hes 36,23-28). Ganz offensichtlich reicht unser Herz, so wie es ist, nicht aus. Es muss von Grund auf erneuert werden. Und das vermag allein der Geist Christi. Die Erneuerung des Herzens fängt aber mit der Umkehr an.

Gottes große Geduld und Erlöserabsicht sieht man bei Seinem Umgang mit Seinem Volk Israel. Er unterzieht dieses Volk einer harten Schule. Er lässt es in alle Länder verschleppen, es wird geschunden und geplagt und mehrfach an den Rand des Untergangs gebracht. Aber Gott führt Sein Volk zurück ins Land Israel und baut es unter Seinem Schutz und Seiner Fürsorge wieder auf, *78 um es dann ganz zu sich zu nehmen. *79 Das muss wohl die „große Liebe" sein, die nicht locker lassen kann und auch nicht will. Warum ist das so? Weil Gott so ist. Das entspricht Seinem Wesen. Er ist heilig, gerecht und gut - vollkommen eben. Sogar den schlimmsten Feinden Israels wird von den Propheten des Alten Testaments Versöhnung zugesprochen (Vgl. Jes 13-23). Die Assyrer, die Babylonier und die Ägypter, sie werden einst Freunde Israels werden (Jes 19,22-25).

Die weltweite Versöhnung umfasst die gesamte Schöpfung. *80 Und dann werden Wölfe bei den Lämmern weiden (Jes 11,6-9). Biologen werden kaum noch überrascht sein, wie schnell sich die Ernährungsgepflogenheiten ändern werden. Und auch zwischen Palästinensern und Juden wird es Einvernehmen geben. Und das Schöne ist, niemand ist dazu gezwungen worden, versöhnlich zu sein. Jeder wird es freiwillig tun, denn jeder wird ein erneuertes Herz haben. Auch zwischen Juden und Deutschen wird es keine Berührungsängste oder Vorbehalte mehr geben.

Die Versöhnung betrifft die sichtbare Welt wie auch die unsichtbare. Alles soll unter das Haupt Christi. Wenn es etwas gäbe, was nicht wie ein im Ganzen zum Ganzen und für das Ganze funktionierende Körperteil wäre, wäre es ja ein ständiger Unruheherd und Störfaktor. Der Christus wird aber die Schöpfung vollkommen darstellen. Und das Kreuzesgeschehen von Golgatha ist hierfür die Voraussetzung gewesen, der Markstein der Welt- und Menschheitsgeschichte. *81

Alles hat sich auf Golgatha entschieden. Mag sein, dass das nicht die Lehre der Kirchen ist, aber es ist die eindeutige Lehre von Paulus.

Es geht für uns darum, dieser Denkweise über die Versöhnung aller nicht mehr *„Fremde und Feinde"* zu sein. (**Kol 1,21**) Es stimmt nicht, wenn Ausleger sagen, dass diese Botschaft von der Versöhnung nur gilt, wenn sie ankommt. Sie gilt grundsätzlich, weil Gott sie grundsätzlich und allumfänglich gültig gemacht hat. Sie tritt zwar erst im Vollumfang in Kraft, wenn der Mensch tatsächlich seine Versöhnung ergreift, aber sie schwebt sozusagen bereits über ihm.

„Einst" fremd, aber „nun versöhnt" (**Kol 1,21**), so geht es mit jedem. Und wie kann sich ein Mensch, bei dem das „nun" schon gekommen ist, sich anmaßen, von anderen zu sagen, dass es für sie nicht mehr gültig ist? Ist es nicht so, dass bei dem, der es sich anmaßt, noch gar keine Versöhnung mit den noch nicht Versöhnten vorliegt? Dann müssen sie ja selber froh sein, dass es für sie selber noch Hoffnung gibt, denn sie sind offenbar auch noch nicht ganz versöhnt und damit noch nicht ganz am Ziel! Das ist ihnen noch fremd, dass Gott sich wirklich aller erbarmt, dass grenzenloses Erbarmen bei Gott auch wirklich grenzenlos ist. Und schlimmer noch: sie stehen auch noch „feindselig" dieser Vorstellung gegenüber, weil sie den noch nicht Versöhnten feindselig gegenüberstehen. Unter ihnen sind viele, mit denen man leidvolle Erfahrungen gemacht hat. Und da passt es ganz gut, dass sie keine Gläubigen sind, denn nur dann könnten sie erlöst werden. So aber gehen sie in die Hölle, wozu sollte man sich also mit ihnen versöhnen, vielmehr, wieso sollte man sich mit sich selber versöhnt sehen, den inneren Frieden mit diesen Übeltätern schließen?

Wie falsch diese Einstellung ist, sehen manche erst dann, wenn sich der böse Mensch konvertiert und man dann bei sich nicht plötzlich einen Stimmungsumschwung feststellen darf, sondern eher noch Verärgerung! „Wie, der Stalin hat sich noch bekehrt? Wie denn das?"

„Im Hades! Er hat dort das Evangelium erläutert bekommen und dass die Bibel stimmt, nicht Marx. Er hat es zwar erst geglaubt, als ihm das Marx und Hitler persönlich bestätigten, die auch noch Darwin mitbrachten, aber er hat sich ergeben."

Und auch wenn sich diese fiktive Unterhaltung erst in zweitausend Jahren abspielt, kann man sicher sein, dass es solcherart Inhalte nicht zu kommunizieren geben wird, wenn geschrieben steht, dass alle Zungen Gott preisen werden? *82

Zuerst richtet man mit der Zunge viel Unheil an,
dann zerbeißt man sie vor Schmerzen (Of 16,0),
am Ende wird sie Gott doch noch preisen.

Warum verteidigen sich auch bekehrte Menschen so sehr gegen Gottes Offenbarung, dass sie noch nicht ganz mit Ihm, mit dem Nächsten und mit sich selber versöhnt sind? Weil sie ihren alten Adam noch verteidigen wollen, bzw. der alte Adam meldet sich in ihnen und lehnt es ab, die Auflehnung gegen Gott, die mit Adam angefangen hat, aufzugeben. Er muss sich behaupten, obwohl ihm das gar keine Würde verleiht! Ebenso wie seine Werke, die er aus Feindseligkeit tut, um die Lust des alten Adams zu befriedigen. Er ist ein Sklave noch der Sünde, ob er das wahrhaben will oder nicht! Dabei könnte er sich doch befreien lassen, wenn er sich doch noch ganz versöhnen würde.

Das ist der tragische Irrtum des religiösen Menschen. Er meint, es genüge ihm, wenn er sich mit Gott versöhnt und begreift nicht, dass diese Versöhnung nie ganz gelingen kann, wenn er die Versöhnung den anderen Menschen und sich selber verschließt. Und dann irrt er weiter, weil er meint, nur er habe die Versöhnung und die anderen nicht. Und er hat sie gar nicht vollständig! Es gibt sie nicht mit Gott, wenn man sie nicht mit allen anderen hat. Mit allen anderen hat man sie nur in Christus. Und daher müssen Kirchen, die nicht den ganzen

Christus haben oder auch einen anderen Christus haben, unversöhnliche Ansichten und Lehren haben.

Es gibt Kirchen, die unversöhnlich sind,
weil sie mit Gott nicht versöhnt sind.

Wie kann man als Kirche mit Gott nicht versöhnt sein. Ist das nicht ein Wiederspruch in sich? Ganz und gar nicht. Wer nicht verstanden hat, dass man selber nichts tun kann, um an seiner Sündhaftigkeit, die aus einem gestörten Herzen kommt, ändern kann, bewahrt sich immer einen Teil seines rebellischen, stolzen Herzens, das sich nicht herablassen will, um von Gott geheilt und zurechtgerückt zu werden. Diesbezüglich schlägt es die Versöhnung mit Gott aus. Jedem Götzentum, das andere und anderes anstelle von Gott setzt, liegt ein unbekehrtes, unversöhnliches Wesen zugrunde.

Die herausragendste der Unversöhnlichkeitslehren ist die Lehre von der ewigen Verdammnis. Dieses Gottesbild ist fatal, denn solange es noch nicht berichtigt worden ist, verbaut man sich den Zugang zu Gott. Man bleibt ein Kind, das seinen Vater mit „Ihr" anspricht und mit Furcht und Zittern und nur ungern in die Nähe des Vaters tritt. Ein Einswerden im Wesen ist so völlig unmöglich. Man zahlt einen hohen Preis, wenn man Gott zu einem Ewigverdammer macht. ***83**

JCJCJCJCJCJCJCJCJCJCJCJCJC

Sofern im rechten Glauben gegründet
Kol 1,22-23

Paulus verdeutlicht nochmal in **Kol 1,22**, dass es Jesus Christus mit Seinem hingebungsvollen Sterben war, der die Versöhnung erst möglich gemacht hat. Aber dabei gibt es noch ein „auf dass". Dieses *„auf dass er euch heilig und makellos und untadelig vor sein Angesicht stelle"* zeigt klar das Ziel an, das darin begründet ist, dass man so wird wie Christus bereits ist. Der Tod Jesu und Seine Auferstehung bringt also erst noch die Heiligung und Untadeligkeit, die Vervollkommnung, setzt sie in Gang, sichert aber vor allem auch ihr Gelingen. Es ist beides, ein Sein in Christus, das sofort beginnt, sobald der Mensch sich Christus anvertraut, aber auch ein Werden in Christus, bis die Vervollkommnung abgeschlossen ist. Das „auf dass" bezieht sich also auf das „Sein" und das „Werden" und das „Ziel" in Christus. Ihm geht dabei nichts verloren und das, was schon verloren ist, findet er wieder.

Alles was der Mensch dazu braucht, ist im Glauben zu bleiben. Es ist jedoch ein geründeter und fester Glauben (**Kol 1,23**). Und der muss sich auf das Evangelium gründen. Es ist der Glauben, dass das Evangelium wahr ist. Diesen Glauben haben die Kirchen längst verloren. Und es ist das Vertrauen in Christus. Dieses Vertrauen haben die Kirchen nie gehabt. Sie vertrauen auf die Gunst von Menschen, von Toten und auf ihre eigene Kompetenz. Sie stehen nicht unter der Kraft des heiligen Geistes, den sie nicht kennen und über den sie unwissend reden.

Paulus sagt, dass Heiligung und Reinigung im Höchstmaß nur erreicht werden kann, wenn man in diesem *„Glauben beharrt und [euch] nicht fortbewegen lasst von dem Erwartung[sgut] des Evangeliums, welches ihr gehört habt, das in der gesamten Schöpfung unter dem Himmel geheroldet wird, dessen Diener ich, Paulus, wurde"* (**Kol 1,22-23**).

Er meint also mit dem Evangelium *„welches ihr gehört habt"* sein Evangelium, nicht ein anderes wie zum Beispiel das einiger messianischer Juden, die mancherorts, wo Paulus sein Evangelium verkündet hatte und weitergezogen war, gemeint haben, sie müssten Paulus richtig stellen und die Torah und die Beschneidung bei den Nichtjuden einführen.

Man sollte sich auch fragen, warum Paulus davon redet, dass das Evangelium *„in der ganzen Schöpfung unter dem Himmel gepredigt worden ist"*. Paulus kann ja nicht geglaubt haben, dass das Evangelium in China oder Indien gepredigt worden war. Warum sagte er *„ganze Schöpfung"*? Nicht einmal die ganze Ökumene, also das Römische Reich, war die *„ganze Schöpfung"*. Was soll diese Formulierung? Aufmerksame Bibelleser werden aber feststellen, dass es dieses Wort von der ganzen Schöpfung noch an einer anderen Stelle in der Bibel gibt, wo Bibelausleger es beinahe wörtlich nehmen. Es handelt sich dabei um den sogenannten „Missionsbefehl" von Jesus in Mk 16,15: *„Geht hin in die ganze Welt und predigt das Evangelium der ganzen Schöpfung!"* Es bietet sich folgende Überlegung an. Wenn die Bibel hier von der gleichen Sache redet und daher die gleichen Worte verwendet, inspiriert von dem gleichen Geist, dann würde das bedeuten, dass alle die Menschen, die zur Zeit, als Jesus das an die Kolosser schrieb, was jedenfalls vor Mitte der sechziger Jahre des ersten Jahrhunderts war, das Evangelium gehört haben, in etwa gleichzusetzen sind, mit den Menschen, die Jesus in Mk 16,15 meinte. Das würde aber bedeuten, dass die übrigen Menschen der Welt gar nicht zum Missionsbefehl gehörten und dass sogar der Missionsbefehl von Mk 16,15 gar nicht irgend jemand gelten kann, der nach der Lebenszeit von Paulus gelebt hat. Es gäbe dann gar keinen weltweiten Missionsbefehl für irgendjemand seit dem ersten Jahrhundert nach Christus. In Mk 16,15 heißt es aber „in alle Welt" sollen die Jünger gehen. Wenn man Mk 16,15 nicht als spätere Hinzufügung zum Markusevangelium sieht, wie viele Ausleger, *84 dann kann man das, was Paulus gesagt hat und das, was Jesus gesagt hat, nur dann in Übereinstimmung bringen, wenn man annimmt, dass sowohl Jesus als auch Paulus das Ziel der Evangeliumsverbreitung nicht darin sahen, das Evangelium in diesem Äon, in dieser Zeitphase allen Menschen dieser Erde zu bringen, was ja auch gar nicht möglich war, denn, da es nicht viele Evangelisten gab, würden auf der Erde viele Menschen leben und sterben, ohne das Evangelium gehört zu haben. Das war schon immer so seit der Zeit Jesu. Genau genommen war der Missionsbefehl also keine Aufforderung alle zu erreichen, weil es schlicht nicht möglich war. Der Missionsbefehl kann also gar kein absolutistischer Ansatz gewesen sein.

Viele Theologen, die die Bibel nicht als untrügliches Wort Gottes verstehen, vertreten die Theorie, dass der Missionsbefehl so nicht von Jesu gegeben worden ist, sondern eine spätere Hinzufügung sei. Sie übersehen dabei jedoch ebenso wie diejenigen, die den Missionsbefehl nicht in einen heilsgeschichtlichen Zusammenhang stellen, dass Jesu Missionsbefehl immer nur im Kontext der Verkündigung des messianischen Königreichs zuerst den Juden und dann den Nationen zu verstehen ist. ***85** Und Paulus bekräftigt dies in **Kol 1,23**. Paulus würde nie so eine Übertreibung zum Ausdruck gebracht haben - *„ganze Schöpfung unter dem Himmel"* – wenn das, was erreicht worden war in der Evangeliumsverkündigung nicht alles das gewesen wäre, was erreicht werden sollte. Gott hätte eine andere Formulierung verhindert. Paulus meinte also, wir haben all denen, die jetzt dran waren, das Evangelium zu hören, das Evangelium gebracht. Es ist nur ein Teil der Menschen, aber mehr sollen es zur Zeit nicht sein. Es wäre falsch, hier die Fakten zu ignorieren. Das tun leider die meisten Ausleger und Bibellehrer. Da wird einfach behauptet, jeder Mensch hätte irgendwann einmal die Chance gehabt, das Evangelium zu hören, bevor er gestorben ist. Das ist schlicht unwahr. Das wird deshalb behauptet, weil man von seiner falschen, traditionellen Denkvoraussetzung nicht abgehen will. Man müsste sonst sagen, dass Gott ungerecht sei. Da man das nicht kann, sagt man, jeder Mensch habe das Evangelium gehört. Oder man greift auf ein anderes

Bibelwort, das man auch nicht verstanden hat, zurück. Gott hat die einen zum Heil bestimmt, die anderen zur Verdammnis.

Selbst wenn das so wäre, würde das erst recht nur erklären, dass der weltweite Missionsbefehl eben doch nicht weltweit gedacht war. Die Ureinwohner Australiens waren demnach von Anfang an von Gott nicht vorgesehen für das Heil. Man kann sich leicht vorstellen, wie britische Christen, die dann ab dem 17. Jahrhundert Australien in Besitz nehmen, mit den Ureinwohnern umgehen. Wer sich nicht gleich bekehrt, wird zum Abschuss frei gegeben. Man kann alle, die sich nicht diesem fremden Glauben unterwerfen als Menschen zweiter Klasse oder gleich als Tiere behandeln. Und genau das haben Spanier, Portugiesen, Briten, Franzosen, Italiener und andere in den Ländern gemacht, die sie in Besitz genommen und ihren kirchenheiligen Schutzpatronen unterstellt haben. Die traditionstreuen Kirchenlehren haben mehr Verbrechen Vorschub geleistet, als alle nichtchristlichen Gewalttäter zusammengenommen fertig gebracht haben, vielleicht mit Ausnahme des Islam. Die Kirchen haben aus den biblischen Lehren zu oft Anleitungen zum Sündigen gemacht. Später haben sie es bedauert, wie einer, der vor Gericht beteuert, dass er lieber nicht im Suff den Fußgänger mit dem Auto überfahren hätte. Darüber freut sich Satan mit den Menschen, die sich infolge der kirchlichen Expansion über die Seelen der Menschen bereichern konnten.

Aber auch der Missbrauch des Wortes Gottes durch seine systematische Fehlauslegung und Fälschung lässt Rückschlüsse auf die Heilsgeschichte Gottes zu. Aufgabe der Apostel bis zur Zeit von Paulus war es, so vielen Menschen, Juden und Nichtjuden das Evangelium zu bringen, dass der Samen für die Entstehung des Christentums, aber ebenso für die Verbreitung der Botschaft unter den Juden in Israel und in der Diaspora, gelegt werden konnte.

Für die Juden lief im Jahre 70 eine Frist ab, die Paulus in Ap 28 angekündigt hat, weil sie nicht dem Evangelium glaubten und deshalb das Reich Gottes nicht kam. Das Kommen des Reiches Gottes hängt vom Kommen des Messias Israels ab. Das Kommen des Messias Israels hängt von Israel ab. Mit der Gemeinde Jesu Christi hat das nichts zu tun. Parallel zu dieser heilsgeschichtlichen Phase für Israel entstand ein nichtjüdisches Christentum, das sich in das Kirchenchristentum und in das Anti-Christentum entwickeln sollte. Es betrifft vor allem die Völker und Nationen, die von Israel aus im kommenden Reich geleitet werden. Daher ist auch die Entstehung der Johannes-Offenbarung, in der es um diese Nationen und Israel geht, in der Zeit nach 70 zu vermuten. Auch in dieser Johannes-Offenbarung kommt die Gemeinde Jesu nur am Rande vor. Nun, nachdem der Tempel in Jerusalem zerstört worden war, konnte Gott bekannt geben, dass es eine Hure Babylon geben würde, die nahtlos an das alte heidnische Rom einerseits und an die jüdische Theokratie andererseits anknüpfen würde und sich genau so lange als neuer Tempel Gottes darstellen würde, bis Gott selber dem Ganzen ein Ende setzen würde.

Jesus hatte seine Jünger mit der Botschaft vom kommenden Reich Gottes in die Welt geschickt. Er hatte ihnen aber auch gesagt, dass sie zuerst zu den Juden gehen sollten. Man muss davon ausgehen, dass die Jünger weder mit den Städten Israels, noch mit den im ganzen Römischen Reich verstreuten jüdischen Diasporagemeinden fertig geworden sind. Es ist daher nicht sehr wahrscheinlich, dass sie bis zu ihrem Lebensende damit anfingen, woanders mit der Verkündigung des Evangeliums anzufangen. Was hätten sie in Irland tun sollen, wenn es dort gar keine jüdische Gemeinde gab? Spätere Legenden, wo die Apostel überall gewesen sein sollen, lassen meist das Bemühen der Legendenbildner erkennen, ihre Tradition zu legitimieren.

Es fällt auf, dass Lukas in der Apostelgeschichte nirgendwo erwähnt, dass es Jünger Jesu gegeben hätte, die Paulus in Kleinasien oder Griechenland in die Quere kamen. Die Glaubensbrüder, die ihm dorthin nachreisten, wollten die Verkündigungsfehler von Paulus korrigieren. Aber sie werden von Paulus als falsche Apostel bezeichnet. Ursprüngliche Jünger Jesu waren keine darunter.

Und es gibt auch keine Briefe der anderen Jünger, außer den wenigen von Johannes und Judas, die nicht an eine bestimmte Gemeinde gerichtet sind. Dazu die Briefe von Jakobus und Petrus und dem Verfasser des Hebräerbriefs, die ausdrücklich an Juden gerichtet sind, und zwar auch und insbesondere an Juden in der Diaspora. Das bedeutet, dass der Befund, dass die Jünger nur zu den Juden gingen, biblisch bekräftigt wird.

Die Bibelausleger und Theologen bieten hier ein unrealistisches Wunschbild, wenn sie sagen, dass die Jünger zu Nichtjuden und Juden gingen. Ap 10 zeigt mit der Episode um den erstaunten Petrus, der das Haus eines Nichtjuden aus Gründen, die in der jüdischen Torahbefolgung zu finden sind, nicht betreten wollte, dass eine Verkündigung des Evangeliums für die Jünger zumindest mit etlichen Hindernissen belegt gewesen wäre, wenn sie sie denn überhaupt anstrebten. Und bis zu diesem Ereignis im Hause des Kornelius war noch keine Verkündigung bei Nichtjuden erfolgt. Hätte sie nun danach beginnen müssen, wenn Gott dem Petrus nur verdeutlichen wollte, dass die Nichtjuden, wenn sie an Christus gläubig geworden waren, die Torah nicht beachten mussten? Um nichts anderes ging es in der Sache. Die jüdischen Jünger Jesu gingen weiter ihre „angestammten" Wege. Damit befolgten sie genau das, was in der heilsgeschichtlichen Phase dran war.

Die Verbreitung des Evangeliums muss bis Mitte der sechziger Jahre aller Wahrscheinlichkeit nach und übereinstimmend mit der Bibel außerhalb des Landes Israel so ausgesehen haben, dass die Jünger Jesu und ihre Mitarbeiter vielen jüdischen Diasporagemeinden im Römischen Reich einen Besuch abgestattet haben und in etlichen Gemeinden auch messianisches Judentum initiiert haben. So zum Beispiel in Rom, denn die Gemeinde dort ist nicht von Paulus gegründet worden. Es war klar, dass in der größten Diasporagemeinde der Juden, im Herzen des Römischen Reiches, die Botschaft vom Messias Jesus Christus sehr bald Eingang finden würde. Dazu bedurfte es nicht einmal eines Apostels.

Da die Jünger etwa 30 Jahre lang evangelisierten, kamen über die Jahre auch weitere Evangelisten hinzu, die eine mehr oder weniger ausgeweitete Evangeliumsverkündigung leisteten. Gegenüber den nichtmessianischen Juden blieben die messianischen Juden in den Diasporagemeinden jedoch stark in der Minderheit, so dass sie gezwungen waren, sich in den Häusern der messianischen Juden zu treffen oder in den Häusern von nichtjüdischen Gläubigen, die es ja auch immer in den Synagogen gab, die sogenannten „Gottesfürchtigen", die darauf hoffen durften, zu Proselyten zu werden. Sie wollten vom Volk Gottes aufgenommen werden. Es war Paulus, der nun eine ganz andere Art von „Aufnahme" einführte. Die Aufnahme in die Gemeinde Jesu Christi, die sich aus Juden und Nichtjuden zusammensetzte und die Aufnahmetradition der Juden durchbrach. Historiker argumentieren, da nun keine schmerzhafte Beschneidung mehr notwendig war, um die Ernsthaftigkeit des Begehrens nachzuweisen, kam es zu einem überproportionalen Zulauf zur neuen jüdischen Sekte des Christentums.

Unter den „Gottesfürchtigen" im Umkreis der jüdischen Synagoge gab es auch viele, die zum Glauben an Christus kamen. Aber sie hatten das Evangelium von den Jüngern Jesus und ihren Nachfolgern gehört. Und das unterschied sich in vielem von der Botschaft des Paulus. Ab Ende der sechziger Jahre waren, bis auf Johannes, die meisten oder alle Jünger bereits nicht mehr am Leben. Es gab also bald keine Augen- und Ohrenzeugen mehr. Matthäus, Johannes und Markus, der ein Begleiter von Petrus war, hatten noch ihr Evangelium niedergeschrieben, aber das Problem der korrekten Überlieferung der Botschaft blieb bestehen und es war unvermeidbar, dass die sich selbst überlassenen Gemeinden ihren eigenen „Kanon" an Lehren zusammenstellen und bewahren musste. Der Einwand, dass doch Gott Sein Wort bewahrt, ändert nichts. Wie die Kirchengeschichte gezeigt hat, stritt man sich bald um die rechte Lehre und die Vielzahl der aufkommenden Kirchen bis zum heutigen Tag zeigt die Notwendigkeit, sich von Gott inspirieren zu lassen, was Rechtgläubigkeit bedeutet, weil man es sonst nicht wissen kann. Man muss sich von Gott leiten lassen, aber dabei ist man davon abhängig, dass Gott einen auch leiten will. Es bleibt dabei, wer zu Gott betet, kann nicht sicher sein, dass er eine Gebetserhörung bekommt, denn der Erfolg des Gebets hängt nicht vom Beter ab, nachdem der alles getan hat, was man tun muss. Die Zahl der Rosenkränze, die er gebetet hat, wird nicht entscheidend sein.

Das Missionsfeld von Paulus wird ja durch die Apostelgeschichte des Lukas und die paulinischen Briefe aufgezeigt. So fleißig und unermüdlich Paulus in dreißig Jahren gewirkt hat, er hat auch nur einen Bruchteil der Bevölkerung erreicht. Die „ganze Schöpfung unter dem Himmel" zeigt nur eine Vollständigkeit in Bezug auf die Absichten Gottes für eine bestimmte heilsgeschichtliche Phase. Eine andere schlüssige Erklärung gibt es nicht. Das ist offensichtlich.

Die Kirche, die sich ab dem zweiten Jahrhundert zeigt, hat bereits vieles von der Lehre der Jünger Jesu und Paulus verloren und neue Inhalte hinzugefügt, die aus dem griechischen und jüdischen Hellenismus und dem lokalen Volksglauben herstammen. Gott hat sich eben nicht darum bemüht, das zu verhindern. Es gehörte nie zu Seinem Plan. Die Kirche, die sich dann, nochmals einhundert Jahre später „katholische Kirche nannte" hat sich bereits inhaltlich und geistlich weit entfernt von den Gemeinden, in denen Paulus und die Jünger Jesu das Wort führten. Wenn man wissen will, wie weit, dann genügt es, die Lehren dieser Kirche mit den biblischen Lehren zu vergleichen. Wer das nicht vermag, hat das gleiche Problem wie all jene, die in der Zeit nach den Aposteln nach der wahren Lehre und dem wahren Evangelium verlangten. Er braucht dazu nur eines, die geistliche Leitung Gottes. Eine Kirche braucht er dazu nicht.

JCJCJCJCJCJCJCJCJCJCJCJC

Verborgene Auftragslage
Kol 1,24-29; 2,2-3

In **Kol 1,24** folgt ein Satz, den viele Freunde des Alten Testaments bei ihrer Schriftauslegung nicht mit einbeziehen, wenn sie Analogien ziehen zwischen dem, wie Gott mit Israel verfuhr und wie Er mit den Christusangehörigen verfährt. Das Glaubensleben eines Israeliten im Alten Bund war ja darauf ausgerichtet, dass er sein Vertrauen in Gott setzen sollte und im Falle eines Unheils Gott mittels Opfer und Gebet um Hilfe ersuchen sollte. Mit dem Neuen Testament versteht man zwar, dass die Sühneopfer nicht mehr notwendig sind, weil Jesus alles bereits getan hat, aber natürlich ist Beten und auf Gott vertrauen immer noch angesagt. Aber was ist nun damit, wenn Paulus sagt: *„Jetzt freue ich mich in den Leiden für euch und ergänze in meinem Fleisch, was noch aussteht von den Bedrängnissen des Christus für seinen Leib, das ist die Gemeinde".* Warum will der Paulus leiden? Oder, wenn er es nicht will, warum betet er sich das Leiden nicht weg? So fragen sich manche Kirchgänger, die ihre Bibel so weit gelesen haben. Wie kann man sich über Leiden freuen? Indem man sich begreift als Glied am Leibe Christi und versteht, dass es Leiden gibt, die nicht Folge von meiner Sünde sind, sondern die dazu helfen, den Erfahrungsschatz des Leibes Christi weiter anzureichern. Der menschliche Leib ist der Tempel des heiligen Geistes. ***86** Wenn er krankt, dann dürfen die Ergebnisse dennoch dem geistlichen Vorankommen dienen. Sie sind für den Leib Christi also von großer heilsgeschichtlicher Bedeutung.

In der Welt ist es so, wenn ein Glied am Leibe erkrankt, erfasst die Krankheit vielleicht den ganzen Leib. Bei Gott ist es so, dass die Leiden eines Gliedes sich nicht nur bereichernd für das Eine auswirken können, sondern auch für das Ganze. Diese Vorstellung ist im Alten Testament unbekannt. Es kann dann aber auch nicht unbedingt im Interesse des Ganzen sein, wenn die Bereicherung ausfällt. Paulus sagt ja, dass sein Leiden *„ergänzt..., was noch aussteht".* Welche Bedrängnisse hatte Christus nicht, die der Leib noch durch seine Glieder ergänzen könnte, denn es ist klar, dass das, was für Paulus gilt, für jedes Glied am Leibe Christi, die Gemeinde, gilt? Was hatte Paulus zu erdulden, was Jesus nicht erdulden musste? Was haben die vielen Christen durch die Jahrhunderte ertragen müssen, was Jesus persönlich, als Er Mensch war, nicht kennen gelernt hat? Da Jesus nur ein Menschenleben hatte, das noch dazu noch nicht einmal vierzig Jahre währte, braucht man keine Fantasie dafür, dass Er vieles nicht erlebt hat, was andere erlebt haben. Paulus wurde mehrfach gesteinigt. Jesus wurde nie gesteinigt. Paulus hat die Demütigung erfahren, von einer glaubensmäßigen Verirrung geheilt zu werden. Paulus hat den Schmerz erfahren, wie es ist, wenn man das Leben anderer auf dem Gewissen hat und nichts mehr „gut machen" kann. Das alles hat Jesus nie erfahren, außer dass Er es in den Tempeln Seines heiligen Geistes erfährt. Und so trägt jeder Gläubige in Christus sein eigenes Leid mit den eigenen Erfahrungen. Und vielleicht fällt es ihm leichter, so manches zu ertragen, wenn er daran denkt, dass es nicht nur sein eigenes Leiden ist. Es ist sogar hauptsächlich das Leiden Jesu Christi. Es ist genau genommen ein herausragender Dienst, den man leistet.

Gott wurde Mensch, und erfuhr, wie es ist, wenn man Mensch ist (Phil 2,6). Und durch andere Menschen erfährt Er es immer weiter. Jesus erfuhr erst im Fleisch, was es bedeutet, Gott gehorsam zu sein. *87 Er ging in diesem Gehorsam ans Kreuz, um die Ungehorsamen damit freizukaufen, weil es keiner außer Ihm schafft, gehorsam zu sein. Dieser Gehorsam war aber begleitet von der schmerzhaften Erfahrung Mensch zu sein.

Paulus bringt in **Kol 1,25-29** in einem Absatz eine Zusammenfassung seines Auftrags zum Ausdruck. Er nennt das ein Geheimnis, das ihm *„im Blick auf euch* *gegeben ist, um das Wort Gottes zu vollenden".* Also nicht Petrus oder die anderen Apostel sind hier genannt. Wie kommt Paulus dazu? Weil das Geheimnis, das die anderen Apostel zu offenbaren hatten, lediglich war, dass mit Jesus Christus der Messias bereits gekommen war. Das war von höchstem Interesse für die Juden. Aber die Kolosser waren nicht alles Juden. Was sollte das Geheimnis für sie sein? Es handelt sich um ein *„Geheimnis, das von den Weltzeiten und von den Geschlechtern her verborgen war, jetzt aber seinen Heiligen offenbart worden ist."* (**Kol 1,26**) Das Geheimnis ist Christus (**Kol 1,27**). Christus als Erlöser Israels und der Nationen war schon die Botschaft der Jünger Jesu. Aber Paulus gibt noch eine entscheidende Ergänzung. Christus ist nicht nur der Messias Israels und der Nationen, der kommende König für die neue Weltzeit. Und deshalb sagt er, was zum Besonderen dieses Christus dazu gehört, nämlich der *„Christus in euch, die Hoffnung der Herrlichkeit"* (**Kol 1,26**). *88 Das Innewohnen des Christus im Gläubigen ist ein Hauptthema des Paulus. Aber wie soll Christus anders innewohnen als durch Seinen Geist! Christus ist nicht in Konkurrenz zu einer von den Theologen eingeführten weiteren Person „Heiliger Geist", Er ist selber der Geist. Das entscheidende Wörtchen ist „in". Christus nicht nur in Jerusalem, als König der Könige, unter dessen Herrschaft sich alles zum Guten wenden wird, sondern Christus als göttliche Bezugsperson, in der Heil und Herrlichkeit in ganzer Fülle erst erfahrbar wird, wenn man „in" Ihm ist.

Und so hat Paulus beides angesprochen, das Evangelium vom kommenden Königreich Gottes für Israel und die Nationen und das Evangelium von der persönlichen Beziehung zu Gott in Christus. Da geht es um eine höhere Daseinsstufe. Und das ist sehr wohl ein Geheimnis, wovon die Lehrer Israels im alten Bund nichts Konkretes wissen konnten. Daher sagt Paulus über das Geheimnis, dass es ihm gegeben ist.

Paulus weist die Kolosser darauf hin, dass ihnen durch ihn von Gott etwas Besonderes gegeben worden ist, was es bisher noch nicht gab, *„gemäß der*

Verwaltung Gottes, die mir für euch gegeben ist, um das Wort Gottes zu vervoll-ständigen" (**Kol 1,25**). Was ist dieses Besondere? Dieses Vervollständigende? Es ist ein Geheimnis, weil es sonst niemand bisher wissen durfte. Es ist die Vervollständigung des Wortes Gottes und *„das Geheimnis, das von den Äonen und von den Generationen [her] verborgen gewesen ist, nun aber Seinen Heiligen geoffenbart wurde"* (**Kol 1,26**).

Paulus lehrt also, dass von den Nationen eine Herrlichkeit erwartet werden darf, die in einem engen Zusammenhang steht mit dem „Christus in euch". Geheimnisvoll daran ist, dass bisher die Nationen nicht einen solchen freien, unverstellten Zugang zur Herrlichkeit Gottes hatten. Bisher war der Zugang zu Gott als irgendwie verstellt feststellbar. Durch Torah, Beschneidung, also alles, was man brauchte, um ein Jude zu werden, konnte man nicht zu Gott gelangen, um eine enge Beziehung zu Ihm zu gewinnen. Das lag, vereinfacht und auf Israel bezogen gesagt, daran, dass niemand aus eigener Kraft in der Lage dazu war, die Torah zu halten und eine Herzensbeschneidung zu bekommen. ***89** Der Mensch war einfach nicht in der Lage, sich selbst zu bekehren und sich für Gott zu qualifizieren. Selbst als Jude hatte man noch keinen Zugang zur Herrlichkeit Gottes, weil man dazu Christus brauchte. Neu ist also auch dies, der Zugang zu Gott ist durch eine nun endlich gekommene Person, dem Sohn Gottes, dem Meschiach Israels eröffnet worden. *„Und den verkündigen wir, [indem wir] jeden Menschen ermahnen und jeden Menschen in aller Weisheit lehren, um jeden Menschen in Christus Jesus gereift dar[zu]stellen".* (**Kol 1,28**) Ja, aber die Reifung soll zur Vollkommenheit führen oder besser gesagt, soll die Reifung idealerweise die Vollkommenheit vollziehen. Man wird, was man ist, nachdem Christus alles Wesentliche getan hat und nun alles Weitere tut, indem Er das Wesentliche tut.

Was die Konkordante Übersetzung mit „gereift" übersetzt, ist „teleios" von „telos". Und das ist die Vollkommenheit, die Perfektion, das höchste Ziel, über dem es nichts gibt. Es stimmt, in Christus hat man bereits alles – aber es ist noch im Vollzug der Entwicklung. Es ist eine Ausreifung wie bei der Verpuppung eines Schmetterlings. Es geht nicht nur darum, den Menschen das Evangelium zu verkünden, sondern auch darum, *„jeden Menschen vollkommen in Christus darzustellen".* Das ist die Zurüstung zum In-Christus-sein. Erst in Christus erreicht jeder Mensch seine Bestimmung und sein Ziel. Das ist der Aufbau der Gemeinde Christi und der Einbau in die Ordnungen unter Christus aller Menschen. Diese vollkommene Darstellung in Christus kann anders auch so ausgedrückt werden, wie es Paulus in Phil 2,10-11 kommentiert, dass *„in dem Namen Jesu sich beugen aller derer Kniee, die im Himmel und auf Erden und unter der Erde sind, und alle Zungen bekennen werden, dass Jesus Christus der HERR sei, zur Ehre Gottes, des Vaters."*

Was versetzt Paulus in die Lage, das Evangelium zu verkünden? Es geschieht gemäß der Wirksamkeit Christi, *„die in mir wirkt in Kraft."* (**Kol 1,29**) Um es klar zu stellen, Auftrag, Gaben, Mittel und Gelegenheiten sind Gott gegeben. Ob durch Kirchen ernannte und beauftragte Evangelisten und Missionare gottgemäß handeln, ist eine andere Frage. Da liegt oft nur Wunschdenken vor. Auf der anderen Seite, das bringt Paulus auch zum Ausdruck, sind Bemühungen und Kampf bei der Beauftragung gefordert (**Kol 1,29**).

Man sollte sich einmal vergegenwärtigen, was das bedeutet, wenn Paulus davon spricht, den Christus zu verkündigen. Wenn Petrus zu den Juden gegangen ist und gesagt hätte: Ich verkündige euch den Christus, wäre es im Kontext um das Bekanntmachen des Messias Israels gegangen. Für Paulus wird das beinahe zur Nebensache, denn seine Christusverkündigung stellt einen ganz anderen Bezugsrahmen her. Es geht nicht einfach nur um das messianische Reich, sondern um die persönliche Beziehung zu Gott in Christus. Es kann nirgendwo herrlicher sein als bei Gott. Und geheimnisvoll ist es deshalb, weil sich die Menschen vor Gott verbergen. Sie kennen Ihn nicht. Alles ist für sie geheimnisvoll an Gott.

Die Religionen sind Versuche, Gott davon abzuhalten, dass Er näher kommt.

*90 Die Bücher dieser Welt behaupten das Gegenteil. Aber diese Welt ist Gott gegenüber feindlich eingestellt, so ist es auch kein Wunder, dass die Bücher dieser Welt im Dienste des Gegen-Gottes stehen und sich in ihnen keine Wahrheit über Gott findet. Gott bleibt für die Welt geheimnisvoll. Das ist für die Welt jedoch auch verhängnisvoll, denn solange sie nicht Seinen Willen kennt, wird sie in die Irre gehen und das Konto ihrer Schuld anhäufen.

Gott kennen zu lernen, schützt auch davor, sich über Seinen Willen im Unklaren zu sein. Gott hat Seinen Willen in Seinem Wort kundgetan. Wenn man allerdings das Offenkundige nicht sehen will, weil es einem nicht gefällt und weil man lieber Menschen glaubt, muss man sich nicht wundern, dass man Gottes Willen für geheimnisvoll hält. Man kann also nicht sagen: *„Der Wille Gottes bleibt, eben weil er der seine ist, für uns ein unerforschliches Geheimnis..."* ***91**

Gott hat beschlossen, dass Seine Erkenntnisschätze in Christus zu heben sind. Er hat keinen anderen Weg dazu gegeben. Das ist klare paulinische Theologie. Ein an Christus vorbei Gehen, erschließt diese Schätze niemals. Wenn man sich Christus anvertraut und immer mehr mit Ihm vertraut wird, schließen sich die Schätze auf. Sonst bleibt nur ein Fischen im Trüben der Religionen, Philosophien und Ersatz-Christusse. Das erklärt aber auch zugleich, warum Kirchen sich in der Lage sehen, mit anderen Glaubensgemeinschaften gemeinsame Sache zu machen, ja sogar gemeinsame Gebetsgemeinschaften abzuhalten. Wenn der Papst sich mit muslimischen und buddhistischen und evangelikalen Gesandten zu Assisi trifft und von einer gemeinsamen Friedensgesinnung redet, ist das nicht der Geist Christi, der sie antreibt, sondern der gleiche Geist, der palästinensische Abgesandte dazu bringt, mit Israelis Vereinbarungen zu treffen, die dann doch nicht eingehalten werden. Was die Palästinenser mit dem Papst und den von ihm eingeladenen Friedensapostel eint, ist ihre is-raelfeindliche Haltung. Sie zeigen damit deutlich, dass sie sich in der Ferne von Christus einig sind.

Zur Verkündung des Evangeliums gehört auch, den Kolossern allen *„Reich-tum der Vollgewissheit des Verständnisses ... zu[r] Erkenntnis des Geheimnis-ses Gottes und [des] Vaters Christi, in welchem alle Schätze der Weisheit und [Er]kenntnis verborgen sind"* (**Kol 2,2-3**) zu vermitteln und lehrhaft nahezubrin-gen. Das heißt, Christus als Vermittler der Herrlichkeit Gottes und des Heils ken-nen zu lernen, geschieht wachstumsmäßig, sodann wird man in „alle Schätze der Weisheit und Erkenntnis" eingeführt. *92

Dazu gehört sicherlich auch das rechte heilsgeschichtliche Verständnis, das den meisten Kirchen in eklatanter Weise abgeht. Das liegt daran, dass sie ihre eigene Ehre und ihre eigene Tradition suchen und sich so dem geistlichen Wachstum versperren, oder vorher schon der echten Bekehrung. Das ist viel-leicht das Problem an sich in den Kirchen: es gibt dort zu wenige Bekehrte! Geistliches Wachstum kann man nicht bestellen. Es ist jederzeit die freie Wahl Gottes, den der Mensch und auch keine Kirche zwingen kann.

Paulus redet nicht in Übertreibung von „Kampf". Er will nicht gekämpft haben mit seinen theologischen Gegnern unter den Juden und messianischen Juden, die mit seinen Lehren nicht einverstanden waren. Es sind die Mächtigkeiten, die dahinter stehen, wenn gegen Gottes Wort angegangen wird. Paulus hat es den Ephesern erläutert, dass der Kampf nicht gegen Fleisch und Blut zu führen ist, *„sondern gegen die Gewalten, gegen die Mächte, gegen die Weltbeherrscher dieser Finsternis, gegen die geistigen Mächte der Bosheit in der Himmelswelt."* (Eph 6,12).

Diese Gewalten und Mächte bedienen sich dreier Möglichkeiten der Be-mächtigung. Ihre Feindschaft hat drei Kanäle. Der erste ist der alte Adam, der sich von Satan dazu geöffnet hat, sich sagen zu lassen: sollte Gott gesagt haben? Der zweite ist die Welt, die dem Evangelium fremd ist. So wie Satan die Nationen gegen Israel aufwiegelt, weil Israel das Volk Gottes ist, hetzt er auch gegen die Auserwählten Gottes und will, dass sie sich nicht entfalten können. Man suche also Menschen und Organisationen, die gegen bibeltreue Christen und Juden vorgehen, dann weiß man, wo der Antichrist steht und der Satan gleich dahinter. Er legt ihnen die Hindernisse und Lasten in den Weg. Der dritte Weg, auf dem sich Satan den Auserwählten Gottes in den Weg stellt, ist über ihr christliches Umfeld, die Kirchen. Es ist sein größtes Verführungswerk, dass es ihm gelungen ist, das Christentum zu einem Anti-Christentum aufzubauen.

Der schwierigste Kampf von Paulus war gegen diejenigen, die seine Lehre ablehnten und ihre eigenen Lehren dagegensetzten. *93 Aber Paulus wusste, dass die eigentlichen Gegner im geistlichen Reich dahinter standen und dass die Menschen nur deren Verführte und Diener waren. Gott lässt die Ausbreitung des Anti-Christentums zu, weil den Menschen gezeigt werden muss, dass auch der Glauben an Jesus Christus in der Wahrheit gegründet sein muss und nicht in der Fälschung und im alten Adam sitzen darf. Es bedarf einer völligen Überlassung an Christus, nicht an eine menschlich angepasste Gruppierung.

Für die Kirchen mag gelten, dass ein „begriffener" Gott, kein Gott ist, den man leben kann, oder an den man glauben will. *94 Das würde ja bedeuten, wenn man Gott kennen würde, in die eigenen Abgründe schauen zu müssen und somit konfrontiert zu werden mit der Unbedingtheit, nicht so bleiben zu können wie man ist. Und daher schafft man sich eine abgewandelte Form des Christus, der meist als harmloses und wortloses Jesuskindlein dargestellt wird, oder als zürnender Rächer, mit dem man lieber auch keinen Wortwechsel hat. Es ist die kirchliche Variante, die von Satan abgesegnet wird, weil sie ihren Zweck erfüllt. Sie stört die Kreise des Menschen nicht. Man hat sich mit Gott arrangiert. Aber tatsächlich hat man sich mit Gottes Widerwirker und großem Fälscher arrangiert, wie man sogleich merken würde, sobald man sich selber durchschaut hätte. Da fehlt die echte und wahrhafte Bekehrung, wenn man nicht bereit ist, Gott zu sehen wie Er ist und sich selbst zu sehen wie man ist.

Wahrhafte Umkehr zu Gott bedeutet, bereit zu sein,
Gott und sich selber wirklich sehen zu wollen.

Das ist verständlich, wer Gott nicht nahe kommen will, wie jene, die lieber um das goldene Kalb tanzten, behalten Gott lieber als das unbekannte Geheimnis. Man kann sich ja dennoch als Priester Gottes darstellen, oder als Stellvertreter Christi auf Erden. Dabei warnen sie sogar noch *„Alle einseitige und bruchstückhafte Erkenntnis führt ins Sektierertum und ist der Ansatz für die Irrungen."* ***95** So ist es nicht ganz, denn eine Sekte ist eine Abspaltung. Ist die Kirche Roms eine Abspaltung der Gemeinde, die Christus gegründet hat? Wohl kaum, denn von der Gemeinde Christi gab es nie eine Abspaltung und wird es auch nie geben. Vielmehr sind alle Kirchen, wenn ihr Grund nicht Christus ist, eine menschliche oder unmenschliche Kreation. Was Gott tut, das bleibt. Was Gottes Widerwirker tut, bleibt gerade so lange, wie es Gott zulässt. Der Islam beeinträchtigt das Christentum nun schon seit 1.400 Jahren. Den Hinduismus und den Buddhismus, die in ihrem Machtbereich ebenfalls das Christentum bekämpfen, gibt es noch länger. Länger sogar als die katholische Kirche.

Festigkeit und tragfähige Wahrhaftigkeit des Glaubens Christi (**Kol 2,5**) gibt es nur in Christus, nicht in den Kirchen und den menschlichen Bemühungen oder Errungenschaften. Zwar werden dort auch große Erfolge gefeiert, da werden ganze Kontinente mit ihren Völkern zu „Jüngern" der Kirche oder zu Brüdern und Schwestern Mohammeds gemacht, aber eben nicht zu Jüngern Jesu, weil man dazu ein Mandat braucht.

Einer der größeren Erfolge der Kirche Roms und ihrer Abspaltungen ist, dass man es fertiggebracht hat, jahrhundertelang gegen die Juden zu hetzen und sich so mitverantwortlich zu machen, dass es den Holocaust gab. Die Festigkeit ihres

Glaubens bestand offenkundig darin, dass man sich als neues Volk Gottes und die Juden als Gottesmörder verstand, die es unter allen Umständen zu bekämpfen galt. Es gab den Schulterschluss mit den Mördern, während man sich selber die Hände nicht ganz so schmutzig machte. Das hat man meist den anderen überlassen, oft begnügte man sich mit der Rolle des geistigen Brandstifters, weil man diesen Geist dazu hatte. Die Kirche Roms und ihre Abspaltungen sind also im Vergleich zur Gemeinde Christi eine neuere Kreation. *96

JCJCJCJCJCJCJCJC

Der Kampf gegen Irrung und Verführung
Kol 2,6-8

Paulus rät ja den Kolossern *„Wie ihr nun den Christus Jesus, den Herrn, empfangen habt, so wandelt in ihm"*, (**Kol 2,6**) und empfangen haben sie ihn auch durch die Lehre (Kol 2,7). Daraus hat die Kirche Roms die Berechtigung gezogen, ihre eigene Autorität über das Schriftverständnis hervorzuheben. Wenn Paulus und die anderen Apostel die Kolosser gelehrt hatten, sagt man, hatten sie ihnen ja eben nicht nur aus dem Alten Testament Christus und das Evangelium offenbart, sondern mittels ihrer eigenen Erfahrungen und Erlebnisse mit dem lebendigen Gott. Und nichts anderes behauptet die Kirche Roms von sich. Wie der Geist Gottes den Paulus inspirierte, den Kolossern über die Schrift hinaus, die Geheimnisse Gottes zu offenbaren, so tut er es auch fortlaufend gegenüber den Jüngern der Kirche Roms, glaubt Rom. *97 Und heutige Theologen und Kirchenlehrer, ganz gleich von welcher Kirche, haben sich diese Sichtweise angeeignet, wenn sie sagen, man muss das Neue Testament neu interpretieren und vorher schon neu lesen. Und zudem stünde im Neuen Testament nicht alles. Man sei also berechtigt, neue Offenbarungen, wie es bei den Pfingstlern und Charismatiker üblich ist, kund zu tun, sogar dann, wenn sie dem ausdrücklichen Wort Gottes widersprechen. Dies ist ein fataler Irrweg.

Die Methode Roms, ihre Sonderlehren, wie zum Beispiel über den signifikanten Anteil der römischen Maria am Heil, zu sanktionieren, ist aber nur dann in Übereinstimmung mit dem Geist Gottes, wenn Er es inspiriert hat. *98 Dass das nicht der Fall sein kann, kann man zumindest dann ohne große Gedankenanstrengung konstatieren, wenn die Lehren Roms dem Wort Gottes widersprechen. Und das tun sie ganz eklatant. Gott ändert seine Meinung ebenso wenig wie Seine Absichten. Und daher steht Sein Wort fest und erfüllt sich. Widerworte müssen daran abprallen. Es kann gar keine von Gott autorisierten oder inspirierten Worte Gottes geben, die Gott selber widersprechen. Daher sind die Sonderlehren der Kirche Roms allesamt abzulehnen. Die Vorgehensweise der frühen Kirche Roms, um sich gegen die anderen Kirchen durchzusetzen, war, die von der katholischen Dogmatik abweichenden Lehren als sektiererische Sonderlehren zu deklarieren, um sie so gegen ihre eigenen Sonderlehren abzugrenzen, die sie als apostolische, reine Lehren darstellte. Dazu brauchte man auch die Legende von der apostolischen Sukzession. Der Islam, der 300 Jahre später als die katholische Kirche entstand, behauptet das Gleiche von sich. Christen und Juden lehren nicht mehr die reine, ursprünglichen Lehre des Islam, die schon Abraham kannte. Mohammed würde sie nun in reiner Form mit Hilfe von neuen, aktualisierenden Offenbarungen wiederherstellen. Auch behauptete Mohammed, dass es die Sukzession von Abraham über Mose, die Propheten und Jesus bis auf Mohammed gäbe. Der Islam und der katholische Glaube sind sich also in vielem ähnlich.

Die Formulierung *„den Herrn, empfangen habt"* (**Kol 2,6**) zeigt an, dass man ein Empfänger ist. Wenn Gott sich nicht gibt, dann mag der Mensch sich allen möglichen Geistern öffnen, er bekommt Gott nicht. Vor allem geht es bei diesem Öffnen, um zu empfangen, nicht um die eigenen Bemühungen und Werke. Man empfängt den Herrn auch nicht, wenn man sich einem Priester anvertraut und auf sein Wort hin etwas in den Mund nimmt und hinunterschluckt. Gott gehorcht keinen magischen Worten. Er ist tatsächlich Sein eigener Herr! Kein Mensch ist sein eigener Herr, denn er gehört entweder Christus an, oder dem Anti-Christus.

Aber was schließt sich an den Empfang des Herrn an? Der rechte Wandel, die Werke im Dienst Gottes (**Kol 2,6**). Also nicht umgekehrt, dass man fromm aktioniert und erwartet, dass dann Gott Folge leisten müsste. Das ist das Konzept der Religionen, das sich auch in den meisten Kirchen wiederfindet. Tust du was für Gott, dann tut Er was für dich! Man kann das auch Bestechung nennen, wenn man damit bewirken wollte, dass Gott Seine Macht und Zuständigkeit missbraucht, weil er sie in den Dienst des Menschen stellt und dabei Unrecht tut. Das Gehorsam – Lohn – Prinzip, das man im Alten Testament beschrieben und angewendet findet, hat für bestimmte Zwecke eine Berechtigung, aber es hat keinen Raum in einer Liebesbeziehung, die Gott mit den Menschen eingeht. Um diese Beziehung geht es Paulus.

Zugleich warnt er vor falschem Gottesdienst, der andere Geister anzieht. Den Götzen kann man Altäre bauen und Dienste anbieten. Sie werden ihn annehmen und durch Rückmeldungen signalisieren, dass es ihnen wohlgefällt. Aber sie geben nicht Leben aus Gott, sondern ein trügerisches Leben, das von Gott entfremdet. Wem eine nette Frau erscheint, der soll ihre biblischen Kenntnisse prüfen und dann wird er feststellen, dass sie das nicht haben will, weil sie nicht bei der Wahrheit bleiben kann. Sie ist ein Lügengeist und muss ihrer Natur entsprechend wirken. Da kann sie noch so lieblich und hübsch aussehen, sie hat doch eckige Zähne hinter ihrem Goldmund. Aber zu viele würden an einem Problem bereits scheitern, das sie haben: die eigenen biblischen Kenntnisse reichen nicht aus. Das ist der Grund, warum solche Erscheinungen, wie sie Kinder in Fatima hatten oder Mohammed in Mekka, nur solche Leute bekommen, die die Bibel nicht kennen. Sie fallen den Lügen-Geistern zum Opfer.

Während die Kirche Roms in solchen Fällen nur überprüft, ob die Erscheinungen echt sind und gar nicht eine biblisch fundierte Überprüfung vornehmen kann, weil sie die Bibel als alleinige inspirierte Quelle nicht anerkennt, fällt die Probe aufs Exempel, die biblische „Nagelprobe", aus und die Geister müssen sie gar nicht erst fürchten. Wer in Christus verwurzelt ist und sogar noch in ihm auferbaut ist (**Kol 2,7**), wird, wenig überraschend, gar nicht erst Ziel solcher spiritistischer Angriffe. Das sind bibeltreue Christen, die keinen Besuch der alten Dame bekommen. Und bereits Luther warf ein Tintenfass. Man würde heute vielleicht auf das Werfen seines Notebooks verzichten, aber deshalb nicht freundlicher ob des unerwünschten Besuchs reagieren. Die römische Madonna erscheint immer nur armen, ungebildeten Bauersleuten oder fest im römischen Glauben verwurzelte kirchliche Würdenträger.

Es geht also nicht nur darum, den Christus anzunehmen, sondern auch in Ihm zu wandeln (**Kol 2,6**). Wer das nicht tut, verliert auch immer mehr die Festigkeit des Glaubens und erhält keine Verwurzelung und Auferbauung (**Kol 2,7**). Beides, Verwurzelung und Auferbauung führen zu einem tieferen Erkennen und Bekanntwerden des Wesens und der Wege Gottes. Das berührt die Intimität und Identität. Intim heißt, in die personale Beziehung zu treten. Mit Identität ist hier die Wesensgleichheit der Charaktermerkmale gemeint. Wer von Gottes Liebe erfasst ist, liebt selber wie Gott. Das geschieht genau deshalb, weil Gott es so will. Er liebt, weil es zu Seinem Wesen gehört. Es ist Sein Ist-Zustand. Zugleich baut die Liebe Liebe auf und will Liebe erzeugen, denn Gottes Liebe will zurückgeliebt werden. Und in dem Maße wie man es selber geschehen lassen will, geschieht es auch. Auch hierin gilt: zuerst kommt das Wollen Gottes. Das geschieht weit abseits des kirchlichen Gepränges. Gott geht mit Menschen eine

Beziehung ein, nicht mit den menschlichen Kirchengründungen. Die Gemeinde Jesu ist Sein Konstrukt, Sein Bau. Sie hat mit den menschlichen Kirchen allenfalls indirekt etwas zu tun, über die Menschen die möglicherweise beiden Wirklichkeitsbereichen angehören, dem geistlichen In Christus und der jeweiligen kirchlichen Ordnung so wie sie ja auch in einem Angelverein Mitglied sein können. Doch während es eher unschädlich ist, in einem Angelverein zu sein, ist es mit Sicherheit schwierig unbeschadet und unbeeinträchtigt sein Christsein leben zu können, wenn man einer Kirchenorganisation angehört. In den Kirchen wird von den Kirchen niemand in Christus verwurzelt oder auferbaut, denn das geschieht nur im heiligen Geist, nicht im Geist der Religion, nicht im Zeitgeist, nicht im Geist Mohammeds und nicht in irgend welchen anderen Geistern, die nicht von Gott sind.

Wir werden also „identisch", weil wir dazu bestimmt sind. Warum sollte sich Gott mit weniger zufrieden geben, als mit dem Höchstmaß an Liebe, welche Er den Menschen zuteilt, um die Liebe zu erzeugen und zum Wachstum zu bringen? Mit der ausgereiften Art von Liebe und Zuwendung wird Gott einst von den Menschen in Christus, wenn sie ihren Vollwuchs als Christusglied erreicht haben, geliebt werden. Damit dieser Wachstums- und Reifungsprozess beginnen und die Vollendung erreichen kann, hat Gott Seinen Sohn zu den Menschen geschickt. Christus ist nicht gekommen, um noch ein paar Menschenseelen zu retten und als strenger Richter alle anderen in die Hölle zu werfen und den Applaus entgegenzunehmen von den wenigen, die es zu Ihm geschafft haben. Er ist auch nicht darauf aus, dass Ihm die Teufelsmächte zujubeln, weil Er es nicht geschafft hat, die Hölle zu besiegen und so viele, die Er dort hinein schickt, wieder herauszuholen. Die kirchliche Tradition lehrt einen schwachen Christus, dessen Kompetenz bis zu den Pforten der Hölle reicht oder aber dessen Reich die Hölle mit einschließt und daher einen großen, unerfreulichen Bereich umfasst.

Beides wäre eines Gottes wie Ihn die Bibel beschreibt nicht würdig. Es gibt ja in den Städten der Menschen immer auch Stadtteile, die man gerne umfährt, weil man sie als Schandfleck oder gesellschaftlichen Unort betrachtet. Das Reich Gottes der Kirchen hat der Hölle diese Rolle zugesprochen. Man redet im Himmel der Kirchen nicht gerne über die Hölle, aber sie existiert und die Stadt Gottes bietet insgesamt kein gutes Bild, denn auf dem Palatin wohnen ungefähr 1 % Adelige mit dem Kaiser und seinem Hofstaat, dort gibt es Pracht und Belustigungen und Müßiggang und kostenlose Versorgung mit Klimaanlage und frischem Obst. Der Rest der Stadt gehört den Armen und Geplagten, ohne sauberes Wasser, ohne Kanalisation und Abwasserregulierung, vermüllte Straßen und Plätze, das Verbrechen regiert, der Gestank und der Lärm steigen die Hügel hinauf. Ich habe Anleihen am Rom zur Kaiserzeit genommen, aber in einem Gottesreich, wo die Hölle gefüllt bliebe, sähe es viel schlimmer aus, denn dort gäbe es keine Aufsteiger und der Kaiser würde seinen Daumen immer nach unten zeigen lassen, nicht etwa zum endlichen Gnadenstoß, sondern zu ewiger Tortur.

Die Kirche Roms, die ein Erzeugnis des Roms der Kaiserzeit ist, hat sich dauerhaft vor den Karren Satans spannen lassen, um als verlängerter Arm des Widersachers Gottes zu fungieren. Satan ist der Fürst dieser Welt und hat mit den römischen Kaisern ein Gegenreich zum Gottesstaat aufgebaut. Die Kaiser ließen die ersten Christen verfolgen. Dann hatte Kaiser Konstantin, der in dem Sonnengott Helios den alten Gott Baal verehrte, eine ähnliche Erscheinung wie Mohammed und Gautama Buddha und schwankte bis zu seinem Lebensende zwischen dem Christusgott der Kirche Roms und dem Sonnengott. *99 Er sympathisierte mit den Christen und hob sie bis zu seinem Palatin hoch. Das heißt, er gab ihnen Ämter und Autorität. *100 Von da an änderte sich das Verhältnis Roms zu den Christen nachhaltig und es entstand eine Kirche, die ähnlich wie bei Konstantin Heidnisches und Christliches miteinander verband. Aber der Herr der Welt war der Gleiche geblieben. Ein raffinierter Schachzug Satans, den

Christusweg auszuschalten, indem er ihn hoffähig macht und das geistliche Erbe durch das weltliche verdrängt und das Bild vom Geistlichen verunreinigt.

Paulus warnt vor dieser Tradition auch die Kolosser, die, wie alle von ihm gegründeten Gemeinden, immer am Rande der Kapitulation an die menschlichen Konzepte stand und ihr auch bald nach Paulus verfallen würde: *„Hütet euch, [dass] euch niemand beraubt wegführe durch Philosophie und leere Verführung gemäß der Überlieferung der Menschen, gemäß den Grundregeln der Welt und nicht gemäß Christus."* (**Kol 2,8**)

Philosophien sind oft wenig mehr als „leere Verführungen". Manche theologischen Entwürfe der Neuzeit gleichen eher unbiblischen Philosophien als biblischer Theologie. Luther bemerkte solche Tendenzen schon zu seiner Zeit. Seiner Meinung nach kann nur ein Christ die philosophischen Probleme lösen, denn bei ihm ist das Fundament tragfähig für jedes Lehrgebäude. ***101**

Damit hatte er zweifellos Recht. Er sagte damit ja nicht, dass atheistische Philosophen keine Wahrheiten erkennen können.

Schon damals, nicht erst im 20. Jhdt., reagierte die selbst ernannte Fachwelt sehr ablehnend. ***102** Was bildete dieser Luther sich ein, die Bibel über die Philosophie und eigentlich über das Denken und Fürrichtighalten des Menschen zu setzen, Menschenwort gegen Gottes Wort herabzusetzen. Die katholische Kirche hat im Gleichschritt mit der aufklärerischen Philosophie, die bald zu einer atheistischen Philosophie verkommen ist, die Loslösung von Gottes Wort betrieben. Deshalb schwärmt die Kirche ja nach wie vor vom Hellenismus. Aber man ist auch bei den protestantischen Kirchen längst dazu übergegangen, Gottes Wort an die zweite Stelle zu setzen, allerdings hat man den Eindruck, dass nach der ersten Stelle lange gar nichts kommt. ***103**

Die katholische Kirche hatte dies schon immer als oberstes Prinzip. Sie bestimmt, was gültig ist und deshalb muss sie auch bestimmen wie Gottes Wort zu interpretieren ist, wenn es überhaupt gelten soll. Die Argumente haben sich seit Erasmus nicht verändert und sind bis Ratzinger stets die gleichen geblieben. Kritiker sagen: Weil sie den Geist Gottes nicht haben, verstehen sie die Bibel nicht. Und weil sie die Bibel nicht verstehen, interpretieren sie das Wort Gottes so, wie sie es haben wollen. Ihre Deutung setzen sie als oberste Autorität. Eigentlich durchschaubar, aber nur von denen, die selber nicht diesem Anstatt-Geist auf den Leim gegangen sind.

Die Kirche, der sich Erasmus und Ratzinger völlig unterordneten, was der Unterordnung unter Jesus entgegengesetzt ist, hat ihrer eigenen Meinung nach die letzte Autorität. Luther sah das genau anders herum. Wenn Gottes Wort nicht spricht, dann hat sozusagen der Papst den Mund zu halten. Alles, was er dennoch sagt, ist nicht Gottes Wort, sondern Menschenwort. Luther hatte erkannt, dass die menschliche Vernunft unter dem Fluch des Sündenfalls steht und außerdem auch sonst niemals vollkommen sein kann, also muss der Mensch auch in Vernunftfragen sich was von Gott sagen lassen *104 Man kann es auch so ausdrücken wie: „Wenn ein Buch (in diesem Fall die Bibel) und ein Kopf zusammenschlagen … und es klingt hohl, dann muss das nicht an dem Buch liegen." *105

Bei der katholischen Kirche ist der Mensch aber nicht ganz von der Rolle gekommen, die ihm Gott ursprünglich zudachte. Und die Vernunft ist Teil dessen, was nicht vom Sündenfall betroffen ist. Die meisten Idioten sagen über sich, dass sie keine Idioten sind. Nur die anderen sind es. Und so kommt es, dass auch die Kirche Roms sagt, alle irren sich, nur sie hat den Durchblick. Sie erwägt nicht die Möglichkeit, dass sie wegen ihrer singulären Erhebung zur verbliebenen geistlichen Sonne auf Erden vielleicht am weitesten von der Fähigkeit entfernt ist, klar denken zu können.

Weil der Mensch nicht geistlich gesund, sondern gestört und nicht gut, sondern böse ist, kann er gar nicht anders als das Wort Gottes misszuverstehen. *106

Aber, ist es nicht leicht, von außen kommend, die Kirchen zu kritisieren? Nathan Söderblom sagte einmal: *„Wer nicht in seinem eigenen, inneren Leben einen schmerzhaften und bitteren Kampf mit ererbten kirchlichen und religiösen Vorstellungen gekämpft hat, der hat nicht das Recht und die Beglaubigung, über alte oder neuere Theologie abzuurteilen."* Wenn das stimmt, habe ich das Recht dazu. Aber ich hätte das Recht auch aus anderem Grund, denn wann immer Gottes Wort verzerrt dargestellt wird oder im Namen Gottes ein Unrecht behauptet wird, hat jedermann, der es zurechtstellen kann, das Recht und manchmal auch die Pflicht, irreführende Theologie abzulehnen und abzuurteilen.

Wie kommt die Theologie, die nicht mehr das Wort Gottes als Wort Gottes versteht, eigentlich dazu, sich noch Theologie zu nennen? Es ist ja noch eindeutiger. Die moderne Theologie erklärt sogar Gott für tot. Jesus ist nämlich nicht auferstanden, sagt sie. Dann muss Er tot sein. Sie sagt aber auch, dass das Christentum nur dann sinnvoll und nützlich ist, wenn es um den Menschen geht. *107 Das zusammen- und gläubig übernommen, ergibt den großen Irrtum, dass sich der Mensch selber erlösen kann. Der Erlöser ist aber Christus und deshalb ist in Wahrheit die moderne Theologie tot. Sie predigt einen toten Gott und das ist der Mensch. Immerhin ist das ehrlich. Es gibt Kirchen, die Jesus instrumentalisiert haben zu einem Hilfsgott, der dazu dient, dass das, was der Mensch tut, fromme Werke und noch mehr frommes Gerede, als „genügend" oder „heilig" abgesegnet wird. Auch Katholiken sagen zwar, dass nur Jesus rettet, aber tatsächlich erlöst der Mensch sich selbst, weil er es ist, der glaubt, er es ist, der den Glauben durch Werke bestätigt, er es ist, der sich die Gültigkeit des Heils durch seine Bemühungen erwirbt. Gott ist der gnädige Zuschauer, wie der Mensch sich seinen Platz im Himmel erarbeitet. Und die Kirche, sein eigentlicher Arbeitgeber, hilft ihm dabei. Kein Wunder, dass die größten Kunstwerke der Renaissance von den Päpsten und Kardinälen in Auftrag gegeben wurden. Sie verherrlichen mehr den Menschen als Gott.

Das alte Griechentum von der Vergottung des Menschen, das mit der katholischen Religion eine Einheit gebildet hat, hat den Humanismus hervorgebracht, der sich auch in der Kunst zum Ausdruck brachte. In der Sixtinischen Kapelle hat der Mensch die gleiche Dimension wie Gottvater, der ihn mit einer leichten Berührung an der Fingerspitze zum Leben verhilft. Aber es sieht so aus, als ob Adam bereits lebt. Danach verlangt dieser Gott, dass der Mensch von alleine geht. Doch dazu ist er nicht geschaffen worden. Das hat Michelangelo in seinen Werken nicht berücksichtigt. Bei ihm sehen die Götter und Menschen gleich aus. Sie sind auf Augenhöhe. Und doch hat Michelangelo dem Mose Hörner aufgesetzt. Der heldische Mensch überhebt sich und wird dann leicht zum Diener des Teufels. Michelangelo wusste es nicht besser. Er war ein Gefangener seiner Kirche.

Der Ausleger de Boor hat Recht, wenn er meint, dass die Gefahren für die Kirche aus dem Umfeld der Kirche herrühren können, von wo aus neue Lehren und Zeitgeistströmungen Einzug halten. *108 Aber er scheint sich nicht im Klaren zu sein, dass die Kirchen selber eine Quelle der Verwirrung sind. Sie hat bereits *„Philosophie und leeren Betrug nach der Überlieferung der Menschen, nach den Elementen der Welt und nicht Christus gemäß!"* (**Kol 2,8**). Sie ist durchsetzt davon, wenn auch noch lange nicht gesättigt, denn der Löwe, der umherschleicht, will auch noch den letzten Rest der Lehre Christi verschlingen und anstatt eine Fälschung auswürgen. Dass der Löwe nicht schläft, sieht man zu Beginn des 21. Jahrhunderts mehr als je und sein erfolgreichstes Mittel gegen die Lehre Christi ist der Ausbau des Anti-Christentums.

Natürlich hat Paulus schon im Rahmen seiner Ausbildung zum Schriftgelehrten vielfach mit der hellenistischen Philosophie Bekanntschaft gemacht. Auf seinen Reisen in den hellenistischen Städten Kleinasiens und Griechenlands war die hellenistische Philosophie ebenso wie die vorderasiatische Religiosität mit der zugehörigen Legendenbildung ein ständiger Begleiter. Die Gesellschaft und die Kultur waren durchsetzt von den „Elementen der Welt" (**Kol 2,8**). Es waren hellenistische Elemente!

Dazu gehört auch die Evolutionstheorie. Bei ihr wird der Schöpfergott geleugnet und Götzen zu den souveränen Herrschern des Universums erklärt. Den der Zufall und die natürliche Auslese sollen das alleine bewirkt haben, was existiert. Jeremia kommt in Jer 10,11 dem Auftrag von Gott nach, dem Volk Israel auszurichten, was es den Götzenanbetern anderer Nationen und anderer Denk- und Glaubensrichtungen sagen soll: *„So sollt ihr zu ihnen sagen: Die Götter, die den Himmel und die Erde nicht gemacht haben, die werden von der Erde und unter diesem Himmel verschwinden."* Zufall und Auslese haben den Himmel und die Erde nicht gemacht. Während die Völker der Antike noch so klug waren, zu wissen, dass Himmel und Erde eine geistige, personale Verursachung haben müssen, ist dieses Wissen sogar zum heutigen Tag eingetauscht worden in die unsinnigste aller Vorstellungen, die man sich denken kann. Die Folgen davon sind absehbar. Hitler und Stalin haben die darwinistische Idee vom Naturrecht des Stärkeren umgesetzt. In der Theologie wurde die Bibelkritik so weit getrieben, dass vom ursprünglichen Glauben nichts mehr übrig blieb. Die Bibel gilt seither bei den großen Kirchen nicht mehr wirklich als Gottes Wort, auch wenn man es noch so bezeichnet. Die darwinistische Welterklärung ist eine Vergötzung der Natur.

Das ist das Besondere des christlichen Glaubens und der Lehre der Bibel, dass sie ausschließlich Gott, der die Himmel und die Erde erschaffen hat zur Anbetung und Ehrung bringen. Mehr noch: Die Fragen, die man in der Philosophie über den Ursprung und das Ziel, mithin den Sinn des menschlichen Lebens, stellt, werden in keiner Religion sinnträchtig und in sich stimmig beantwortet. Nur die Bibel hat die Antworten. Aber sie fallen nicht so aus, wie sie der unbekehrte Mensch hören will. Er will doch nicht zur Verherrlichung Gottes geschaffen sein! Da meldet sich seine sündige Eitelkeit. Doch sie verrät sich immer zuverlässig. Wenn man bösen Menschen etwas Gutes tun will und sie in die Gesellschaft von Menschen steckt, die einen freundlichen, liebevollen Umgang miteinander haben und von Güte, Selbstlosigkeit und Großzügigkeit, aber auch Demut geprägt sind, dann fühlen sie sich zunächst dabei unwohl. Es strengt sie an, sich nicht so geben zu können, wie sie es gewohnt sind. Das Licht um sie herum macht sie verlegen und unsicher. Sie würden deshalb einer Einladung ungern Folge leisten. Das ist der Grund, warum Unbekehrte einen großen Bogen um das Kreuz Jesu Christi machen. Sie fühlen sich wohler, wenn sie es noch verspotten, was ein sicheres Zeichen dafür ist, dass sie verstanden haben, dass nur der, der da hängt, kompetent ist, dem Spott mit hingebungsvoller Liebe zu begegnen. Das zu erkennen, ist das eine. Die richtige Konsequenz zu erkennen, die unweigerlich die Umkehr vom bisherigen Leben beinhaltet, ist noch etwas ganz anderes.

Nun ist es interessanterweise so, dass die hellenistische Philosophie wie die hellenistische Religion gerade da eine Abschwächung und „Erleichterung" des biblischen Glaubens möglich gemacht haben, wo besonders die Seiten der menschlichen Seele angesprochen sind, wo sie noch etwas für sich zurückhalten möchte, um sich nicht ganz entblößen zu müssen. So ist beispielsweise die hellenistische Vorstellung von der Hölle als auswegloser Quälort eine Ausflucht der Seele, sich wirklich mit allen Menschen, also auch den ungeliebten versöhnen zu müssen und allen anderen auch das zu gönnen, was man selber gerne für sich behält. *109 Rache und Vernichtung als Grundmotiv der Hölle sind gerade in der frühen Kaiserzeit im römischen Denken bereits weit verbreitet und aus dem griechischen Denken übernommen *110 Die Vorstellung einer Hölle dient damals schon als Mittel der religiösen, aber auch politischen Disziplinierung. Die katholische Kirche hat dieses Mittel übernommen. Im römischen Recht war auch die Folter, die man in der Hölle zur Verdeutlichung der Gerechtigkeit angewendet sah, ein Instrument der Wahrheitsfindung (basanos bzw. quaestio per tormenta).

Auch das wurde von der Kirche Roms übernommen, spätestens mit der Inquisition, auch wenn sich die Kirche selber meist nicht die Hände beschmutzt hat, hat sie geistliche Brandstiftung gelegt. Natürlich verharmlost die Kirche ihre Verantwortung und wird dabei auch vom Heer ihrer Theologen und Geschichtsbeschöniger unterstützt. *111 Nach dem damaligen Kenntnisstand hätte man sich sogar noch relativ moderat und den üblichen Umständen und Gewohnheiten entsprechend verhalten. Mit der gleichen Ausrede versucht man auch heute, sich an den Zeitgeist anzupassen, der alles nur relativiert, aber die biblische Lehre hinten anstellt. Ein anschauliches Beispiel liefert die Debatte um den gerechten oder heiligen Krieg und die Anwendung von Gewalt durch Christen.

Seit Augustinus argumentierte man, dass Christen natürlich niemand durch Gewalt in Glaubensfragen zwingen, aber zur Verteidigung der Ordnung, zum Schutz der Belange der Christenheit und der Kirche seien jedenfalls durch die staatlich-weltliche Macht sehr wohl gewaltsame Zwangsmaßnahmen erlaubt. *112 Durch diese Theologie ließ sich allerdings nicht verhindern, dass der Gewaltanwendung auch in Glaubensfragen Tür und Tor geöffnet wurden, und zwar deshalb, weil die katholische Kirche ebenso wenig wie die protestantischen Kirchen richtig verstanden haben, wie sie sich als Kirche, also als Gemeinschaft der an Christus Gläubigen, von weltlichen Dingen fernhalten müssen. Man rühmt zwar nicht ganz zu Unrecht, die seit dem Aufkommen des Geistes der Aufklärung in Gang gesetzte Trennung von Staat und Kirche, in der Theologie hat diese Trennung jedoch nicht sauber stattgefunden, was befürchten lässt, dass es nur eine Machtfrage wäre, wann die Kirchen sich wiederum berufen sähen, sich wieder ganz und dann auch wieder mit Zwangsmaßnahmen der Weltlichkeit zu verschreiben.

Die aus dem 2. Jhdt. stammende Petrusapokalypse zeigt, dass die frühe katholische Kirche den letzten Ort der Verstorbenen im Himmel oder in der Hölle sieht. Man hat darin orphisch-pythagoreische Vorbilder gefunden. ***113**

Dies Verhalten kennt man gut bei Kleinkindern. Zu teilen und zu gönnen, muss gelernt werden, weil es nicht im alten Adam steckt, der nur seine eigenen Interessen kennt. Eine weitere „Erleichterung" ist es für den Menschen, wenn er glauben darf, dass er selber etwas zu seinem Heil tun kann. Das kommt den religiösen Menschen entgegen, denn solange sie selber etwas zu ihrem Heil beitragen können, ist ihnen nicht alles aus der Hand genommen und vor allem entfällt so die Scham, die jeden befallen muss, wenn er erfährt, dass er Gott alles zu verdanken hat. Ein Mensch, der vor Gott steht und sagen kann, „ich habe die Kurve gekriegt, ich habe die Werke gewollt und getan", ist auf gleicher Höhe mit Gott, denn Gott hätte ja nicht Grund gehabt, das Ticket für den Himmel zu lösen, wenn es sich der Mensch nicht verdient hätte. Dass so nur Menschen denken können, die Gott nicht wirklich kennen, ist von der biblischen Lehre her klar. Auch die Verlagerung des Heils auf Menschen, auf die es ankommt und an die man sich richten kann, um der peinlichen Audienz bei Gott aus dem Weg gehen zu können, ist ein typisch hellenistisches Element des Glaubens der Kirche Roms. Da nimmt Maria den Platz Christi ein, unterstützt von einem Heer an Heiligen, die man zur Fürbitte angehen kann. „Ich wage nicht, unter die Augen des Herrschers zu treten, weil ich vor ihm nicht bestehen kann, also wende ich mich an jemand den ich kenne, der näher zum Herrscher steht. Beziehungen sind alles!" So denkt die korrupte, unaufrichtige und sündenbelastete, vielmehr mit der Lust auf Sünde belastete Seele des scheinfrommen Menschen. Bei der Kirche Roms ist es noch dazu die Kirche selber, die Macht hat über die Seelen der Kirchgänger und sie frech und ohne Scham sogar beansprucht.

Paulus warnt in **Kol 2,8** ausdrücklich vor den menschlichen Überlieferungen. Dabei sind es gerade die, die diese Warnung nicht beherzigt haben, die sich immer auf Paulus berufen. Die Kirche „Paul vor den Mauern" in Rom ist eine der großen Papstbasilikas. ***114** Der Name ist ein Hinweis dafür, dass die Kirche Roms Paulus mit seinen Lehren draußen gelassen hat, hinter den Mauern!

Den menschlichen Überlieferungen ist es allen gleich wichtig, den Menschen und seine Taten hervorzuheben. Darin steckt für die meisten unentdeckt das Rebellentum Satans. Die Kirchen sind ja auch sein bevorzugtes Betätigungsfeld, weil gerade sie geeignet sind ein verfälschtes Christentum der Welt anzubieten. Sie sind die geeignete Hurengattin für die Welt, attraktiv für weltlich wie auch dem Bemühen nach geistlich gesinnte Menschen, ganz genau so wie es in Of 17 beschrieben wird.

Überlieferung ist bei Satan ein zweifacher Fluchkanal. Erstens bringt er die Kirchen dazu, ihre Überlieferungen in die Bibel hineinzulesen. Das sieht man z.B. bei Luther, der „Passah" einfach mit „Ostern" übersetzte, obwohl er wusste, dass erst im vierten Jahrhundert Passah verboten und als verbindliches Fest Ostern anstelle Passah, also „anti-" eingeführt worden ist. Und zweitens erklärt er die Überlieferung als zweites Standbein des christlichen Menschen neben dem Wort Gottes. Dabei sei der Christ ja durch den Heiligen Geist geleitet. Doch das erhellt, da dieser Heilige Geist von Christi Geist als geschieden betrachtet werden soll, warum es Satan daran gelegen war, eine dritte göttliche Person ins Spiel zu bringen. Denn wenn der Geist des Gläubigen nicht von Christus ist, dann darf er auch Anti-christliches daneben hereinbringen und sei es der Geist, den die Betroffenen als Heiligen Geist verstehen möchten.

Von dieser Raffinesse Satans konnte Paulus noch keine konkrete Vorstellung haben, denkt man. Dabei übersieht man aber, dass er genau diese Tendenzen schon in seinem unmittelbaren gemeindlichen Umfeld klar erkennen konnte. Die anti-christliche Kirche ist keine Erscheinung des bloß vierten Jahrhunderts. Sie stand schon an der Wand geschrieben, als Herodes den Kindsmord zu Bethlehem befahl. Die Vorgängerkirche, das waren die Theokraten zur Zeit Jesu, die Schriftgelehrten, Pharisäer und Priester, ein Sammelsurium von mehr oder minder Frommen und Scheinfrommen. Und etliche von ihnen gelangten in die Gemeinde der ersten Christen, wo es abzusehen waren, dass sie das Ruder übernehmen würden, wenn sich der heilige Geist Christi zurückziehen und der antichristliche „Heilige" Geist einziehen würde. Paulus kämpfte bereits dagegen an. Aber Mitte der sechziger Jahre des ersten Jahrhunderts gab es nur noch einen Apostel und der war in der Isolation auf einer Insel. Auf wessen Veranlassung? Roms!

Wer sich mit Philosophie befasst, wird nicht selten darauf stoßen, dass den alten Philosophen „Ehrfurcht" und „Bewunderung" erbracht wird. Für Christen gibt es dazu keinen Grund, ***115** denn heidnische Philosophie, die keine Wahrheit von Gott her kennt, wird verurteilt (Röm 1,19ff). Warum sollte man bewundern, dass die griechischen Philosophen, weil sie keine höchste Autorität anerkannten, zu dem Schluss gekommen sind, dass das Universum sich selbst erschaffen hat, aus dem, was von einem vorherigen Universum übrig geblieben ist? Es verdient weder Ehrfurcht, noch Bewunderung, wenn jemand sich versucht, aus der Verantwortung gegenüber seinem Schöpfer zu entfernen. Die ehrsüchtigen Menschen haben es immer wieder mit der Ehrfurcht vor Menschen und der Bewunderung, die ihnen bedeutend sind. Das sind Eitelkeiten, die nur davon abhalten, Nüchternheit und Weisheit walten zu lassen und zu erkennen, auf was es wirklich ankommt.

Wenn in Christus die ganze Fülle der Gottheit leibhaftig wohnt (**Kol 2,9**), ***116** dann braucht der in Christus beheimatete keine Kirche, sondern nur das, was Paulus als das In-Christus-sein bezeichnete. Jesus sagte: *„Kommt her zu mir, alle ihr Mühseligen und Beladenen! Und ich werde euch Ruhe geben."* (Mt 11,28) Er sagte nicht, *„kommt zu den Kirchen!"* Er sagte: *„Jeder, der von dem Vater gehört und gelernt hat, kommt zu mir."* (Joh 6,45) Da darf man sich in der Person des Vaters nicht irren. Da die Katholiken meinen, dass ihr Gott Allah ist, kann sie Allah nicht zu Christus geführt haben. Jesus hat sogar noch mehr verheißen: *„Und sie werden alle von Gott gelehrt sein."* Das bedeutet nicht, dass es für alle im gleichen Äon stattfinden wird. Das Zu-Gott-kommen bedeutet, das Bei-Gott-bleiben, denn *„Wer zu mir kommt, den werde ich nicht hinausstoßen."* (Joh 6,37)

Die ganze Fülle Gottes, die ganze Wahrheit, konzentriert sich in einer Person, die in Himmel und auf der Erde, aber auch in der Hölle ist und daher auch Vermittler zwischen Mensch und Gott genannt wird. Wie fundamental wichtig die Vermittelbarkeit ist, wird klar, wenn man verstanden hat, dass die göttliche Sphäre von der geschaffenen Welt grundverschieden ist. Ontologie und Soteriologie müssen bei der Vermittlung zusammenfinden, weil ganzheitliche Seinsweise und erlöste Seinsweise eins sind. Die Verschiedenheit der unerlösten Welt mit der idealen Welt, gibt auch den Grund, warum der Mensch sich nicht selbst erlösen und entsühnen kann und zugleich, warum das nur Gott kann, dem idealen Beherrscher aller Welten, eben auch der Unterwelt. Vermittelnder Erlöser kann Gott dann aber nur sein, wenn Er Gott bleibt und Mensch wird. ***117** Er steigt herab in die unerlöste Welt, um sie zu erlösen. Er macht aus dem, was nicht ganz ist, das Einheitliche.

Christus wäre nur ein halber Christus, ein unvollendeter Christus, wenn Er nicht auch in der Hölle das absolute Sagen hätte. Er bestimmt als Richter, wer da hinmuss. Und Er bestimmt als Richter, wie lange jemand an diesem Schreckensort verbleiben muss. Er hat ein großes Anliegen, wie es größer in der Hölle nicht sein kann: die Hölle leer zu räumen. Er will und wird sich vervollständigen und die ganze Schöpfung vollenden, nicht nur eine kleine Insel.

Man denke an den Gutsbesitzer, der dem Verwalter ein Landstück anvertraut hat. Wenn er zurückkommt und der Verwalter ihm sagt, dass er einen Teil verloren hat und die Ernte deshalb gering ausgefallen ist, wird der Gutsbesitzer sagen, „Du hast mir treu gedient!?" Oder wird er fragen, „Was hast du mit der ganzen Schöpfung gemacht?" und der Verwalter wird wahrheitsgemäß antworten: „Ich habe sie ruiniert, denn die Ausbeute ist gering!" Es ist eine Beleidigung Gottes, wenn man Ihn für beschränkt erklärt!

„Wer ist nun der treue und kluge Verwalter, den der Herr über seine Diener-
schaft setzen wird, um ihm die zugemessene Speise zu geben zur rechten Zeit?"
(Lk 12,42) Das heißt also, dass Gott einen Gewinn sehen will. Wenn er den
Milliarden Menschen seinen Lebensodem gegeben hat, dann ist es kein Gewinn, wenn die Mehrheit davon ihr ewiges Leben fernab von Ihm in der Hölle
verbringen (Vgl. 1 Kor 4,2), es sei denn, sie reifen dort, wenn sie es in der Welt
noch nicht genügend getan haben.

Jesus ist nicht nur der ideale Sohn, weil er dem Vater gehorsam ist. Er ist
auch der ideale Gutsverwalter, weil er hundertprozentig alles zum Gewinn des
Vaters macht (Mt 18,12).

Die „Elemente der Welt", „stoicheia tou kosmou" kann für die Kolosser eine
mehrfach besondere Bedeutung gehabt haben, denn „stoicheia" kann begrifflich
auch für Dämonen und Gestirne stehen. **118** Dass man sich nicht von Dämonen und Astrologie bestimmen lassen soll, wird aber kaum die Hauptaussage
des Paulus gewesen sein. Zu offenkundig kann ein Christ sich nicht auf solche
Dinge einlassen. Die viel größere Gefahr liegt im Wesen der Welt, die sich im
Wesentlichen gegen Gott gestellt hat. Das betrifft Weltanschauungen und Le-
benspraktiken. Das ist auch heute noch das große Missionsfeld. Man soll nicht
„von" der Welt, sondern nur „in" der Welt sein. Und das ist so schwer!

Elemente der Welt sind auch Kirchenlehren. Das Weltliche hat ja zwei Säu-
len, auf denen es steht: die Religion und das menschliche Gemeinwesen im
nichtreligiösen Bereich, wozu auch alles Staatliche gehört. Das Weltliche, das
geistige Gut der Menschen, die es hervorgebracht haben, hat sich natürlich gerade auch des christlichen Glaubens bemächtigt, ihn umgeformt und für seine
Zwecke eingespannt. Es steht dem unverfälschten Christus und Seiner Nachfolge grundsätzlich, wenn auch nicht immer ausdrücklich entgegen. Das ist der
Grund, warum man im kirchlichen Bereich, der meist mit der „Christenheit"
gleichgesetzt wird, **119** so viel Götzendienst und Verwerflichkeiten aller Art findet. Dass dort der Mensch in Wahrheit im Mittelpunkt steht, ist vielen klar. Doch

gerade dieser Mensch, der sich auch Gott zurechtschnitzen möchte, täuscht sich selber in dieser Traditionsgemeinschaft des systemimmanenten Irrtums und der planmäßigen Verführung.

Paulus sieht zwei Lager, die Grundregeln der Welt, also das dem Menschen Gerechte, das ihm Schmackhafte und Genehme. Und der Christus. Die Kirchen lehren das nicht. Sie lehren, dass die Kirchen, oder, meist, nur ihre jeweilige Kirche, zu Christus dazugehören oder sein „Leib" seien. Und alle außerhalb sind die Welt. Manche, die moderner denken, sehen es auch so, dass beide, die drinnen und die draußen, zum Christusleib dazugehören. Bei diesem Gedanken stimmt nur, dass die, die ihrer Meinung nach drinnen sind und die draußen tatsächlich eins sind. Aber keine Kirche lehrt, dass sie alle nur eine Facette der vielbunten Weltlichkeit liefern und ganz oder zumindest nahezu *„gemäß den Grundregeln der Welt und nicht gemäß Christus"* aufgestellt sind.

Paulus hätte mit Sicherheit allen heute existierenden Kirchen ein ungutes Zeugnis ausgestellt. Zu diesem Urteil gelangt man, weil man in den Schriften von Paulus die Kirchenkritik, die auf Missstände und Glaubensdefizite in der Gemeinde hinweist, bereits hat. Und so manche Kirchen hätte er als getreues Abbild oder als Institution schon damals zu seiner Zeit vorkommender Körperschaften erkannt, die vielleicht auch einen Namen führten, den sie zu Unrecht führten. Die große Verwunderung, die Johannes erfasst, als er die Hure Babylon sah, wurde vielleicht nicht von ungefähr schon auf das Weltkirchentum gedeutet: *„Und ich sah die Frau trunken vom Blut der Heiligen und vom Blut der Zeugen Jesu. Und ich wunderte mich, als ich sie sah, mit großer Verwunderung."* (Of 17,6).

Wie ist man darauf gekommen? Erstens weil die größte aller Kirchen sich selber als „Frau" bezeichnete, und die meisten Kirchen es ihr insofern nachtun, als sie die gesamte Christenheit als Frau oder Braut Christi bezeichnen, getreu der unbiblischen Ersatztheologie, wonach die Kirche anstelle von Israel getreten sei. Zweitens weil die großen Kirchen sich, seitdem sie im Römischen Reich nicht mehr gefährdet waren, bis zum Ende der Ketzerverbrennungen, das bedeutet rund 1500 Jahre, bibeltreue Christen verfolgt und umgebracht hat. Das spielt in den Geschichtsannalen angesichts der massenhaften gegenseitigen Bekämpfung von kirchenchristlichen Parteien innerhalb der Nationen und christlicher Nationen untereinander und gegeneinander keine große Rolle und ist meist der Erwähnung nicht wert. Drittens weil die Weltkirchen, allen voran ihre Mutterkirche, viele Elemente der babylonischen Religion übernommen haben. Genannt seien hier nur Priestertum, Sakramente, Festtage und Symbole. Die Symbole sind für die Religion nicht maßgebend, sie sind aber die Erkennungszeichen für die Suchenden und Verstehenden.

Und deshalb muss man gar nicht so weit gehen, wenn man nach denen sucht, vor denen Paulus warnte, die *„Philosophie und leeren Betrug nach der Überlieferung der Menschen, nach den Elementen der Welt und nicht Christus gemäß"* (**Kol 2,8**) betrieben. Paulus meinte damit nicht die katholische Kirche, die es damals noch nicht gab, aber jene, die zu den Vorgängern dieser Kirche gehörten. In der Kirche Roms waren dann später alle jene vereint, die griechische Philosophie, fromme und unfromme Tradition und weltliche Elemente des Glaubens vertraten und instrumentalisierten und sakral machten. Da ihnen Christus nicht genug war, weil sie Seine Fülle gar nicht erfassen und als genügend begreifen durften, ließen sie (das Hausgemachte) in ihr Glaubensdestrukt einfließen, was allen Religionen gemein ist und den Menschen dazu dienen soll, über ihren spirituellen Mangel hinwegzuhelfen. Es handelt sich dabei um Glaubenselemente, die nicht von Gott stammen, allenfalls einen *„Anschein von Weisheit"* haben, in Wirklichkeit aber der *„Befriedigung des Fleisches"* dienen (Kol 2,23). Das äußert sich auch *„in eigenwilligem Gottesdienst und in Demut und im Nichtverschonen des Leibes"* (Kol 2,23). All das gibt es im Kultus der Kirche Roms. So besteht ihr eigenwilliger Gottesdienst zum Beispiel darin, dass sie die seit Jahrhunderten von den Juden verwendete Versinnbildlichung unter dem

Einfluss der vorderasiatischen Mysterienkulte umdeuteten und symbolhafte Bilder zu unmittelbaren Wirklichkeiten erklärten. So wurde Christi Abendmahl zu einem Zugriff auf Gott gedeutet, der sich dem Menschen, ganz unabhängig von dessen Heiligkeitsgrad beugen und letzten Endes unterwerfen muss.

Die Kirche Roms stellte sich damit sogar über Gott. Durch eine zauberhafte Handlung und magische Worte wird die Gottheit verfügbar gemacht und dient nun dem Priester. Er verteilt Gott. Diese Vorstellung kommt aus den Mysterienkulten des antiken Orients. Unter ihrem Einfluss hat der anti-christliche Geist die biblischen Vorbilder umgedeutet und an das Heidnisch-mysterische angepasst. *120 Das Kirchenvolk hat davon nichts bemerkt. Im Ergebnis entfernte sich die Kirche vom biblischen Kontext und ging einen Weg abseits der Gemeinde Christi. Die wenigsten Historiker sehen darin mehr als nur eine geschichtskonforme Entwicklung, die wenigsten Theologen stört das Selbstverständnis mit welchem die Kirchen ihre Schamlosigkeit zur Schau stellen, obwohl sie ein typisches Identifikationsmerkmal für die Hurerei mit alten Götzenkulten ist.

Das „Nichtverschonen" des Leibes erkennt man im Märtyrerkult und im asketischen Mönchskult. Jeder wird von Rom zum Heiligen erklärt, der im Gehorsam der Kirche verfolgt worden ist. Die wahren Heiligen sind eher unter den Reihen derer zu suchen, die die Kirche Roms verfolgen ließ oder als Verdammte erklärt. Der Heilige in der Bibel definiert sich ganz anders als die Heiligen der Kirche. Er ist der Auserwählte Gottes. Er ist nicht auserwählt, um einen Götzenkult zu betreiben oder Christusnachfolger zu verfolgen, sondern um Christus nachzufolgen. Er ist auserwählt, von Gott in besonderer Weise gebraucht zu werden, um Gottes Heilsabsichten zu verwirklichen. Er ist nicht auserwählt, einer Gott nicht dienenden Glaubensgemeinschaft zu dienen. Die „katholischen" Heiligen konnten sich nicht dagegen wehren, von der Kirche Roms zu Heiligen erklärt worden zu sein und manche konnten sich auch nicht dagegen wehren für „Katholiken" ausgegeben worden zu sein. Dazu gehören z.B. die Apostel. Sie waren Juden und hätten sich ganz gewiss nicht ausgerechnet von der Kirche vereinnahmen lassen, die dem Volk der Juden viele Jahrhunderte lang feindselig gegenübergestanden ist. Ein Paulus oder ein Petrus müssen sich aber nicht von der Kirche Roms distanzieren, denn sie standen diesem weltlichen Machtgebilde niemals nahe.

Die Mönchsorden gibt es auch im Buddhismus. Während der katholische Mönch sich die Gnade Gottes durch seine Lebensweise, durch Gelübde, Askese, Gehorsam, Enthaltsamkeit, Weltentsagung usw. verdienen will, aber nicht die „Zuflucht" zu Christus erreicht werden soll, hat der buddhistische Mönch das gleiche Ziel und spricht es aus: „Ich nehme meine Zuflucht zu Buddha und zum Gesetz…" Daneben noch, wie die katholischen Mönche, nehmen sie ihre Zuflucht zum Mönchsorden. *121 Die Mönchsorden sind eine kirchliche Entwicklung heidnischer Männergemeinschaften, die es schon im alten Babylon und im alten Ägypten gab. Und schon dort gab es eine Affinität zu Sexualismus und Okkultismus. Die buddhistischen Mönchsorden sind älter als die katholischen und ebenso wenig biblisch begründbar. Es waren zölibatäre Priesterkasten, die Angehörige der Kirche Roms mit deren Empfehlung und Wohlwollen sich als Vorbild nahmen. So war die Kirche sicher, dass ihre Helfershelfer sich ganz der Kirche verschreiben konnten und keinen unmittelbareren Einflüssen durch die Familie ausgesetzt war.

Selbst den Sklaven Roms war es oft erlaubt, eine eigene Familie zu haben. Die Kirche Roms hält ihre Priester jedoch in einer noch größeren Unfreiheit – der des Geistes! Die größte Unfreiheit besteht im geistlichen Bereich. Wer eigene Gedanken hat, die dem katholischen Konzept zuwiderlaufen, wird aus dem Dienst entfernt. Früher stand darauf nicht selten die Toddesstrafe, denn Ketzer wurden beseitigt. Heutzutage verliert man nur den Brötchengeber. Kritiker der Kirche Roms verweisen darauf, dass Kirchenaustritte von katholischen Geistlichen selten vorkommen, weil die Gehirnwäsche meist sehr erfolgreich ist. Aber es gibt genügend Beispiele, dafür, dass Gott jeden, den Er will, auch aus der selbst gewählten Umklammerung befreien kann. *122

Man sollte aber die Wandelfähigkeit der Kirche Roms nicht unterschätzen. Wer im Rahmen der Ökumene das Kommando übernehmen will und alle Christen unter das Haupt der Kirche Roms bringen will, muss für pragmatische Lösungen offen sein. Dazu kann gehören, wie man seit dem zweiten vatikanischen Konzil sehen kann, dass man für eine niedrigschwellige Kirchenfrömmigkeit seine Ansprüche zurückschraubt. Wenn man im Club der Welthumanisten den Vorsitz führen will, braucht man keine elitäre Priesterlichkeit.

Dass sich buddhistische und christliche Mönche oft gut verstehen, ist nicht verwunderlich. Sie sind sich ja auch in dem, was sie glauben, ähnlich. Der Hang zu asketischer Lebensweise und Leibfeindlichkeit gelangte über die griechische Gnosis ins Kirchenchristentum. Schon Paulus hatte sie als Verirrung betrachtet (1 Tim 6,20-21 *123). Vollkommener wird man aber nicht, indem man sich um die Konfrontation mit den Herausforderungen herumdrückt, sondern indem man an ihnen wächst und die Widerstände zur Vervollkommnung überwindet. Gerade deshalb sind die Christenmenschen „in" die Welt gestellt, ohne „von" ihr zu sein. Auch Jesus hat zwar zum Gebet die Stille und Einsamkeit gesucht, aber Sein Leben hat Er in der Welt, unter Menschen und in der Kommunikation mit ihnen verbracht. Das birgt Gefahren und Risiken, aber welche Sünde gibt es außerhalb der Tore der Mönchsburgen, die es nicht auch innerhalb gibt?

In den asiatischen Religionen bietet der Rahmen des Mönchtums dazu, dem Ziel des Einswerdens mit der Gottheit näher zu kommen. Dazu dienen Meditation, Gebet, Yoga, Askese, Fasten, Kasteiung, Herstellen innerer Leere, in der sich das Göttliche ausbreiten soll. *124 Der biblische Gott lässt sich nicht benutzen oder vor den Karren spannen. Es kann dem Menschen auch nicht darum gehen, dass Gott funktionierbar gemacht wird, sondern es geht umgekehrt darum, dass der Mensch so funktionieren lernt wie er funktionieren soll. Yoga ist ein Instrument des Versuchs der Selbsterlösung, deren Reichweite aber über die Schwelle des Todes nicht nachweisbar ist. Dass es sich um einen Irrweg handelt, bezeugen viele Hindus und Buddhisten, die ihn ausprobiert haben. Sie haben die Chance, das zu erkennen, wahrgenommen. Yoga führt, wenn man ehemaligen Yogis glauben will, weg von den wichtigen Dingen des Lebens und produziert Nebengeräusche, die das Wesentliche überlärmen. Dass Menschen das als wohltuend empfinden können, besagt nichts über die Wertigkeit des Yogas.

Da im kirchlichen Mönchtum genau die gleichen Mittel zum gleichen Ziel benutzt werden, besteht die Gefahr, dass man auch das gleiche Ziel erreicht. Mit einem Näherkommen zum biblischen Gott oder zu Jesus Christus hat das nicht das Geringste zu tun. Bezeichnenderweise hat die Reformation mit der betonten Hinwendung zu Jesus Christus, zum Wort Gottes, zum Glauben ohne Werke damit begonnen, dass Luther sein Mönchsleben aufgab. Man sieht, Gott kann auch einen asketischen Mönch erreichen. Tut Er es, ändert der Mensch aber seine Lebensweise gründlich, so wie es bei Paulus geschehen ist.

JCJCJCJCJCJCJCJCJCJCJCJCJC

Die Fülle der Gottheit
Kol 2,9-15

Wie nahe man Gott in Christus kommen kann – ohne den ganzen traditionellen Firlefanz und die babylonische Verwirrung – sagt Paulus in **Kol 2,9-10**. *125 Für Christus und die mit Ihm ein inniges Verhältnis eingehenden wahren Nachfolger gilt: *„D[enn] in Ihm wohnt die gesamte Vervollständigung der Gottheit körperlich; und ihr seid in Ihm vervollständigt, der das Haupt jeder Fürstlichkeit [und] Obrigkeit ist."*

Alles, was ein Mensch über Gott wissen kann, erfährt er in Christus, denn in Ihm wohnt die ganze Fülle der Gottheit. Wer sich an jemand anderes wendet, bekommt niemals die ganze Fülle der Gottheit. Deshalb ist es auch angebracht, Jesus anzubeten. Über den Geist ist das nicht gesagt, weil er ja dem Vater und dem Sohn gemeinsam ist. Gott ist Geist. Wenn vom Geist Gottes die Rede ist, ist also immer entweder vom Vater oder vom Sohn die Rede. Was für eine Botschaft: *„Ihr seid in ihm zur Fülle gebracht."* (Kol 2,10) Nur in Christus gibt es die Fülle der Gottheit, nicht in Maria, nicht in der Kirche, nicht in der Welt. Wer die Fülle des Lebens in dieser und der nächsten Welt haben will, muss in Christus sein.

Paulus erlaubt sich nachfolgend noch einen Seitenhieb auf die jüdische Sichtweise. Beschneidung ist für diese enge Beziehung mit Christus nicht erforderlich. Die Beschneidung steht hier stellvertretend für alle anderen weltlichen und traditionellen Elemente.

Entscheidend ist, dass man sich mit Jesus begraben ließ und dem alten sündigen Menschen ebenso wie der alten Welt, die an den Grundelementen festhängt, abgestorben ist und mit Christus zu einem neuen Menschen auferstanden ist (Kol 2,12-13).

Paulus sagt: „mit ihm seid ihr auch auferweckt..." Er sagt nicht „werdet ihr auferweckt..." oder „werdet ihr auferweckt, wenn ihr im Glauben treu bleibt und dies und jenes noch tut...". Auf die Annahme des Sohnes, folgt die Auferweckung. Und die ist zwar auch als Auferweckung zu einem neuen Leben zu verstehen, denn jetzt beginnt man mit der Nachfolge. Sie ist aber vor allem etwas, was im Vorausblick auf die tatsächliche Auferstehung hinein in eine völlig andere Wirklichkeit, in der es kein Leid und kein Sterben mehr geben wird, verstehbar wird. Die Auferstehung kommt ja nicht vielleicht, vielleicht auch nicht, weil man das Heil und die Verbundenheit mit Christus noch verlieren könnte, sondern sie ist für Gott bereits geschehen. Er hat die Zukunft in Seiner Hand, nichts entzieht sich Seinem Zugriff, auch nicht die Zeit. Er sieht voraus und garantiert, was Er zusagt. Das ist für Menschen schwer zu verstehen, weil das, was kommt, immer von Faktoren abhängig ist, die der Mensch nicht unter Kontrolle hat. Aber Gott behält immer die Kontrolle.

Kol 2,13 bestätigt das noch einmal: *„Und Gott hat euch mit ihm lebendig gemacht, die ihr tot wart...“* Das Lebendigsein ist bereits gekommen, und der Tod war schon. So kann man nur reden, wenn der Tod, der biologisch tatsächlich noch kommt, keinerlei Bedeutung mehr hat und nur noch den Leib betrifft, der ja sowieso nicht bleiben kann, was schon dadurch bewiesen ist, dass bei der Ankunft Jesu die Lebenden verwandelt werden, weil sie wie die Verstorbenen mit ihrem Auferstehungsleib eine andere Leiblichkeit bekommen. Der Sieg Jesu über die Macht des Todes ist so vollständig, dass das Trennende im Wesentlichen „gestorben“ ist. ***126**

Gott hat dem Tod Macht gegeben. Der Tod steht am Wechsel von einer heilsgeschichtlichen Zeit zu einer anderen, denn nach dem Sterben wird der Mensch mit einer ganz anderen und neuen Wirklichkeit konfrontiert. Da erfährt das, was er vorher erlebt hat, eine gültige Bewertung. Nur bei denen, die Christus angehören, bleibt die Wirklichkeit im Wesentlichen die gleiche. Sie haben vorher zu Jesus gehört, sie gehören Ihm auch hinterher. Und so kann man im Präsens vom Lebendigsein sprechen, obwohl doch das wahre Leben noch uneingeschränkter sein wird, wenn man in die neue Existenzform gewechselt sein wird.

Das alles ist möglich, denn: *„Er hat den Schuldschein gegen uns gelöscht, den in Satzungen bestehenden, der gegen uns war, und ihn auch aus unserer Mitte fortgeschafft, indem er ihn ans Kreuz nagelte“* (**Kol 2,14**).

Was meint Paulus mit dem Schuldbrief und seinen Satzungen? Einfach alles, was gegen uns spricht, alles was uns anklagt, jegliche Schuld. Und die haben wir aus viel mehr Gründen als nur denen, dass wir die Gebote der Torah nicht gehalten haben. Diese sind natürlich bei den Forderungen mit enthalten. „Hältst du meine Gebote, wirst du leben“, hat Gott zu Seinem Volk Israel gesagt. Und unter den Kolossern waren Juden. In allen Gemeinden gab es Juden. Und in allen Gemeinden wurden die Briefbotschaften von Paulus herumgereicht und vorgelesen.

In jedes Menschen Schuldbrief steht ziemlich das Gleiche. Da steht etwa so:

„Du bist schuldig

– Gott nicht mit ganzem Herzen und mit ganzem Denksinn geliebt zu haben,

- deine Mitmenschen zu wenig geliebt zu haben.

Bei jedem Menschen könnte außerdem dort stehen:

- „Gott nicht gehorsam gewesen zu sein,

- Gottes Willen zu wenig Beachtung geschenkt zu haben,

- zu sehr auf nur dein Wohl ausgegangen zu sein"

Die Liste, die man jedem Menschen in die Hand drücken könnte, wäre lang. Man könnte den Schuldbrief vervielfältigen und jedes Menschen Namen darauf schreiben. Erst ab Seite zehntausend oder noch später kämen dann die Verschuldungen, die man nur noch mit einem einzigen anderen Menschen gemeinsam hätte, und ab Seite hundert Millionen oder noch später kämen die Verschuldungen, die man ganz alleine „erfunden" hätte. Und da würde der Schuldbrief erst richtig beginnen.

Man sollte sich auch im Klaren darüber sein, dass sich der Brief eines Apostels Paulus oder eines Apostels Petrus oder, um eine Gestalt aus dem Alten Testament zu nennen, eines Abraham, in Umfang und Inhalt nicht wesentlich von dem eines Massenverbrechers unterscheiden würde! Welcher Mensch hat irgend eine Sünde ausgelassen und nicht dafür hundert andere begangen? Die Bibel sagt, dass es keinen einzigen gerechten Menschen gibt und nimmt nur Christus aus. Das ist nicht einfach so daher gesagt. Sondern das zeigt, wie trostlos die Menschheit ohne Gott ist und dass sie in einer Sackgasse ist, aus der keiner aus eigener Kraft herauskommt. Die Lage war aussichtslos – bis Christus kam! Für jeden einzelnen Menschen gilt: durchgefallen! Für jeden einzelnen Menschen gilt: nur Christus hebt dich wieder auf und erneuert dich.

Das zu glauben, fällt schwer, weshalb Gott selbst den Glauben initiieren und pflegen muss.

**Seit Adam dem „Sollte Gott gesagt haben?"
der Schlange nachgegangen ist, ist er dazu verdammt,
bis er den neuen Adam aufgenommen hat,
bei seinem Zweifel zu bleiben.**

Das ist ein Gericht an ihm. Und das gilt für jeden Menschen. Erst in Christus lernt man, recht zu glauben und im Glauben zu bleiben.

Und nun hat Gott dieses Sündenregister gelöscht. Er hat ihn gelöscht, indem Er ihn ans Kreuz nagelte. Am Kreuz löschte Gott durch Seinen Sohn die Sündenschuld. Das Register besticht fortan durch seine Leere. Beim einen wiegen die leeren Blätter dreihundert Tonnen, beim anderen vierhundert Tonnen, es spielt keine Rolle. Wer darin nachblättert und sucht, wird nichts finden, nur leere Seiten. Und jedes Mal, wenn wieder der Verkläger anhebt, um etwas hineinzuschreiben, wird es im gleichen Moment wieder ausgelöscht. Die leeren Blätter sind nicht mehr beschreibbar!

Der Hinweis auf das Kreuz von Golgatha wird in **Kol 2,15** fortgesetzt: *„Er hat die Gewalten und die Mächte völlig entwaffnet und sie öffentlich zur Schau gestellt. In ihm hat er den Triumph über sie gehalten."* Die Feinde Christi meinen, es war der nackte Christus, der mit Seinem kläglichen Scheitern und Seiner entwürdigten Figur da am Kreuz hing, der zu Seiner Schande und zur Schande Seiner Anhänger und zur Demonstration der Stärke Seiner Gegner zur Schau gestellt wurde. Ganz ähnlich ist es der unsichtbaren Kirche in den sichtbaren Gliedern Seines Leibes schon immer ergangen.

Das ist diese parallele Wirklichkeit des Gottesreiches, das vorbereitet wird. Die Historiker der Welt schreiben ihre Geschichte des Sichtbaren und Vernehmbaren und befinden sich (meist) im Konsens mit den Mächtigen dieser Welt. Gott hat Seine eigenen Historiker. Diese schreiben Seine Heilsgeschichte mit dem für normale Augen verdeckten Fortgang. Am deutlichsten wird das beim Kreuz von Golgatha. Da meinen Nichtgläubige, sie müssten den braven, aber doch ein bisschen sehr naiven Jesus noch bemitleiden und seine Anhänger auch noch für ein bisschen viel verrückt halten. In unserer Gesellschaft wird es immer schicker, sich über das Kreuz lustig zu machen oder es zu verstecken. Sogar die Kirche Roms stimmt dem Kanon zu, dass Kruzifixe im Jahre 2018 auch nicht in öffentlichen Räumen sichtbar sein dürften, da man ja Staat und Glauben trennen müsste. Dass das heuchlerisch ist, erkennt man daran, dass sie ihren Reichtum zum Teil der Tatsache zu verdanken haben, dass es der Staat ist, der für die Kirche den Obolus vom Steuerzahler einzieht.

Indem also Christus sich entwaffnend öffentlich zur Schau gestellt hat und sich Kirchenvertreter längst nicht mehr aus anderen Gründen zur Schau stellen, außer um sich huldigen zu lassen und um ihren Promistatus zu pflegen, prallen zwei Welten aufeinander, die nicht miteinander harmonieren können. Aber Christus am Kreuz hat die Welt so zur Schau gestellt, weil Er sie ihrer Macht entmächtigt hat. Keine Macht der Welt kann nämlich etwas an dem Sieg, den Jesus errungen hat, ändern. Der Sieg ist im Vollzug. Er vollzieht sich zunächst wie schleppend und wie im Verzug, aber er kommt mächtig! Der Mann am Kreuz hat bereits durch das Christentum mächtig gewirkt. Und auch außerhalb des Christentums! Aber der Witz ist, dass die eigentliche Wirkung erst noch zur Geltung gebracht und sichtbar werden wird. Das Reich Gottes ist in Ansätzen bereits gekommen, wenn auch weitgehend unbemerkt, unsichtbar und missverstanden. Aber es wird noch mit ganzer Machtentfaltung in Erscheinung treten, sobald Jesus sichtbar zurückkommt. Erst dann fängt die Sichtbarkeit des Reiches Gottes an. Doch auch dann wird die Sichtbarkeit nur eine relative sein, denn sie hängt davon ab, inwieweit man wie Gott schauen kann. Das kann nur Gott geben. Daher ist es so wichtig, Gottes Heilsgeschichte zu verstehen.

Es gehört ein Gesinnungswandel des Menschen dazu, diese Zusammenhänge und Wahrheiten überhaupt verstehen zu könne, unabhängig davon, ob er es glaubt, ist es wohl nicht. Der Mensch wird sich naturgemäß immer neben die sichtbar Erfolgreichen und Mächtigen stellen wollen, sie haben ja bereits erwiesen, dass sie etwas können, was man selber für sich erhofft.

Jeder Mensch erhofft sich, im Leben erfolgreich zu sein und die Umwelt für sich zu gewinnen, urbar zu machen, ein Stück weit nach seinen Wünschen zu gestalten. Das ist auch eine Machtfrage. Lieber bemächtigen als bemächtigt zu werden. Deshalb wurde die katholische Kirche, weil sie eine menschliche Kirche ist, von diesem Missverständnis geprägt, dass der Mensch sich der Welt bemächtigen müsse, anstatt sie sich dienstbar zu machen, um ihr umso mehr dienen zu können. Christus ist ja gekommen, um zu dienen. *127 Und Seine Kirche ist dementsprechend eine dienende Kirche, die nicht Macht über die Menschen ausübt. Wenn Jesus sagte, dass Er demütig sei, gab Er damit bekannt, dass Er die Macht über die Menschen nicht ausüben würde. Zu Gott kommt man freiwillig. Man könnte allenfalls sinnbildlich von der „Macht" der Überzeugung reden, die aus der „Macht" des Glaubens entspringt. Wenn der Glauben reift, entsteht die Überzeugung. Was Gott als Glauben schenkt, ist aber vorweggenommenes Wahrwerden.

Die Lehre Christi ist anders als die Lehren der Kirche, die ihre Macht dogmatisch institutionalisiert. Die Lehre Christi verlangt, sich dem anzuvertrauen, der hilflos am Kreuz seinen letzten Atemzug auf Erden machte, augenscheinlich völlig gescheitert, machtlos und so beschämend, dass man besser den Mantel der Vergessenheit über seine Blöße ausbreitet. Und nun bedarf es nur eines einzigen Glaubensschrittes, nämlich anzunehmen, dass dieser gescheiterte Mensch ein siegreicher Gott ist, der die ganzen Mächte der Erde und des Universums durch seine Schwachheit besiegt. Seine Stärke braucht er dazu gar nicht, so groß ist Er. An anderer Stelle zitiert Paulus Gott: *„Meine Gnade genügt dir, denn meine Kraft kommt in Schwachheit zur Vollendung."* (1 Kor 12,9) Und er zieht die richtige Schlussfolgerung, die für einen Normalsterblichen nicht möglich ist, weil es völlig gegen seine Natur geht: *„Sehr gerne will ich mich nun vielmehr meiner Schwachheiten rühmen, damit die Kraft Christi bei mir wohne."* Jeder, der sich dieser Schwachheit anvertraut, bekommt die Kraft Christi in sich zu wohnen!

JCJCJCJCJCJCJCJCJCJC

Gegen das Schattenhafte
Kol 2,16-23

Aus **Kol 2,16** kann man schließen, dass Paulus tatsächlich auch die jüdischen Traditionen als Grundelemente der Welt betrachtet. Die „Judenchristen" hatten die Kolosser gelehrt, sie müssten Juden werden, damit sie gerettet werden könnten, denn Jesus hatte ja die Gebote der Torah nicht aufgelöst, wie Er selber gesagt hatte. Zu diesen Torahvorschriften gehörten Speisevorschriften, Einzelheiten zu den Festtagen und die Beobachtung des Sabbats. *„Daher richte euch niemand in Speise oder Trank oder Einzelheit[en eines] Festes, Neumonds oder Sabbats."* (**Kol 2,16**). Dass er hier nicht von heidnischen Elementen spricht, erlichtet der nachfolgende Vers, denn diese Dinge sind: *„[ein] Schatten[bild] zukünftiger [Dinge] sind; der Körper aber [ist] Christi!"*

Im Römischen Reich hatten die Juden Sonderrechte. *128 Sie durften ihre Religion frei ausüben und mussten nicht wie andere dem Kaiser huldigen. Sie waren daher auch in der Lage, am siebenten Tag der Woche, dem Sabbat, zu ruhen. Für einen Nichtjuden war das schwierig, zumal wenn er ein Unfreier war.

Wenn nun Nichtjuden zum Glauben an Christus kamen, sagte ihnen Paulus, dass sie den Sabbat nicht ruhen brauchten, denn die Torah galt nicht für sie. Für die Nichtjuden war das keine schlechte Botschaft, denn sie wollten ja gar nicht ein Gebot, dass der Sabbat zu halten wäre, denn das hätte ihnen größte Schwierigkeiten eingebracht. Dann aber kamen die „Judenchristen" und behaupteten das Gegenteil. Den Sabbat muss man halten! Das erzürnte Paulus zu Recht.

Es gibt auch heute noch christliche Glaubensgemeinschaften, die dogmatisch abgesichert, behaupten, dass man als Nichtjude auch den Sabbat heiligen müsse. Dies ist ein offenkundiger Anachronismus, der eindeutig der Lehre von Paulus widerspricht. Paulus nennt hier in **Kol 2,16** den Sabbat ausdrücklich als Schatten und stellt diesem Schatten dem Körper Christus, der den Schatten am Berg Sinai geworfen hat, gegenüber. Wer in Christus angekommen ist, hat die Hauptsache, das Licht, und braucht die Nebensache, den Schatten, nicht mehr. In Christus angekommen sein, bedeutet aber auch, dass man Sein Licht ertragen kann und sich nicht wieder, bzw. weiterhin, den Grundelementen der Welt zuwendet.

Die Kirchengeschichte zeigt ja, dass genau das geschehen ist. Insofern ist das unbedingte Halten des Sonntags als Ruhetag gleich in doppelter Hinsicht falsch. Paulus hätte das nie geboten, denn in Christus ist man zur Ruhe angekommen und „darf" Tage zur Erbauung halten, „muss" es aber nicht. Und zum Zweiten verweist ja das Gebotehaltenmüssen erst Recht darauf, dass man beim Ziel, Jesus Christus, noch gar nicht angekommen ist. Das bedeutet, dass man sehr wohl den Sabbat halten kann. Man darf nur denen keinen Vorwurf machen, die es nicht tun. Das Gleiche gilt für die übrigen Festtage im Judentum. Paulus konnte nicht wissen, dass das Christentum bald dazu übergehen würde, heidnische Feiertage einzuführen. Er hätte sich gegen das Gebot des Jahres 326 verwahrt, wonach es den Christen verboten war, Passah zu feiern und geboten war, Ostern zu feiern.

Jesus sagte in Mt 11,28: *„Ich werde euch Ruhe schenken!"* das gilt in zweierlei Hinsicht, zuerst für die Seele, die weiß, dass sie gerettet ist und nun nur noch auf die Auferstehung und die Vereinigung mit Christus warten muss. Dann aber auch eschatologisch, denn Jesus redetet zu Juden und die erwarteten mit dem Kommen des Königreiches des Messias eine große Friedensperiode. Jesus hat aber auch Ruhe geschenkt, für die, die es fassen können, nämlich die Ruhe davor, Gebote halten zu müssen und daran zu verzweifeln, wenn man es nicht schafft. Denn Er hat uns von aller Sündenschuld befreit, auch von der Sündenschuld für Sünden, die wir gegen unseren Willen und gegen unser Wissen begehen. Die Strafen, die es in Christus noch gibt, sind Erziehungsmaßnahmen, denen sich kein wahres Christusglied verschließen wird, weil das Werden in Christus immer herrlicher werden wird und damit das Wesen immer Christus ähnlicher. Jesus Christus ist also der wahre Sabbat. Eine Beziehung zu Ihm befreit vor dem Sollen und Müssen. Es befreit hin zum Werden und Können und zum am Ziel sein.

Kol 2,16 -17 ist ein gutes Beispiel dafür, mit welchen Argumenten Paulus versucht hat, die von den Judaisten kritisierten Gemeinden von einem zu gesetzlichen Denken wegzubringen. Auf den ersten Blick könnte man meinen, Paulus würde *„So lasst euch nun von niemandem ein schlechtes Gewissen machen wegen Speise und Trank oder wegen eines Feiertages, Neumondes oder Sabbats."* zu denen sagen, die genau das tun, was er aufzählt. Aber dann stellt man schnell fest, dass es dafür gar keine Kandidaten gab, die den Kolossern ein schlechtes Gewissen machen konnten. Wer hätte das damals sein können? Wer hätte den Kolossern vorwerfen können, dass sie den Sabbat hielten? Die Juden sicher nicht. Die Heiden, die den Gott des Judentums nicht kannten, es aber gewohnt waren, dass man wegen diesem Gott meinte, einen bestimmten Tag in der Woche halten zu müssen? Sicher auch nicht! Wenn das den Kolossern von den Heiden vorgeworfen worden wäre, hätte das den Kolossern kaum ein „schlechtes Gewissen" gemacht!

Der Fall ist klar. Wie auch sonst in den Briefen und in der Apostelgeschichte leicht nachzulesen ist, waren die Juden, die in die Gemeinden von Paulus gekommen waren und sie ermahnt hatten, sie müssten die Torah befolgen und sich beschneiden lassen, wie es die Proselyten seit Jahrhunderten getan hatten. Und vor diesen Leuten warnte Paulus. Die Juden redeten damals genauso wie sie es heute auch noch tun: „Ihr müsst die Torah halten, ihr müsst den Sabbat halten, sonst sündigt ihr und erntet statt Gottes Segen Fluch. Jesus hat auch die Torah gehalten!"

Paulus hat die Kolosser hingegen gelehrt, was er den Galatern ausführlich auseinander gelegt hat. Sie haben etwas viel besseres als die Torah, sie haben Jesus Christus und hier nennt er die Torah und die jüdischen Rituale „Schatten des Zukünftigen": „Das alles ist nur ein Schatten des Zukünftigen; der Leib aber ist Christus eigen." (**Kol 2,17**) Der Vergleich ist eingängig. Heiden leben ohne die Torah und jegliche Erkenntnis von Gottes Willen in der Finsternis. Sie sind Sünder und Verdammte. Heiden, die nach Art der Juden sich im Halten der Gebote der Torah üben, haben ebenso wie die Juden, die das gleiche tun, einen Schatten des Zukünftigen. Das Zukünftige ist aber das Licht, das auf dem Weg der Nachfolge im Geiste Christi scheint. Der Sabbat ist ein Schatten der Ruhe, die man in Christus endgültig erreicht hat. *129

Jesus hat die Methode Gottes, mit der Er der Respektlosigkeit und Geringschätzung der Menschen Seinem Wort gegenüber begegnet, in Mt 7,6 genannt: „Gebt nicht das Heilige den Hunden; werft auch nicht eure Perlen vor die Schweine". Aber warum nennt Paulus, das Wahre und Endgültige „Leib Christi"? Der „Leib Christi" wird sonst von Paulus für die Gemeinde genannt. Damit wäre gesagt, dass jeder, der zum Leib Christi gehört, das Schattenhafte der Torah nicht benötigt, solange Er sich vom Geist Christi leiten lässt.

Am Sabbatgebot sehen wir die Beschränktheit von Geboten. Es waren typischerweise die Pharisäer, die Jesus vorwarfen, dass er am Sabbat nicht ruhte, weil er ja Kranke heilte. Ist Kranke heilen Arbeit? Ja, natürlich. Man frage eine Krankenschwester, ob das, was sie tut, „Ruhe einhalten" ist.

Wer nach dem tieferen Sinn, nach dem geistigen Urgrund der Gebote Gottes fragt, dem darf man sagen, dass er Jesus Christus ist. Deshalb kann auch die Torah nur eine Zielgebung auf den Christus, unser aller Ziel, sein. Und mit einem Mal wird klar, warum Jesus der Ehebrecherin vergeben kann. Er ist die Gerechtigkeit, die Gnade und Liebe in Person. Er ist das Ziel. Die Frau war dem Ziel nahegekommen, wenn auch ohne eigenes Wollen, dafür mit Gottes Willen. Gott hat sich ihr genähert, als sie noch Sünder war. Und so geschieht es bei jedem Sünder. Der Mensch meint, er habe sich Gott angenaht, dabei ist es immer genau umgekehrt.

Die Pharisäer rügten Jesus, dass er am Sabbat heilte (Mt 12,10). Jesus belehrte sie, dass der Sabbat für den Menschen gemacht ist und nicht der Mensch für den Sabbat. Hier wurde bei den Pharisäern eine Nebensache zur Hauptsache. Aus dem Nichtarbeiten am Sabbat wurde ein Nichtheilen am Sabbat. Dabei ist Heilung des Menschen und der ganzen Schöpfung die Hauptarbeit und das Hauptanliegen Gottes.

Heilung des Menschen und der ganzen Schöpfung
ist die Hauptarbeit und das Hauptanliegen Gottes.

Das Sabbatgebot ist eines der Gebote des Dekalogs, der das Volk Israel am Sinai von den anderen Völkern abhob und ihm Gelegenheit zur Anbetung und Bekanntmachung des einzig wahren Gottes gab. Außerdem erinnert das Sabbatgebot an die Schöpfung von Himmel und Erde und die Erschaffung des Menschen. Aber man muss wissen, dass Gott nicht den Sabbat halten lässt, weil der Sabbat an sich heilig wäre. Nur Gott ist an sich heilig. Wer in Christus angekommen ist, ruht von eigenen Werken und muss deshalb auch nicht den Sabbat halten wie es Israel angewiesen war.

Am Sabbat zu ruhen kann bestenfalls nur das Zweitbeste sein. Heiliger als der Sabbat ist der Mensch, denn nicht zum Sabbat sagt Gott *„du bist mein Sohn, heute habe ich dich gezeugt"*, sondern zum Menschen.

Es geht bei der gesamten Schöpfung mit der Verherrlichung Gottes in erster Linie um den Menschen, genauer gesagt um die Gottes-Kind-Werdung des Menschen. Demgegenüber wird der Sabbat zur Nebensache, zwar zu einem Mittel zum Zweck, aber wenn der Zweck erreicht ist, nämlich Christus Jesus, hat er keine zweckgemäße Wirkung mehr.

Wir können also gerade am Sabbatgebot gut erkennen, dass Gottes Gebote nicht eine universale oder endlose Kompetenz haben können, sondern dass sie auf eine spezifische, heilende Wirkung aus sind. Kein Kranker nimmt noch Medizin, wenn er bereits gesund ist.

Gottes Gebote sind Gott näher bringend, aber machen nicht eins mit ihm.

Die Menschen sind dann heil, wenn sie in Christus sind. Nur jene Gebote, die mit dem Wesen der Vollkommenheit Gottes in einem unmittelbaren Zusammenhang stehen, haben Endgültigkeitscharakter. Das bedeutet nicht, dass sie immer eingefordert werden müssen, sondern dass das, auf was sie hinweisen, immer gilt. Wenn es z.B. heißt, *„du sollst deinen Gott lieben"*, ist klar, dass sich Gott nicht selbst anweisen muss, dass Er sich liebt. Wer aber einmal vollkommen in der Liebe Gottes angekommen ist, wenn er mit Christus eins geworden ist, der ist vom Wesen der Liebe Gottes erfasst wie Christus.

Diese Hauptsache wird niemals zur Nebensache. Dieses Liebe für sich zu erwerben ist für das Heilungs- und Heilsgeschehen des Menschen unverzichtbar. Wenn der Mensch bei Gott angekommen ist, liebt er. Wer liebt, braucht das Liebesgebot nicht. Ohne Gott zu lieben, kann der Mensch nicht heil, nicht vollkommen werden und weil es Gottes Wesen ist, Liebe zu sein und weil Gott während des Heilsgeschehens niemals davon abweicht, die Liebe zu Ihm als zu Ihm führend und zu Ihm zurückfließend zu verordnen, darf das *„du sollst deinen Gott lieben"* noch viel mehr als *„du wirst Deinen Gott lieben"* verstanden werden, denn es ist Gottes Liebe, die aus dem „sollst", das stets unvollkommen in unseren eigenen Bemühungen sein muss, zu einem „wirst" macht und diesen Heilsweg garantiert. Daher kann es nicht überraschen, die Bibelstellen mit dem „sollst" sprachlich richtiger mit „wirst" übersetzen zu können. Gott ruft, Gott spricht und es wird!

Der Bibelausleger Stern unterstellt den meisten Bibelübersetzungen eine Verunglimpfung der Festtage Gottes, weil sie in **Kol 2,17** übersetzen: „Diese sind nur ein Schatten der Dinge, die kommen". ***130** Er stört sich an dem Wörtchen „nur". Aber wenn das Wort auch nicht im griechischen Text steht, soll die Hinzufügung nur das bewirken, was auch Stern selber bei seinen Übersetzungen umfangreich praktiziert hat, wenn er etwas hinzufügte. Sie sollen eine Satzaussage verdeutlichen. Wenn die Feststage Gottes ein Schatten von Christus sind, dann sind sie tatsächlich „nur" ein Schatten von Christus. Was sollen sie denn sonst sein? Ist Christus größer und lichter als die Feststage, die auf Ihn und Seinen Heilsplan hinweisen, oder nicht? Ist ein Hinweis größer und heller als das, auf was er hinweist? Wenn man die Festtage „nur" als Schatten versteht, hat man deshalb noch lange nicht den Schatten verunglimpft oder gering geschätzt. Im Vergleich zu Christus ist alles nichts, denn in Ihm allein leben wir zur Vollkommenheit hin und in Vollkommenheit, wenn es dann soweit ist. Die Übersetzungen als solche leisten die unterstellte Geringschätzung nicht. Ob das die christlichen, nichtjüdischen Kirchen tun, wenn sie tatsächlich die Festtage in Wort, Schrift und Praxis geringschätzen, ist eine andere Sache. So genau sollte aber ein Ausleger unterscheiden können, zwischen dem, was geschrieben steht und dem, was er nicht geschrieben haben möchte.

Es sind auch nicht die Heiden damals oder die Kirchen heute, die den Satz erfunden haben, dass die Festtage ein Schatten sind. Der Satz stammt von dem Juden Paulus. Stern und mit ihm leider viele messianische Juden verkennen den Sinn des von Paulus hier vorgebrachten. Paulus hat die Kolosser nicht vor Heiden oder irrigen, legalistischen Juden gewarnt, sondern vor Juden, die darauf bestanden, dass die nichtjüdischen Kolosser die Torah einhielten. Dass diese Juden in gewissem Sinn zu legalistisch waren, kann dahingestellt bleiben. Auch wir sind gelegentlich zu legalistisch, wenn uns wieder einmal der Durchblick auf die geistlichen Wirklichkeiten fehlt. Diese Juden, mit denen es Paulus zu tun hatte, bestanden darauf, dass der Sabbat und die Festtage gehalten werden sollten. Damit setzten sie sich ins Unrecht nicht nur gegenüber den heidnischen Kolossern, sondern auch den messianischen Juden. Und so zogen sie den Groll von Paulus auf sich.

Daher sagt Paulus in **Kol 2,18**: *„Um den Kampfpreis soll euch niemand bringen."* Und dann nennt er eine Gruppe von Bedenkenträgern, die ganz offensichtlich eine gesetzliche, rituelle Denkweise haben, die durchsetzt ist mit irdischen Elementen. Sie gefallen sich *„in Demut und Verehrung der Engel"* und rühmen sich, was sie geschaut haben *„ohne Grund aufgeblasen in seinem fleischlichen Sinn".* Also doch nicht wahrhaft demütig! Und so ein Verhalten ehrt auch die Engel nicht.

Diese Gruppierung sollte jeder in seinem Umfeld identifizieren können, denn es gibt sie natürlich noch immer. Sie ist sogar dominant. Pauls meint mit „Demut" eine weltliche Abart von Dienststeifigkeit, die in Wirklichkeit wegen ihrer Heuchelei Hochmut ist. Diese Demut spricht: „Schaut her, wie demütig ich bin!" Und damit man beim Schauen gleich selber auf die Idee kommt, unterstützt man das noch durch öffentlich wirksame Gesten. Dazu würde ein Büßergewand gehören; das Herumrutschen auf Knien, bis sie durchgescheuert sind, das Sich-selbst-Geißeln, das Tragen von großen Kreuzen um den Hals; das Tragen von großen Kreuzen aus Leichtholz auf der Via Dolorosa am Karfreitag in Jerusalem; ***131** anstrengende Pilgerreisen, sogar das besonders eifrige Rosenkranzbeten gehört dazu, usw. Vielleicht gibt es auch andere Gründe diese Dinge zu tun, aber für geheuchelte Demut sind es ideale Tummelfelder.

Alle die aufgezählten Dinge haben in der Kirche Roms, aber auch in anderen Kirchen, die schon lange auf dem Markt der Eitelkeiten sind, beachtliche Bedeutung. Das ist aber nicht verwunderlich, weil es zur Grundausstattung eines religiösen Menschen, der seine Bekehrung noch nicht erfahren hat, dazugehört. Religiöse Menschen haben immer eine bis drei Adressen ihres als Demutsgeste verstandenen Gottesdienstes, der in Wirklichkeit ihren natürlichen Hochmut und ihre Selbstgerechtigkeit verrät. Es ist wieder diese Betriebsblindheit am Werk, wo der Schamlose nicht sehen kann, wie schändlich er sich gibt. Die Adressen der Schamlosen sind: Erstens Gott! Zu ihm spricht der eingebildete Frömmigkeitskranke „Schau` her Gott, was ich tue! Und nun weise mir meinen Rang zu!" Zweitens die Mitmenschen! „Schaut her Mitmenschen, was ich tue! Und nun weist mir meinen Rang zu!" Drittens das Ich! „Schau` her, meine Seele und weise mir meinen Rang zu!"

Es ist ein reiner Selbstbetrug. Religiöse Menschen sind zu großen Taten fähig, aber sie sind vom alten Adam bewohnt und daher steckt hinter ihrer Religiosität immer ausnahmslos immer eine bis drei dieser Verhaltensweisen, meist sind es alle drei.

Man darf die Engel als übernatürliche Helfer oder Verhinderer betrachten. Sie gehören nicht zu den Grundelementen des religiösen Bedürfnisses. Man darf vor allem nicht außer Acht lassen, dass Dämonen auch Engel sind. Tatsächlich hat man es mit Dämonen zu tun, wenn man meint, mit Verstorbenen Kontakt aufgenommen zu haben. Eine Verehrung von Engeln weist auf okkulte Praktiken. Es gibt keinen biblischen Grund, warum man Engel verehren sollte. ***132**

Man kennt die Engel nicht persönlich und alles, was sie tun, tun sie aus Gehorsam gegen Gott. Sie sind geschaffene Wesen. Es besteht kein Zweifel, dass in Glaubensgemeinschaften, die die biblischen Lehren missachten, nicht die Gabe vorhanden ist, zwischen Engeln Gottes und solchen, die sich nur als Engel des Lichts darstellen, zu unterscheiden. Für Christen können Ansprechpartner des Jenseits nur zwei Personen sein, das ist der Vatergott und der Sohn Gottes. Was darüber hinaus ist, ist von übel. Es ist auch in einer Familie unüblich, wenn man beim Vater ist, in ständiger Sprechdistanz und Sichtweite und in einer familiären Frage nicht Ihn, sondern einen Diener fragt. Das ist unangemessen, unziemlich und widersinnig. Selbst wenn ein Kind unreif und schlecht erzogen ist, würde ein Ignorieren des Vaters negative Konsequenzen haben müssen.

Der religiöse Mensch ist ebenso wie der Weltmensch, nur mit einer anderen Akzentuierung, „aufgeblasen in seinem fleischlichen Sinn". Er kann gar nicht anders, weil seine höchste Instanz der alte Adam ist. Der alte Adam ist der Adam nach dem Sündenfall, der die Orientierung stückweise bereits verloren hat. Er hat ja dem neuen Adam noch nicht Raum gegeben. Es hat noch kein Führungswechsel stattgefunden. Der fleischliche Sinn ist das religiöse ebenso wie das weltliche Denken. Das ist das Problem der Kirchen und ihrer Theologen und Geschichtsschreiber. Sie haben zumindest überwiegend nur die weltliche Sicht, die sie auseinanderdividieren in das „Geistliche" und „Weltliche", weil sie um diese zwei Kategorien wissen, aber nur in der einen wirklich zu Hause sind. Man geht dann gerne nach dem, was man sieht, oder, wenn man es nicht sieht, soll es wenigstens in den Ohren wohl klingen.

Daher fallen diese Menschen oft auf gute Redner und eingängig geschriebene Artikel des Glaubens herein, um so mehr, wenn das äußere Bild angenehm ist. Daher werden in den modernen Kirchengemeinden für die Jugend, die noch mehr auf das Äußere als auf innere Werte setzt, moderne Musik gespielt und Schauwerte geboten. Man lässt auch in der Kleiderordnung Dinge zu, die mit

Anstand, Keuschheit und Mäßigung nichts mehr zu tun haben. Man sieht in solchen Kirchengemeinden, dass der Geist Christi hier nicht das alleinige Regime hat und dass da andere Geister noch mitmischen. Da wird der fleischliche Sinn gepflegt, nicht Christi Sinn. Der wendet sich vielleicht sogar betrübt ab.

Wegen der mutmaßlichen Bedeutung der Engelrituale ist bei der „Verehrung der Engel" an das zu denken, was Stephanus den Juden vorhielt. Die Torah war durch Engel angewiesen worden (Ap 7,53), aber nicht gehalten worden.

Der Gegensatz ist klar, Christuswesen erhält man durch das Innewohnen des Geistes Christi, das Torahwesen erhält man durch die Vermittlung von Engeln (Ap 7,53; Gal 3,9). Die Engel sind nicht größer als der Sohn Gottes. Wer am Torahwesen festhält, wird nicht ganz frei für Christus, für ihn gilt dann, *„[sich] nicht [an] das Haupt haltend, aus dem der gesamte Körper, [mit] Einverleibung versehen und durch Bänder vereinigt, [nach] Gottes Wachstum wächst."* (**Kol 2,19**)

Also ist die Erwähnung der Engel auch wieder denen gewidmet, die die Torah überhöhen. Das ist etwas, was auch heute noch häufig zu beobachten ist. Predigten über die Zehn Gebote sind immer sinnvoll. Wer aber klinisch sauber beim Halten der Gebote große Erfolge vorzuweisen hat gegenüber dem, was er hätte zulassen können, wenn es nur nach seiner Lust und Laune gegangen wäre, dem kann immer noch viel Liebe fehlen. Man denke an einen Ehemann, der auf seinem Sterbebett seiner Frau nach vierzig Ehejahren sagt: *„Ich habe niemals die Ehe gebrochen. Ich war dir immer treu!"* und dann als Antwort zu hören bekommt: *„Du warst nicht mir treu, sondern dir selber. Du hast treu daran festgehalten, mich wie eine Dienerin zu behandeln, die dir immer die gebotene Gehorsamspflicht zu leisten hatte, aber nie hast du mich geliebt, sonst wärst du anders mit mir umgegangen. Mir wäre lieber gewesen, du wärst mir untreu geworden nach dem, was du darunter verstehst, wenn du mich dafür nur menschlicher behandelt hättest!"*

Wann begreifen Kirchenvertreter endlich, dass zur Gottseligkeit mehr gehört als nur Kirchengebote zu halten? *133 Am größten scheint die Lücke zwischen beidem bei den Evangelikalen. Sie wissen, was Gott sagt, aber sie setzen es dennoch nicht um. Leider ist es so, dass gerade Kirchenvertreter und selbsternannte Vorzeigechristen ein eklatantes Unverständnis für das Wesen und die Wege Gottes haben, sonst würden sie nicht Gebote immer so in den Vordergrund stellen, ohne auch andere wichtige Dinge, die dazu gehören, anzusprechen. Ein Seelsorger kann nicht das Thema Ehebruch ansprechen, wenn er nicht zugleich der menschlichen Situation mit ihren unterschiedlichen Facetten Rechnung trägt. Jesus hat das gemacht, als man ihm eine Ehebrecherin brachte. Er verurteilte sie nicht nach der für die Gesellschaft gültigen Rechtsnorm. Damit verzichtete er auf die Verurteilung, die durch die Torah geboten war. Kirchenleute sind sehr aufmerksam darin, die Sünder zu verurteilen, dabei sind sie oft so eifrig, dass sie ganz überhören, was ihnen der Geist Gottes ins Herz legen möchte, weil er doch bis zum Herz schon gar nicht mehr vordringt. Es genügt nicht, einen Konsens darüber zu finden, was Sünde ist, man muss die Gesamtsituation berücksichtigen und eine Lösung dafür finden. Man kann sagen, nicht die Sünde ist das größte Problem, sondern die Loslösung von der sündigen Natur, was gleichzusetzen ist mit der Hinwendung zu Christus. Nur weil jemand die Gebote hält (und wenn er „die" hält, dann hält er mit Sicherheit „jene" nicht), bedeutet das noch lange nicht, dass es ausreicht für Gott.

Wer das nicht tut, für den gilt: *„und hält sich nicht an das Haupt!"* (**Kol 2,19**). Man kann sich nur an das Haupt halten, das man hat. Wer Christus nicht hat, hat vielleicht ein Kirchengesetz oder eine andere Obrigkeit. Er wird dann aber immer nur Flickschusterei betreiben, bei dem, was er betreibt. Sich nicht an das Haupt zu halten, gehört noch zu denen, die den Schatten haben, aber nicht das ganze Licht Christi. Wer sich aber nicht an das Haupt hält, für den ist auch kein *„Wachstum Gottes"* (**Kol 2,19**). Nur unter dem Haupt gibt es hauptgemäßes

Wachstum. Die Kirchen mögen ihre eigenen Gesetzeswerke und Abhängigkeiten und Infrastrukturen schaffen, sie dienen nur ihrem Wachstum, denn das Wachstum Gottes gilt nur dem Einzelnen! Was Gott heilsgeschichtlich in Bezug auf die Nationen zulässt oder tut, betrifft nur die Rahmenbedingungen. Letzten Endes kommt die Vollendung durch die Vervollkommnung jedes einzelnen. Und das geschieht immer in der Ordnung Christi.

In **Kol 2,20** folgt die Bestätigung, dass Paulus das Torahwesen und die Grundregeln der Welt beide als nicht christusgemäß sieht. Daher warnt er die Kolosser: *„Wenn ihr nun zusammen [mit] Christus den Grundregeln der Welt gegenüber gestorben seid, was stellt ihr euch wie in [der] Welt Lebende unter Erlasse."* (**Kol 2,20**) Das trifft auf kirchliche Erlasse zu. Manche Dinge sind so offenbar, dass man sie nicht sehen will, weil sie einfach das eigene Weltbild komplett auf den Kopf stellen. Das darf man nicht zulassen, meint die Seele.

Paulus hebt hervor, dass man in Christus *„den Elementen der Welt gestorben"* ist. Er zählt dann beispielhaft auf, was das für Elemente sind, *„berühre nicht, koste nicht, betaste nicht"* und andere Gebote und Lehren der Menschen *„im eigenwilligen Gottesdienst",* aber letzten Endes alles doch *„zur Befriedigung des Fleisches".* (**Kol 2,21-23**) Die Aufzählung schließt an die Bezeichnung der Festtage und des Sabbats an. Aus ihnen kann man durch falschen Gebrauch, dem entsprechende Gebote und falsche Lehren, ebenso einen eigenwilligen Gottesdienst zur Befriedigung des Fleisches verrichten, so dass man sie ebenso gut *„Elemente der Welt"* nennen kann, denen man nur im Leib Christi gestorben sein kann. Der Umkehrschluss lautet, wer ihnen nicht gestorben ist, befindet sich nicht, jedenfalls nicht vollends im Leib Christi, denn das Haupt weist seine Glieder.

Es ist also nicht egal, mit welcher Gesinnung und mit welchem Geist man den Sabbat hält! Hält man ihn aus Tradition, um den Tag zu nutzen, um zur Ruhe zu kommen, um sich mit der Gemeinde zu versammeln, um die Familie bei sich zu haben, um zu Beten und Gottes Wort zu lesen? Dagegen hat Gott nichts. Sobald man aber ein Gesetz daraus macht, dass der Tag verpflichtend sei, damit man nicht aus dem Heil falle, ehrt man das menschliche Fleisch, das sich dann darum zu mühen hat, aber nicht den Christus. Man ehrt den Menschen, weil er ja offenbar etwas zu seinem Heil, ganz ohne Gott, tun kann. Er macht sich so zu seinem eigenen Meister. Er sagt sich, *„weil ich den Sabbat halte, muss Gott mich in diesem Punkt gerecht sprechen."* Und schon ist er wieder bei der vermeintlichen Gerechtigkeit, die durch eigene Werke geschaffen wird.

Das *„berühre nicht, koste nicht, betaste nicht"* ist bekanntermaßen etwas, was Juden von Nichtjuden unterschieden hat. Die Wahrscheinlichkeit, dass Paulus hier etwas Außerjüdisches gemeint hat, ist daher gering. Die Juden waren bekannt für ihre Reinheits- und Speisegebote, die Nichtjuden nicht! Paulus prangerte hier nicht die Torah an, sondern warnt davor, sich diesen Geboten nicht sklavisch zu unterwerfen, als seien sie die wahren Herren.

Das Verfängliche dieser irdischen Elemente, die das Fleisch befriedigen, ist, dass sie das Fleisch befriedigen und außerdem noch *„einen Anschein von Weisheit"* (**Kol 2,23**) haben. Sie haben geradezu einen *„Geruch von Weisheit"*, heißt es nach anderer Übersetzung. Das Griechische „logon sophias" bringt sogar noch den Logos mit ins Sichtfeld. *****134** Es ist der Logos der menschlichen Weisheit im Unterschied zum Logos der göttlichen Weisheit. Durch diesen Anschein und verlockenden Geruch meint man, weise genug zu sein. Aber keine Weisheit ist weise genug, wenn sie keine Weisheit des Logos Jesus Christus ist. Dieser Art menschliche Weisheit, die sich anstelle der Weisheit Gottes setzt, äußert sich dann in „eigenwilligem Gottesdienst".

Das ist ein Gottesdienst, wo man nicht Gott gefragt oder seine Rede nicht gehört hat, sondern seine menschliche Weisheit konsultiert hat, was wohl der richtige Gottesdienst sei. Auffällig ist, dass bei einer solchen Art Gottesdienst in Wahrheit dem Menschen gedient werden soll, aber eben gerade nicht in Ehrerbietung Gottes. Es soll dem Menschen die Frömmigkeit erleichtern, wenn es in der Kirche Roms möglich ist, am Leib Christi vermeintlich teilzuhaben, indem man eine Hostie verschluckt. Viel schwerer ist die Teilhabe am Leib Christi, wenn man das In-Christus-sein, wie es biblisch ist, verordnet bekommt, denn dem muss eine unbedingte Übergabe an das Haupt vorher schon erfolgt sein und dann führt man ein Leben, das nicht von der Welt ist, sondern nur noch in der Welt. Aber die Römer nennen es „Gottesdienst".

Der Dienst am Menschen fällt freilich kärglich aus. Er ändert nicht sein Herz und bleibt in seiner Entwicklung stehen, er sammelt lediglich Erfahrungen auf Vorrat. Bei der echten Teilhabe am Leib Christi, gibt es ein ständiges Wachstum und eine Änderung der Herzenshaltung, die mit der Reinigung des Herzens verbunden ist.

Natürlich betreiben auch die Juden, die nicht Christus als Haupt haben, einen solchen eigenwilligen Gottesdienst, in den auch nie die christusgemäße Demut eingebettet sein kann. Es ist auch hier ein durchmenschlichter Ersatz, ein anderes Haupt, ein anderer Gottesdienst, eine andere Demut und eine andere Einstellung zum Leib. Schon als Kind katholischer Großeltern, bekam ich ein Gespür dafür, dass die vorgespielte und praktizierte Leibfeindlichkeit beschämend war, weil sie den Leib anders wichtiger machte als er ist. Wer den Leib als Feind betrachtet, gibt ihm eine falsche Ehre, nämlich der Ehre eines Feindes. Da der Leib dir gehört, wird diese Ehrung aber sofort wieder zu deiner Schande, für die du dich zu schämen hast. Diese ungewollte Überbetonung des Leiblichen erzeugt eigentlich das Gegenteil von dem, was beabsichtigt ist: zu große Aufmerksamkeit für das Leibliche und im Gefolge davon eine Gewichtung, die für die körperlich benachteiligten ein umso größeres Ärgernis wird.

Für Paulus ist klar, wer Hilfe sucht im Halten von Geboten, betont das gesetzliche Denken. Das steht ihm dann aber im Weg, wenn er mit Christus Bekanntschaft machen will. Das gesetzliche Denken will immer mehr gesetzlich denken. Manche verwechseln gesetzliches Denken mit idealistischem Denken. Dem liegt der Irrtum zugrunde, dass irgend ein in der menschlichen Sprache formulierbares Gesetz in irgend einer Weise ein ideales Sein zum Ausdruck bringen könnte, oder sogar ideal gehalten werden könnte. Beides ist ein Irrtum.

*135

Das gesetzliche Denken erfindet Gebote und Satzungen und merkt nicht, wie es die Nebenwirkung des Gesetzes verstärkt. Diese Nebenwirkung ist die Vergeblichkeit, die Forderung zu erfüllen. Die Vergeblichkeit führt zu einer noch stärkeren Fixierung auf die Gesetzlichkeit, die eigentlich Jesus beheben wollte, indem Er von allen Verengungen befreit und in die Weite Seiner Nachfolge führt. Da ist es dann unerheblich, ob ein neues Gebot dann nur eine Erweiterung eines alten ist oder eine völlig neue Vorschrift, die als Last gesehen wird. Dies alles, sagt Paulus, dient zur *„Befriedigung des Fleisches"*. Es ist das religiöse Fleisch. Paulus kommt immer wieder darauf zurück. Entweder man ist Glied am Leibe Christi, oder man ist gar nichts. Er nimmt im Vergleich zu Christus klar Position gegen alle frommen fleischlichen Bemühungen, die sich in den religiös gesinnten Menschen immer wieder so stark bemerkbar machen, wenn sie nicht Christus als dem Haupt angehören. Die Messlatte ist hoch. Keiner kommt drüber, der nicht Christus zum Haupt hat. Und Paulus spricht es an, weil in seinen Gemeinden deutliche Anzeichen dieser lehrmäßigen Verirrungen aufkamen, der sich dann die spätere Kirche nicht nur ablehnend, sondern auch zustimmend widmen würde.

Indes ist es unerheblich, ob einer eine jüdische oder heidnische Tradition hat. Der religiöse Mensch missbraucht sowohl die heidnischen als auch die jüdischen Rituale und sucht nach Glaubensinhalten, die ihn als alten Adam leben lassen. „Ich will leben!" ruft das Fleisch immerzu. Das ist der unbekehrte Teil der Seele.

JCJCJCJCJCJCJCJCJCJCJCJCJCJCJC

Der alte und der neue Mensch
Kol 3,1-17

Anders und schärfer ausgedrückt als in **Kol 2,20** kann Paulus auch sagen, dass das Befolgen nur der Grundregeln, dem irdischen Gesinntsein entspricht und dass die völlige Zuwendung zu Christus das Nach-droben-Gesinntsein bedeutet:

„Wenn ihr nun zusammen [mit] Christus [auf]erweckt wurdet, suchet das droben, wo Christus ist, zu[r] Rechten Gottes sitzend! [Auf] das droben sinnet, nicht [auf] das auf Erden!" (**Kol 3,1-2**)

Das aber ist gleichbedeutend damit den *„den alten Menschen samt seinen Handlungen abgestreift"* zu haben *„und den jungen angezogen, der zu[r] Erkenntnis nach [dem] Bilde dessen erneuert wird, [der] ihn erschaffen hat"* (**Kol 3,9-10**).

Hier spricht Paulus sicherlich von der Leibesgemeinde *„wo es keinen Griechen und Juden gibt, [weder] Beschneidung noch Unbeschnittenheit, [weder] Barbaren [noch] Skythen [noch] Sklaven [noch] Freie, sondern alles und in allen Christus"* (**Kol 3,11**). Der Versuch der Umsetzung derer, die selber nicht zum Leib Christi gehören, hat in der Kirchengeschichte zu kuriosen und widersprüchlichen Formen geführt. So haben Christen unter Beteiligung der Kirchen jahrhundertelang Menschen als Sklaven gehalten, sogar noch dann, wenn diese längst zum christlichen Glauben übergetreten sind. Und wenn man am Wort ganz nahe dran bleibt, muss man ja auch zugeben, dass Paulus nicht nur davon spricht, dass Griechen und Juden gleich sind, mithin Angehörige der zwei bemerkenswertesten Hochkulturen des Altertums. Doch was wollte uns der heilige Geist damit sagen, wenn er sogar ausdrücklich Sklaven nennt? Zur Zeit von Paulus gab es im Römischen Reich viele Sklaven. Die Einwohnerschaft Roms dürfte mehr Sklaven als Freie gezählt haben. Und viele Sklaven kamen zum Glauben, aber ihre Herren nicht. Das bedeutete, dass die Sklaven in den Gemeinden auf Freie stießen. Das waren Freie, die mittellos waren und auch einige Reiche. Sicherlich haben die Reichen den einen oder anderen Sklaven frei gekauft.

Aber das ist nicht das Thema von Paulus, sondern dass in Christus alle gleich sind. Wenn der Kaiser gefragt hätte, ob er das Sklaventum abschaffen soll, hätte Paulus guten Grund gehabt ihm zuzuraten. Aber genau das haben spätere Kirchentheologen abgestritten. Infolgedessen haben sie ihren Untertanen zugelassen, dass sie mit Millionen Sklaven, hauptsächlich aus Westafrika, gehandelt haben und sie als Sklaven auf ihren Plantagen zu Tode schuften ließen. Die Kirchen haben nichts dagegen unternommen. Nur vereinzelt kamen aus ihren Reihen Proteste. *136 Die schließliche Abschaffung des Sklaventums im christlichen Okzident geschah durch Christen nach christlichen Prinzipien, nicht durch kirchliche Institutionen. *137 Aber auch nicht durch aufklärerische Kräfte, den nicht das revolutionär-anti-christliche Frankreich beendete die Sklaverei, sondern das protestantische England. *138 Man soll also suchen was oben ist, wo Christus zur Rechten Gottes sitzt. Ist es Paulus entgangen, dass da die Maria sitzt? In den Kirchen Roms sieht man auf den Decken- und Wandgemälden oft die Maria als Himmelskönigin neben Gott thronen, manchmal ist sie auch alleine zu sehen.

„Was droben ist" - darunter verstehen viele etwas ganz anderes als Paulus. Paulus erläutert es, droben ist *„Christus, euer Leben"* (**Kol 3,4**). Droben ist eine Umschreibung für das Leben in Christus und jeder, der in Christus ist, weiß zumindest ansatzweise, was das ist und wie das ist. Wer nicht in Christus ist, schwirrt und schleicht drumherum oder befindet sich ganz im Abseits, wo er alle erdenklichen religiösen Übungen vollführt, aber es ist niemals dadurch „drobig", sondern es bleibt immer „außerhalb" und „daneben" und „unten herum". Es ist schwer nach droben zu streben, wenn man keine Orientierung hat und vielleicht oben mit unten verwechselt. Unten herrscht die Religion, oben herrscht Gott. Unten stehen die Weltkirchen und die weltlichen Kirchen, oben ist Christus. Unten fühlt sich der alte Adam wohl, oben der neue Adam.

Paulus sagt auch: *„Wenn aber Christus, euer Leben, offenbar wird, dann werdet ihr auch offenbar werden mit ihm in Herrlichkeit."* (**Kol 3,4**). Das bedeutet aber, dass das Offenbarwerden mit Christus in Herrlichkeit nicht infolge von Kulthandlungen geschieht, sondern infolge des Lebens Christi, das man selber gelebt hat. Der Umkehrschluss bedeutet, dass niemand in Herrlichkeit offenbar gemacht wird, wenn er nicht das Leben Christi gelebt hat. Es kommt also darauf an, im Leben auf die Stimme des guten Hirten zu hören und Ihm nachzufolgen. Es kann nicht darauf ankommen, einer Kirche gehorsam zu sein oder einer Kirche die Treue zu halten, wenn man noch nicht einmal Christus gehorsam ist und Christus die Treue hält. ***139**

Eine Treue, die gegen Gott gerichtet ist, ist jedoch nur ein Pakt mit dem Teufel und endet in Chaos und Zerstörung. Wem ist geholfen? Niemand! Und echte Treue kann es dennoch nie gewesen sein, denn alle Eigenschaften, die bei Gott in Vollkommenheit vorhanden sind, können in der unautorisierten Nachahmung nur eine Fälschung sein, der es mangelt an der ersten Güte, die eine göttliche ist.

Bei Menschen gibt es verschiedene Formen der Treue. Da ist eine Frau immer weiter an der Seite eines Mannes, der sie unaufhörlich misshandelt und erniedrigt, weil sie das vielleicht für ihre religiöse Pflicht hält. Sie wählt den Weg der Treue, die das Böse ermuntert, noch weitere Spitzen der Bosheit zu erklimmen und Mitläufer der Unterstützer des Bösen zu sein, obwohl sie die Absicht hat, das Böse durch das Gute zu überwinden. Das gelingt aber immer nur bei einem selber und auch nur, wenn man Gott auf seiner Seite hat. Man kann die Bosheit anderer nicht durch die eigene Gutheit ausgleichen, auch wenn sich die Idee gut für emotionale Filme umsetzen lässt. Der Mensch liebt das, was zu schön ist, um wahr zu sein. Aber ist das nicht ein Beispiel dafür, auch noch die andere Wange hinzuhalten? Nein, denn dabei geht es um den Verzicht, seine natürlichen Rechte unbedingt verteidigen zu müssen, also um die Freiheit der Entscheidung. Und die muss auch bei der Treue bewahrt bleiben! Nicht sklavische Abhängigkeit ist gefragt, sondern souveränes Erdulden und souveräne Befreiung von einer Herrschaft des Unrechts, der Gewalt, des Bösen.

Genauso wie Christus sagt, dass man sich von schlechter Gesellschaft fern halten soll, soll man ihr erst Recht keinen Raum freiwillig überlassen, wo das Böse sich ausbreiten und gemütlich einrichten kann. Wenn Paulus sagt, dass man nicht Böses tun soll, damit die Gnade der Befreiung von der Sündenschuld noch deutlicher leuchtet, dann sagt er auch folgerichtig, dass man sich vom Sklavendienst befreien lassen soll, wenn die Möglichkeit besteht. Man soll also weder Sklave und damit in Abhängigkeit von anderen Herren als Jesus Christus sein, noch die Sklaverei der Sünde noch fester fest machen. Und das gilt für jede Art von Sklaverei. Wer alkoholsüchtig ist, soll versuchen davon loszukommen, wer von einem Mann versklavt wird, soll auch hier die Möglichkeiten nutzen, frei zu werden. Es ist richtig, sich von Christus führen zu lassen. Er geht voran, man muss Ihm nur folgen. Ob eine Frau versklavt ist, muss sie selber entscheiden, denn nur sie trägt auch die Verantwortung ihrer Entscheidung. Wenn sie aber zu dem Schluss kommt, dass sie versklavt ist, soll sie sich befreien.

„Denn ihr seid gestorben, und euer Leben ist verborgen mit Christus in Gott." (**Kol 3,3**) Und nicht in einem Haus als Haussklave. Das alte Leben zählt nicht in der Ewigkeit bei Gott. Und diese Ewigkeit, das neue Zeitalter, fängt bereits an. Der alte Adam lebt noch, aber er ist so gut wie tot. Das muss man ihm vielleicht auch immer wieder sagen: *„Du hast mir nichts mehr zu sagen, du bist tot!"* Viel zu oft lässt man sich von ihm bestimmen, wo es lang geht. Das ist eine der großen und entscheidenden Fragen eines Christenmenschen: Wie macht man das, Christus zu leben und dem alten Ich mit all seinen Macken gestorben zu sein, obwohl man ihn unzweifelhaft noch bei sich hat? Man schleppt jemand mit, aber berücksichtigt ihn nur noch, damit der Blutkreislauf nicht unterbrochen wird, sonst kümmert man sich nicht um ihn. Und auch wenn er schreit und lamentiert, man nimmt keine Notiz von ihm, außer dass man die Dinge mal wieder ins rechte Licht rückt. „Du hast still zu sein, das ist die einzige Aufgabe, die dir noch zufällt!"

Das muss jeder für sich finden. Zuerst ahnt man noch, dass man beobachtet wird, aus nächster Nähe. Dass da jemand ist, der einem über die Schultern und ins Herz schaut. Ihm gehört die innere Stimme, die sogar viel öfter laut schweigt, weil man ja sowieso dabei ist, sich selber die richtigen Antworten zu geben, als dass sie sich bemerkbar macht. Doch dann nimmt man die Begleitperson deutlicher wahr, nicht als Aufpasser oder Anstandsperson, nicht als Nörgler oder Belehrer, sondern als der, der immer Recht hat und sich dennoch zurückhält. Das ist jemand mit unendlicher Geduld und Sanftmut. Und dann die überlegene Weisheit, die vorausschaut, die Milde, die urteilt, das geduldige Warten eines Freundes, der sofort einspringt und sein Leben gibt, wenn es sein muss. Und genau das hat Christus bereits getan (Joh 15,13). Und nun steht Er auch dauernd bereit, einzuspringen und zu übernehmen. Er tritt dann nicht anstelle, sondern er führt uns so bei der Hand, wie wir es selber wollen, aber nicht besser machen können. Er handelt und wir lassen zu, dass wir ausgefüllt werden von Seinem Wesen, das doch nie unseres ersetzt, sondern erst richtig zur Geltung bringt.

In Christus sein bedeutet,
Christus in sich zur Geltung bringen lassen.

Es kommt nämlich darauf an, zu begreifen, dass man beim bedingungslosen Erfassen von Christus gar keine Hand mehr frei hat für den alten Adam, diesen Christusverhinderer. Man schleppt ihn zwar weiter mit, aber er ist leblos und wird, wenn er dann doch einmal den Mund auftut, abgewürgt. „Du darfst reden, wenn ich nicht zuhöre." Es ist schwierig, ihm zuzuhören, wenn man gerade Jesus Christus anhört. Christus zulassen und den alten Adam weglassen in der Wahrnehmung, das wird, je länger dass man es praktiziert, um so selbstverständlicher.

In Christus sein bedeutet, Christus zuzulassen,
dass wir den alten Adam weglassen.

Jemand, der nicht in Christus ist, empfindet es als formelhafte Sprachfigur, dass man sich selbst so weit verleugnen könnte, dass man nicht mehr man selbst ist, sondern jemand anderes. Paulus spricht tatsächlich nicht als jemand, der nach anschaulichen Vergleichen sucht, sondern er hat die Sicht von innen, er ist der Insider und greift als solcher nach klaren Worten, die ein welt-fremdes Faktum wiedergeben sollen. Wer das nicht nachvollziehen kann, ist keinesfalls ein Ungläubiger, sondern einer, der noch nicht ganz in Christus ist. Es ist auch eine Frage des Vertrauens, aber unmittelbarer ist es eine Frage des Bewusstseins und Bewusstwerdens. Da es ein Fakt ist, dass ein in Christus Treuender mit Christus bereits gestorben und auferstanden ist, muss es ihm noch bewusst werden, damit er es ganz mit allen Sinnen ergreifen kann. Mit dem Bewusstwerden wird es Bewusstsein und erst dann sieht man sich komplett neben dem alten Adam stehen, der bei jeder Glaubensschwäche wieder seinen großen Auftritt hat, aber ebenso wieder zurücktritt, wenn der nächste Glaubensschritt kommt.

Man sollte sich das auch leicht machen, sobald man so weit fortgeschritten ist, dass man weiß, was christusgemäß ist und was nicht. Denn dann kann man, wann immer man zu dem hingezogen wird, was nicht christusgemäß ist, den alten Adam bewusst ansprechen, um dadurch eine Distanz aufzubauen, ebenso wie die bewusste Hinwendung zum Christusgemäßen eine bewusste Nähe herstellt. Dann ist der alte Adam sehr schnell jemand, der in den Hintergrund tritt und sich immer weniger zu Wort meldet. Er hat immer weniger zu melden, denn der Wortführer ist nun Christus geworden.

„In Christus" bedeutet, dass der alte Adam verstummt!

Das neue Leben im Geist Christi ist verborgen in Gott, weil es in der Welt nicht sichtbar ist. Niemand vermag wirklich dahinter zu schauen, jeder sieht nur die Hülle des alten Adam, wie sie schon immer ausgesehen hat. Christus hält die Hand drauf. Die Welt darf noch nicht das sehen, was noch unfertig ist. Sie schaut dann genau hin, wenn ihr die Augen übergehen, dann, wenn der von der Welt durchbohrte erscheinen wird.

„Verborgen mit Christus…" weil den weltlichen Augen nicht zugänglich. Das „mit Christus" ist dabei das Entscheidende. Gestorben wird viel, aber wer kann sagen, dass er mit Christus gestorben und mit Christus gelebt hat? Denn nur wer mit Christus gelebt hat, wird mit Ihm auferstanden sein und nur der ist „Verborgen in Gott". Die Aufbewahrung der Heiligen Gottes geschieht beim Vater selbst, der sich freut über diesen Schatz, den Er da durch Jesus Christus erworben hat. Dieser Schatz wird in Herrlichkeit erstrahlen. Den Augen der Welt muss verborgen bleiben, was da in aller Stille vorbereitet ist. Die bösen Augen der Welt, die nur auf den Schein der Dinge, weniger auf ihr Wesen achteten, dürfen keinen Blick auf das werfen, was Gott für sich auf die Seite gelegt hat. Das ist geheim. Wenn es offenbar gemacht wird, wird die ganze Welt staunen. Und es wird manchen vielleicht sogar schlagartig begreiflich sein, warum es so gekommen ist.

Verborgen ist jeder sich auch selber, denn auch wir schauen, wenn wir in uns hineinschauen, nur einen Teilbereich von dem, was uns wirklich ausmacht. Das dient uns wohl auch zum Schutz, denn wer wollte wohl gerne sehen, was ihm noch fehlt zur Vollkommenheit. Wie gut, dass es in Gott verborgen ist.

„Ihr seid gestorben…" heißt, der Welt gestorben. Die Belange der Welt spielen nur noch eine Rolle im Zusammenhang mit dem Christusweg, den man geht. Gestorben sein will man auch den Sünden und all den schädlichen Abhängigkeiten. Wer sich bekehrt, verändert sein Umfeld, trennt sich von Freunden und Bekanntschaften, von Gewohnheiten und Freizeitverhalten. Und natürlich von der Religion, die man nun als Krücke erkannt hat. Christus wird einem zeigen, wo man die „Treue" brechen muss, damit man in ein Treueverhältnis mit Ihm eintreten kann. Man kann nicht zwei Herren dienen.

Dass wir dem alten Adam gestorben sind in Christus ist eine unumstößliche Tatsache. Aber wir müssen den Tod dieses so selbstverliebten Adams auch akzeptieren. Er gehört unter die Erde, aber wir behalten ihn bei uns, was je länger wir es mit ihm aushalten wollen, desto weniger Sinn macht. Wer behält schon eine Leiche bei sich? Wir haben noch den Leib des alten Adam, aber der ist ab sofort dazu da, Gott zu verherrlichen. Seine Glieder soll man nicht mehr der Sünde versklaven (Röm 6,13), sondern Gott überlassen. Das ist Hingabe, die Ihm wohlgefällt. Es bedeutet, immer nach dem Willen Gottes zu forschen und zu fragen: Was willst du, Herr, das ich tun soll? Paulus sagte es den Galatern deutlich: *„Ich bin mit Christus gekreuzigt. Ich lebe, doch nun nicht ich, sondern Christus lebt in mir.“* (Gal 2,19-20) Alle Anforderungen des Lebens sind dann die Anforderungen von Christus. Die Krankheit? Christus hat sie, ich stelle meinen Körper zur Verfügung. Die Lieblosigkeit, die man erfährt? Christus erfährt sie durch mich. Die Enttäuschung, der Betrug? Sie treffen Christus, er durchlebt sie durch mich. Es ist Seine Sache, Seine Angelegenheit. Die Trauer, der Schmerz, die Entbehrung, die Angst? Sie bekommen eine gewisse Leichtigkeit, denn man weiß ja, Christus erlebt sie. Ich traure mit, ich spüre den Schmerz und das Sehnen und ich erdulde das Erschrecken, aber ich weiß, es gehört nicht so sehr zu mir, als zu Ihm. Und der *„Der in euch ist, ist größer als der, der in der Welt ist.“* (1 Joh 4,4)

Ab **Kol 3,5** *„So tötet nun die Glieder, die auf Erden sind…“* folgt eine Aufzählung der Dinge, mit denen sich ein Mensch beschäftigen wird, der unten, und noch nicht droben ist. Das ist aber jeder Mensch. Denn wenn man auch das Drobige sucht und anstrebt, ist man mit seinem alten Adam ja unten, wo er auch beerdigt wird.

Evangelisten, die es wissen müssen, lassen verlauten, dass die stärksten Feinde und Hindernisse für den Gottesdienst Macht, Geld und Sex seien. Auf diesen Gebieten seien gerade auch geistliche Menschen in Leitungspositionen am meisten angefochten. Die Kirchengeschichtsbücher berichten ja einmütig davon, dass Macht und Geld in den großen Kirchen der Christenheit tatsächlich eine große Rolle gespielt haben. Das lässt sich nicht leugnen. Neuerdings weiß man aber, dass nicht nur das hochkatholische Rom schon immer ein Sündenpfuhl der sexuellen Abschweifungen war, wie schon das Rom der heidnischen Kaiserzeit. Gerade die katholische Kirche wird verdächtigt – und sie gibt ja auch immer mehr davon zu – weltweit in großem Ausmaß ein Problem mit der Zucht ihrer Geistlichen hatten und haben. Besonders betroffen sind Kinder und Jugendlichen, die dem römischen System der sexuellen Ausbeutung zum Opfer gefallen sind und ihren Nachwuchs ihren erlittenen Psychosen und Abartigkeiten ausgesetzt haben.

Die Aufzählung der Laster von denen sich Christen verabschieden müssen, in **Kol 3,5** und **Kol 3,8-9,** beschreibt auch den Zustand der heutigen Kirchenchristenheit: *„Unzucht, Unreinheit, schändliche Leidenschaft, böse Begierde und die Habsucht, die Götzendienst ist …. Zorn, Grimm, Bosheit, Lästerung, schandbare Worte aus eurem Munde;"* und schließlich noch die Lüge.

Man erkennt bekannte Gesichter und man bemerkt, dass die Zehn Gebote zum Teil angesprochen sind, zum Teil gibt es Neuheiten. Der Machtmissbrauch oder die Machthybris ist nicht vertreten, vielleicht auch, weil der Durchschnittsmensch des ersten Jahrhunderts wenig davon zur Verfügung bringen konnte.

Die Faktoren Geld und Sex sind vertreten, was niemand wundern wird, haben sie doch jeden schon einmal beschäftigt und jeden wohl auch in einer unrühmlichen Weise. Niemand wird sagen können, „Was Paulus hier anspricht, ist mir fremd. Er möge es erläutern!" Muss man das wirklich erläutern und ausbreiten? Ein Fass Jauche erkennt man am Geruch. Es muss nicht ausgeleert werden. Und es muss auch nicht ausgelehrt werden. Man muss das Böse kennen, um s beurteilen zu können, stimmt nur zum Teil und eine Wahl hat man nicht, denn man hat das Böse in jeder Form zu meiden. Sich für einen Lehrstuhl zu bewerben, kann man den Weltlichen überlassen.

Gleich am Anfang zählt Paulus vier Begriffe auf, die sich auf den falschen Gebrauch der Sexualität beziehen können. Unzucht ist ein anderes Wort dafür. Während „Zucht" den Bezug nimmt, dass es eine bestimmte Ordnung gibt, die man mit der Unzucht missachtet, legt „Unreinheit" den Schwerpunkt auf eine Lauterkeit des Charakters, die man verdirbt. Rein ist alles, was Gott gibt und in Seinem Segen steht und auf den Menschen wirkt. Durch Reinheit wird auch immer ein Mensch durchläutert, während er durch Unreinheit verunreinigt wird und dadurch seine Gebrauchsfähigkeit zum Dienst verliert.

Eine schändliche Leidenschaft kann ein Mensch für alles entwickeln, was ihm einen Lustgewinn verschaffen soll. Schändlich wird sie auch wieder dadurch, weil sie Gottes Ordnungen missachtet. Und auch dadurch, wenn sie eine Außenwirkung hat. Menschen reden wenig über ihr eigenes schändliches Verhalten als über die Schande, die andere verursacht haben.

„Du sollst nicht begehren" heißt ein Gebot. Gemeint ist das Begehren von Dingen, die einem nicht zustehen. Böse ist das Begehren, wenn man seine Absichten konkretisiert und für sich umsetzbar macht. David ereilte ein böses Begehren, als er Bathseba beim Baden beobachtete.

Dass Sexualität überhaupt so ein starkes Gewicht beim rechten Umgang mit Menschen und im Angesicht Gottes haben kann, hängt mit dem rechten Wachstum der Seele in Eintracht mit der Zielsetzung Gottes mit den Menschen zusammen. Die Sexualität geht im Idealfall mit dem liebevollen Verschmelzen zweier sich zugeneigter Seelen, die sich als Mann und Frau ergänzen sollen, einher. Diese vertrauensvolle wesensmäßige Öffnung und Umarmung entspricht im Ergebnis des liebevollen Einswerdens demjenigen Einswerden, welches auf einer höheren, absoluten Ebene, zwischen Gott und Mensch stattfinden soll, denn Gott öffnet in großer Liebe Sein Wesen und macht es für den Menschen zugänglich. Wenn dieser sich vertrauensvoll Gott überlässt, schenkt Gott die Herrlichkeit, die es nur in Ihm gibt. Es ist daher klar, dass jede Ersatzbefriedigung des Menschen eine schwerwiegende und unter allen Umständen zu vermeidende Abirrung ist. Unzucht ist nichts anderes als so ein Missbrauch gottgegebener Geschöpflichkeit, die auf Vervollkommnung abzielt. Sie ist eine Demonstration des Unvertrauens und der Untreue.

Man kann auch eine böse Begierde für Geld haben. Dann ist man habsüchtig. Wenn der Erwerb einer Sache wichtiger ist als die Rechtmäßigkeit des Erwerbs, dann liegt Habsucht vor. Wer geizig ist, ist auch habsüchtig. Diese Geisteskrankheit scheint nach meinen Beobachtungen sehr weit verbreitet zu sein, auch unter Christen. Man hält sein Geld und seine Mittel zusammen und nutzt die kostenlosen Angebote. Auf Großzügigkeit trifft man auch in evangelikalen Kreisen sehr selten. Bei manchen geht die „Sparsamkeit" sogar so weit, dass man nicht gerne Geschenke annimmt, weil man sich dann verpflichtet fühlen könnte, zurückzuschenken. Andere lassen sich jahrelang beschenken, ohne auch nur in Erwägung zu ziehen, dass sie auch einmal ein Zeichen der Freigiebigkeit und Güte setzen wollen könnten. Sie zeigen dann ihre Wertschätzung für den anderen, unbewusst, aber deutlich genug, indem sie ihrer Habsucht Priorität über die Freundschaft geben. Das sind Zeichen, dass man noch sehr festhält an den Ordnungen und Werten der Welt. Da fehlt dann immer auch die Liebe, die Paulus so vielschichtig in seinem ersten Brief an die Korinther beschrieben hat (1 Kor 13).

Die erste Gemeinde in Jerusalem wollte dieser Gefahr, sich durch Habgier das Herz für Gott zu verhärten, entgehen und führte eine Art Kommune ein. Für die damaligen Christen muss es überraschend gewesen sein, dass Gott das Unternehmen nicht so segnete, wie sie das vermutlich erwartet hatten. Sie kamen dadurch in echte Not. Gott wollte anscheinend nicht die Güterteilung! Er wollte und will, dass jeder frei über seine Mittel verfügt und sie dann eigenverantwortlich einsetzt. Gott ist kein Kommunist. Er sympathisiert auch nicht mit dem Kommunismus.

Paulus sagt nur über die Habsucht, dass sie Götzendienst ist. Was versteht Paulus unter Götzendienst? Götzen gibt es ja eigentlich gar nicht als lebende Wesen, denen man dienen könnte. Aber Götzen existieren, weil sie die Menschen existieren lassen. Wer das Geld „anbetet", weil er es hortet und sich alles im Leben ums Geld dreht, macht es zum Götzen. So ein Götze hat Macht über die Menschen, sonst würden die Menschen nicht wie ums goldene Kalb um ihren Götzen herumtanzen. Ein Götze ist aber immer ein anstatt-Christus, also ein Anti-Christ. Wer mit ihm Zeit verbringt, der verbringt sie nicht mit Christus. Wer diesem Götzen Aufmerksamkeit und Lebenskraft opfert, hat nichts mehr für Christus übrig. All diesen Dingen soll man erstorben sein! Wo nicht, ist man auch noch nicht mit Christus ganz auferweckt, sondern ist schläfrig. Ganz wach ist man nur, wenn der Götze ruft, und man dann nicht mehr zu ihm hinrennt, sondern alles stehen und liegen lässt und sich um den kümmert, den man nie vernachlässigen will.

Ja, es gibt Menschen, die langsam zum Zorn sind. Auch hier ist das Entscheidende, für was oder wem der Zorn gilt? Lässt man sich für die falsche Sache erzürnen? Wie viele Kirchenchristen haben einen Zorn gegenüber Juden entwickelt? Zuerst waren sie habsüchtig und neideten den erfolgreichen Juden ihren Mammon, dann entlud sich der Zorn bei den Pogromen.

Der Zorn braucht immer eine Richtung. Wehe, wenn man da falsch eingestellt ist und Freund und Feind nicht auseinanderhalten kann, oder verwechselt. Der Grimm ist der Zorn, den man sich bewahrt und der die Persönlichkeit prägt.

Unter dem Begriff Bosheit, den Paulus hier verwendet, sollte man wohl die Herzenseinstellung verstehen, die man hat, wenn man danach trachtet, einen anderen schlecht zu behandeln und um des eigenen Vorteils willen zu benachteiligen. Lästerungen und schandbare Worte, mithin alles überzogene und lieblose Reden über andere und das Reden, wegen dem man sich schämen muss, weil Worte und Inhalt in einem unerträglichen Missklang stehen zu dem, was Beachtung verdient, sind ein Angriff gegen die Autorität Gottes, der solche Reden verbietet, und zwar auch deshalb, weil sie zur Selbstbeschmutzung führen.

Am Ende der Aufzählung fehlt eine der Lieblingssünden der Menschen nicht. Das ist die Lüge. Adam und Eva fielen auf eine Lüge der Schlange herein und begannen mit dem Sündigen. Die Lüge steht am Anfang des Sündenfalls. Christus ist die Wahrheit, also können Seine Glieder nicht die Unwahrheit vertreten. Tun sie es doch, passen sie zu einem anderen Leib, aber nicht zum Leib Christi. Liebe ohne Wahrheit gibt es nicht. Liebe, die sich der Lüge bedient, ist keine Liebe, sondern nur Feigheit und Selbstbetrug. Sie verschlimmert den Schmerz, den die Wahrheit verursachen kann und verzögert die Heilung, die auf den Schmerz folgen wird, denn der Heiland ist der Gott, der Liebe ist.

Die Theologen vermuten hinter dem typischen Lasterkatalog von Paulus auf der Linie Unzucht-Habgier-Götzendienst einen eschatologischen Bezug. ***140** Dass diese Begriffe von Paulus deshalb genannt worden sind, weil sie von un-heilsgeschichtlicher Bedeutung sind, verdeutlicht er ja selber, wenn er sagt, dass die, die solches tun, nicht ins Reich Gottes kommen. Indem er das tut, zeigt er denen, die sich von diesem Lasterkatalog gar nicht angesprochen fühlen müssen, dass unter ihnen in der Gemeinde eben auch solche sind, bei denen es tatsächlich noch darum geht, ob sie überhaupt ins Königreich kommen. Dabei sprach Paulus nur das an, was in der hellenistischen Umwelt „normal" war. ***141** Denn diese war lasterhaft und das Lasterhafte war die Norm. Ebenso geht es einem heutigen Prediger, der von den gleichen Dingen redet. Er kennt die Norm der Gesellschaft und weiß, dass die Bibel vor dieser Norm warnt. Doch werden die klaren Ansagen der Bibel immer mehr als zeitgebunden relativiert. Man müsse sie kultivieren auf die aktuellen Verhältnisse. Wer predigt in der EKD noch von der Kanzel, dass Intimverkehr Gleichgeschlechtlicher unter die Kategorie „Unzucht" fällt? Die europäische Kultur entwickelt sich wieder zurück zum alten Heidentum. Wer Unzucht nicht für normal hält und praktiziert, wird als psychisch verkrüppelt dargestellt, dem eventuell noch in einer psychischen Klinik „geholfen werden kann". ***142** Die Habsucht gehört ebenso zur Grundausstattung des heutigen „Kulturmenschen". Und die Götzen waren nie tot. Sie haben heute andere Namen, nur dass die gleichen Dämonen dahinterstecken. Sie gehen mit der Zeit. Der Götze Handy und iphone, der Götze Freizeitgestaltung, der sich auch Zeitverschwendung nennen lässt, der Götze Sex, der Götze Internet, der Götze Computerspiele etc.

Das alles, was Paulus abschreckend genannt hat, tun *„Kinder des Ungehorsams"* (**Kol 3,6**), die noch den alten Menschen noch nicht ausgezogen haben. Aber auch Menschen, die es schon getan haben! (**Kol 3,9**). Es kommt also darauf an, nicht damit aufzuhören, diesen neuen anzuziehen, *„der erneuert wird zur Erkenntnis nach dem Ebenbild dessen, der ihn geschaffen hat."* (**Kol 3,10**). Das ist das große Ziel. Zwar sagt Paulus, dass man diesen neuen Menschen bereits angezogen und den alten ausgezogen habe, aber da man noch Merkmale des alten hat, nennt Paulus ein geistliches Faktum, das noch keine volle Wirksamkeit entfaltet hat. Dann ist es aber umso wichtiger, das Augenmerk darauf zu richten, dass der alte Mensch nicht mehr berücksichtigt wird. Man braucht auf ihn keine Rücksicht nehmen! Für Gott ist er schon tot, warum haben sich die Menschen nicht endgültig von ihm verabschiedet? Paulus fordert sie dazu auf. Er weiß wohl um die wahren Verhältnisse, aber ihm ist wichtig, das Ziel vor Augen zu stellen und die Gewissheit, dass man sich vollends darauf einlassen kann, Christus wirken zu lassen. Er wollte keinesfalls dem Denken Vorschub leisten, dass man noch selber etwas zu seinem Heil beitragen könnte, sondern dass man mit allem, was man hat und was man ist sich Jesus anzuvertrauen hat. Und dann wird man zu dem Mensch, der man in Gottes Augen schon ist, *„nicht mehr Grieche oder Jude"* (**Kol 3,11**), sondern der neue Mensch mit *„herzlichem Erbarmen, Freundlichkeit, Demut, Sanftmut, Geduld"*. Dies hat der neue Mensch, der alte hat das andere Sortiment. Und darüber zieht man noch *„die Liebe, die da ist das Band der Vollkommenheit. Und der Friede Christi"* (**Kol 3,14-15**).

Die in Christus Seienden kann man daran erkennen, dass sie zu *„innigstem Mitleid, Güte, Demut, Sanftmut, Geduld" und über allem „Liebe [an], die [das] Band der Vollkommenheit ist"* befähigt sind (**Kol 3,12.14**).

Da aus dem Herzen des Menschen böse Dinge kommen (Mk 7,21), ist die Umkehr des Herzens und die Erneuerung zu einem Herzen nötig, das aus der nicht mehr bitteren Quelle süßes Wasser fließen lässt. Die Umbaumaßnahmen, die Gott am Herzen eines Menschen vornimmt, sind der gewaltigste Bau, den es weltweit jemals gibt. Das tut Gott aber durch den Geist Christi. Bei Menschen mit dem Geist Christi werden immer auch die Besitzanzeiger Christi zu entdecken sein, selbst wenn sie sich noch nicht ganz durchgesetzt haben. Sie sind auch unter widrigen Umständen noch befähigt zu *„innigstem Mitleid, Güte, Demut, Sanftmut, Geduld"* und über allem *„Liebe"* und zwar gerade auch oft gegen ihre ursprüngliche Natur. Wer andere bekehren oder missionieren will, sollte zuerst bei sich diese Überzeugungsrealitäten schaffen.

Wer sich noch sagen lassen muss, dass er diese Tugenden üben muss, mag schon weiter sein als jemand, der noch die Untugenden im Fleisch stecken hat und ihnen Raum lässt. Aber auch er ist noch nicht ganz in Christus angekommen, wo nur noch der Christus lebt, denn das sind Seine Merkmale: Mitleid, Güte, Demut, Sanftmut, Geduld und Liebe. Am besten kann man selber an sich das Wachstum erkennen, wenn man bemerkt, dass man hierin Fortschritte gemacht hat. Man hat also Christi Geist gehört und Ihm das Feld überlassen.

Man weiß aber zugleich, dass es keine Eigenschaften sind, die man nun infolge eigener Werke erworben hat, sondern dass man sich Christus anvertraut hat. Man tut nun Seine Werke, weil man die Demut, die Christus ausweist, zu sich durchdringen gelassen hat. Man ist nun gütig, weil man nicht mehr den Zusammenhang von Ursache und Wirkung als ein geistliches Gesetz von Fluch und Segen oder von Strafe und Belohnung sehen will, sondern als Hingabebereitschaft an Christus. Man ist nun sanftmütig, weil man nicht mehr bereit ist, das Joch eines Lebens ohne Christus in der Mitte zu tragen, sondern nur noch anzupacken, wo man es als Christus tut. Man liebt nun auf eine selbstlose Art, weil man doch das Selbst aufgegeben hat und sich als Tempel Christi begreift, der sich jedem frei und vorbehaltlos öffnen kann.

Um es klar zu sagen, diese Liebe in Christus ist mehr als nur die Liebe zu deinem Nächsten wie dich selbst. Vom Selbst soll man wegkommen, indem man sich zu Christus wendet. In Ihm hat man ein neues Selbst, das Christus-Selbst. Nicht dass man seine Persönlichkeit aufgibt, sondern man bekommt nun die Persönlichkeit, die Gott schon immer wollte. Man kann das mit einem Topf vergleichen, der noch roh und unvollendet ist und in den Spiegel schaut und auch wenn er ein paar Schrammen sieht, meint, dass er so bleiben könnte. Alle fertigen Töpfe auf dem Regal wissen es besser. Erst recht der Meister. Der Topf wird noch geglättet, bemalt und gebrannt und nochmal lackiert, dann hat er seine vom Künstler beabsichtigte Form, das Alte ist vergangen, siehe es ist alles viel besser geworden.

In Christus ist man angekommen,
vorher ist man nirgendwo.

Die Zehn Gebote haben einen eklatanten Mangel an affirmativen Geboten. Es heißt im Zusammenleben mit Menschen noch „ehre Vater und Mutter". Dann kommen Gebote, die allesamt Gutes erbringen, wenn man friedlich und ordentlich mit anderen zusammenleben will. Das war gefordert im theokratischen Staat Israel: du sollst nicht ehebrechen, du sollst nicht begehren des Nächsten Gut, du sollst nicht stehlen, du sollst kein falsches Zeugnis ablegen, du sollst nicht morden. Alles passend für den Bund Israels mit Gott, aber weniger passend, um die nächste Stufe der Gottseligkeit zu erfahren. Warum kein Gebot: du sollst Mitleid üben, du sollst gütig sein, du sollst demütig sein, du sollst sanftmütig sein, du sollst geduldig sein, du sollst lieben…? Man könnte antworten: weil Gott nichts Unmögliches verlangt. Und dann hätte man eine richtige Beobachtung gemacht. Nämlich, dass die Normalsterblichen damit überfordert wären. Jemand nicht zu ermorden, scheint doch wesentlich leichter zu fallen, als demütig zu sein. Niemand ist von Natur aus demütig. Überhaupt, wer vom Volk will schon demütig oder sanftmütig sein? Wer will wirklich gütig und mitleidig sein? Geschweige denn, wer will mehr lieben als die, die er sowieso schon liebt? Das alles will der Durchschnittsmensch gar nicht, er hält es nicht für erstrebenswert. Wer es empfiehlt, wird schief angeschaut, als sei er geisteskrank.

Es gibt zwar das Gebot der Nächstenliebe auch schon im alten Bund, aber das lässt sich weit fassen. Wie sich in der Geschichte Israels und später noch einmal in der Kirchengeschichte zeigte, war man auch schon mit den Zehn Geboten überfordert, obwohl sie Minimalforderungen an eine Lebensgemeinschaft in einem Staate sind. Tatsächlich kann man nur in Christus diese Gebote nicht nur der Form nach erfüllen, sondern auch dem Geiste nach. Das ständige Fordern danach, sich an den Zehn Geboten im Leben zu orientieren, ist eigentlich ein Armutszeugnis. Eine Kirche, die sich als Kirche Christi sieht, sollte viel weiter sein, als die Lehre vom Einmaleins ständig zu repetieren. Und dann gibt es sogar Kirchen, die noch nicht einmal mit den ersten vier Geboten klar kommen und sie noch nicht einmal inhaltlich verstanden haben. Da heißt es im zweiten Gebot, dass man sich kein Abbild von etwas Geschaffenem machen soll, vor dem man sich niederwirft. Doch genau das kann man in den Kirchen häufig beobachten. Und es dürfte kein Zufall sein, dass die katholische Kirche diesen Passus von 2 Mos 20, 4-5 beim Aufzählen der Zehn Gebote weglässt.

Im vierten Gebot heißt es, du sollst den Sabbat heiligen. Dieses Gebot hat die katholische Kirche abgeschafft. Damit man wieder auf die Zahl zehn kommt, hat man das zehnte Gebot aufgeteilt. ***143** Das ist eine ungeistliche Stümperei, die ohnegleichen ist. Weniger überraschend ist, dass sich das katholische Kirchenvolk gegenüber anderen Großkirchen nicht leichter tut mit dem Einhalten der verbleibenden acht Gebote. Und keine einzige dieser Kirchen hat sich einen Namen gemacht in „Erbarmen, Güte, Demut, Milde, Langmut!" Worin liegen das herzliches Erbarmen, Güte, Demut, Milde, Langmut, als man Andersgläubige bis zum Tod verfolgt hat? Als man sie gefoltert, eingekerkert, verbannt, gerädert, entrechtet, gevierteilt und verbrannt hat? Als man die Juden drangsaliert, verachtet, vertrieben und massakriert hat? Als man die Hugenotten, die Waldenser, die Katharer, die Albigenser und andere ausgerottet hat? Als man gemeinsame Sachen mit den Muslimen gemacht hat, um Christen anderer Nationen zu bekämpfen?

Diese Kirchen haben ein eindrucksvolles Zeugnis ihrer geistlichen Inkompetenz abgelegt. Das Wahre, was man zur langen Dauer der Existenz der Kirche Roms sagen kann, ist, dass sie diese Zeit reichlich ausgenutzt hat, um noch mehr Gräuel zu verüben, als es die anderen Kirchen fertig brachten, die es nicht ganz so lange gibt.

Die Kirchen predigen die Zehn Gebote und sind unendlich weit davon entfernt, Experten zu sein, wie man sie einhält, aber sie sind Experten darin, wie man sie nicht hält. Da werden ganze Bibliotheken gefüllt mit geistlichen Ratgebern, wo doch nur die Symptome angegangen werden, nicht die Wurzel der Übel, das ist der alte Adam mit seinem Ichwesen. Auch das katholische Wesen ist so ein Ichwesen. Da heißt es dann, dass sich bestimmte Laster – und man kennt sie genau! – nur durch entsprechende Tugenden bezähmen lassen. *144 Was wäre das Ergebnis davon? Das man sich der Tugenden rühmen würde. Wer beispielsweise seinen Hochmut durch Übungen der Demut in den Griff bekommen will, wird den äußeren Schein des Hochmuts vielleicht abschwächen oder beseitigen, um dann seine stolz erworbene Demut um so nachhaltiger zum Vorschein bringen zu lassen. Doch statt echter Demut hat er nur eine verfeinerte und noch schlimmere Form des Hochmuts erworben. So verstricken sich katholische Heilige nur noch mehr in die Sündhaftigkeit, anstatt von ihr frei zu werden. Sie erwerben anstelle der sichtbaren Sünden eine verstellte größere Sündhaftigkeit, die nunmehr fest im Sattel sitzt und die arme Seele reitet, ohne dass es ihr bewusst wird. Die Laster durfte man erkennen, man kurierte sie aber zu einer tödlichen Krankheit.

Insofern ist jegliche Bemühung, die Zehn Gebote halten zu wollen, zum Scheitern verurteilt und ein Anachronismus, wenn man nicht in Christus ist. *145

Und bei Ihm und nur bei Ihm und in Ihm wird aus dem „Du sollst" ein „es wird" und schließlich ein „es ist geworden". Das läuft einher mit dem „von" Christus, „durch" Christus und „zu" Christus. Von Christus sind wir zu Seinen Gliedern gemacht.

Das unbekehrte Herz Gottes ruft den Zorn Gottes hervor. *„Um solcher Dinge willen kommt der Zorn Gottes über die Kinder des Ungehorsams."* (**Kol 3,6**) Wenn man sich also von diesen unterscheiden will, sollte man sich auch nicht durch die gleichen Werke gleichstellen. Paulus scheint zuversichtlich zu sein, dass das gelingt.

Es gibt von vielen Menschen das Zeugnis, dass sie sich nach ihrer Bekehrung von ihren Lastern befreit erlebten. Es setzte fast immer ein Prozess ein, nach der Bekehrung, der zur Folge hatte, dass man sich von „Unzucht, Unreinheit..." ablöste und „herzliches Erbarmen, Freundlichkeit..." dafür einlöste. Es gab aber ebenso die Zeugnisse über Rückfälle oder die Zähigkeit mancher Stachel im Fleisch des alten Adam, die sich einfach nicht oder nicht vollends entfernen ließen. Sogar Paulus selbst hatte eine beständige Plage (2 Kor 12,7). Aber jeder muss da selber seine Erfahrung machen und Gott führt die Menschen unterschiedlich. Es kann aber keinen Zweifel darüber geben, dass das Problembewusstsein über diese Dinge bei einem bekehrten Menschen geschärft wird und er beginnt, die Sünde zu hassen. Er bemerkt seine Habsucht, er wendet sich von ihr ab, sie kehrt zurück, er hasst sie und wendet sich noch nachdrücklicher ab, sie kehrt zurück, er hasst sie noch mehr... und so geht es weiter und nicht jeder erlebt die gänzliche Befreiung durch den Heiland Jesus, dem man sich von Anfang an vollends vertraulich zuwenden darf. Bekenntnisse und Gebete helfen, jedoch ist das alles Entscheidende die Beziehung zum Heiland. Wer nicht augenblicklich geheilt oder verändert wird, dem ist zugesagt, dass ihn sein Herr nicht verlassen wird und dass die Stunde kommt, wo die Liebe, die da ist das Band der Vollkommenheit, und der Friede Christi einziehen wird.

Wenn ein Hebräer von „Frieden" spricht, meint er was anderes wie ein Mitteleuropäer, der im 20. Jahrhundert die zwei schrecklichsten Kriege der Weltgeschichte mitgemacht hat. Er meint eher das, wonach sich die Insassen der Nazi-Konzentrationslager gesehnt haben. Es ist die äußere und innere Ruhe im Einklang mit dem Wohlergehen unter dem Segen Gottes. ***146**

Man hat erst Frieden, wenn man mit sich, dem Nächsten und vor allem mit Gott im Reinen ist. So einen Frieden wünscht sich jeder gläubige Jude. Im messianischen Reich wird es einen solchen Frieden geben. Man sitzt glücklich mit seiner Familie im Garten und preist Gott, der als Gast inmitten der Familie ist. Das ist der Schalom! Das ist der Schabbat Schalom!

Es ist klar, die Liebe, „die das Band der Vollkommenheit ist" kann man nicht anziehen, wenn man schon in Christus ist, denn da hat man ja diese Liebe bereits. Wusste Paulus sich nicht schlüssig auszudrücken? Sowohl Paulus als auch der heilige Geist, der ihn inspiriert hat, beherrschten die klare Sprache. Und so erweist sich auch diese Aufforderung als eine heilsgeschichtliche Aussage, die darauf hinweist, dass man zwar endzeitlich und aus der himmlischen Perspektive des Eigentümers seiner Glieder, in Christus ist, weil man aber noch den alten Adam noch hat, mit seinen alten Ohren und den alten trägen, ungehorsamen Gliedern, reicht man auf einer anderen Daseinsebene in die noch unvollkommene Welt mit den eigenen Unvollkommenheiten hinein.

Außerdem gilt für den Brief an die Kolosser das Gleiche wie für die anderen Briefe. Paulus wusste, dass ihn Gläubige aller Abstufungen und Glaubensstärken lesen und hören würden. Es ist ja nicht auszuschließen, dass der Brief an die Kolosser auch einem Katholiken noch etwas zu sagen hat, auch dann, wenn der sich nicht als Glied am Leibe Christi versteht, sondern als glühenden Marienverehrer. Kein Mensch hat vollkommene Liebe, und daher darf jeder sich immer wieder in seiner Liebe ergänzen lassen. Auf diesem Feld hat er nie genug zu lernen und auch das lernt man, wenn man sich ganz Christus überlässt. Wenn man das tut, wird man auch schnell bemerken, dass Christus uns über Sein Wort führt und belehrt: *„Das Wort des Christus wohne reichlich in euch; in aller Weisheit lehrt und ermahnt euch gegenseitig!"* (**Kol 3,16**) Man kennt etwas Vergleichbares zwischen zwei Liebenden. Da gibt es eine reizende, beunruhigende Lust dazu, dem anderen noch Lieberes zu erweisen, und merkt dabei, dass man zu sehr eingeschränkt ist. Das Schöne ist, bei Gott gibt es keine Einschränkung, sondern nur Aufschub. Hierin liegt das Problem auch des hoffnungsvollsten und makellostesten Gläubigen: er braucht eine heilige Geduld, er braucht ein schmerzendes Ausharren, das ihn durchträgt, bis er vom Glauben zum Schauen kommen darf.

Man sollte sich in der Bibel auskennen, sonst kann man nicht davon ausgehen, dass das Wort Christi in einem reichlich wohnt. Tatsächlich sind die Bibelkenntnisse des Kirchenvolks erbärmlich gering. Das lässt Rückschlüsse auf den geistlichen Stand zu. Wenn man jemand liebt, verschlingt man jedes Wort von ihm. Wenn man jemand nicht liebt, weil man ihn auch gar nicht kennt, interessiert man sich auch nicht dafür, was er zu sagen hat. Da kommt es ganz passend, wenn einem die Kirche sagt, dass man das nicht braucht und dass man sich mit dem Gehorsam gegenüber der Kirche begnügen kann. Solche Menschen sind nicht wirklich bekehrt. Sie haben keine lebendige Beziehung zu Christus. Und deshalb gibt es eine Vielzahl von sich gegenseitig ausschließenden Kundgebungen, wie sie Jesus kennen und was von Ihm zu halten ist. Was weiß ein Kirchenmann über Christus, wenn er nicht daran glaubt, dass Jesus von den Toten auferstanden ist? Nichts! Gar nichts! Die Zahl der christlich Getauften und die Zahl der überzeugten Christen weichen erheblich voneinander ab.

Wer das Wort Christi reichlich innewohnen hat, kann auch „in aller Weisheit" lehren und andere sinnvoll ermahnen. Wer das Wort Christi nicht kennt, kann zumindest nicht in „aller" Weisheit lehren. Er mag ein guter Physikprofessor sein, aber von Christus kann er nicht viel wissen. Das bedeutet, dass es auch in der Kirchenchristenheit viel an Weisheit und Einsicht mangelt. Und auch die Ermahnungen leiden an einem Qualitätsmangel, wenn auch die Quantität stimmt. Aber ein Liter Most kann einen Liter Wein nicht ersetzen.

Wenn dann noch geistlicher Hochmut und Stolz dazu kommt, dass man sich eben nicht von jedem und auch nicht in allen Dingen lehren und ermahnen lässt, dann wird das geistliche Wachstum beträchtliche Einbußen erleiden. Das ist sehr bedauerlich, denn das ist eine der wichtigen Funktionen der Gemeinschaft des Leibes Christi, sich gegenseitig zu erbauen, eben auch durch Lehre und Ermahnungen.

Paulus knüpft hier an, an die bekannte Lehre der Alten: *„Und diese Worte, die ich dir heute gebiete, sollen in deinem Herzen sein. Und du sollst sie deinen Kindern einschärfen, und du sollst davon reden, wenn du in deinem Hause sitzt und wenn du auf dem Weg gehst, wenn du dich hinlegst und wenn du aufstehst. Und du sollst sie als Zeichen auf deine Hand binden, und sie sollen als Merkzeichen zwischen deinen Augen sein, und du sollst sie auf die Pfosten deines Hauses und an deine Tore schreiben."* (5 Mos 6,6-9)

Die Juden haben das wörtlich genommen mit ihren Schächtelchen mit den Schriftworten an Stirn und Ärmel und den Miniaturen an den Türen. Aber es kommt darauf an, die Worte Gottes im Herzen zu haben. Dort sind sie nicht nur einfach ein Schatz, den man hervorholen kann, sondern dort wirken sie wie ein Samen, der Frucht bringt zur rechten Zeit. Das Wort vermehrt seinen Nutzen. Deshalb ist die Bibel wohl auch das einzige Buch, das immer wieder den erneuert und reif macht, der darin liest.

Wenn man wissen will, wie die geistliche Kompetenz einer Kirche ist, dann muss man nur danach sehen, wie sehr sie das Wort Gottes schätzt und ehrt und auch anwendet. *147 Um es klar zu sagen. Eine Kirche, die systematisch die Bibel unterdrückt in Lehre und Ausbreitung, kann keine christliche Kirche sein. Die erste Kirche, die die Bibel kritisiert hat, war die Kirche Roms. Sie hat sich sogar erdreistet, ihre Tradition neben Gottes Wort zu stellen.

Bibelkritik zerstört nicht nur die Schrifterkenntnis, sondern auch die Beziehung zu Gott. Wer die Bibel falsch auslegt, führt in die Irre und ist selber ein Irrender. Wer falsche Lehren lehrt, auf den wird es unweigerlich zurückfallen.

Paulus gibt den Rat: *„Und alles, was ihr tut, im Wort oder im Werk, alles tut im Namen des Herrn Jesus!"* (**Kol 3,17**) Und das gilt ganz gewiss auch für die Bibelauslegung und die Lehre.

Damit sei gesagt, dass man alles in Jesus Christus tun soll, denn nur dann kann man es auch in Seinem Namen machen. „Im Namen" soll also nicht einen Wunsch ansagen und auch nicht die Quelle der Autorität, die man beansprucht, sondern sie zeigt eine Stellvertretung an, die ja tatsächlich nur dann gegeben ist, wenn man mit dem übereinstimmt, in dessen Namen man handelt. *148

Die Beziehung zu Christus ist zweifellos viel tiefer gehend, wenn man in Ihm ist und aus Ihm heraus handelt, quasi als würde Er selber handeln, was Er ja durch Seine Glieder dann auch tut. „Im Namen des Vaters und des Sohnes", gibt also idealerweise an, dass man eine Gemeinschaft mit Ihnen hat, die sehr weit geht. Sie geht sogar so weit, dass das Handeln dem Vater und dem Sohn anrechenbar ist, weil man in Ihrem Namen gehandelt hat. Es ist also kein Zauberspruch, der einem Menschen eine bestimmte Stellung und Bevollmächtigung gibt wie bei einem Priester vor dem Opferaltar. Sondern „Im Namen" erklärt die Übereinstimmung. Und die kann man nur proklamieren, wenn man sich „in Christus" sicher ist. Wenn man „im Namen" Jesu andere Menschen verfolgt, hat man Seinen Namen missbraucht.

Die meisten sogenannten Christen sind weit davon entfernt, „alles" im Namen des Herrn Jesus zu tun oder getan haben zu wollen. Das mag für den, der Jesus noch nicht ganz für sich entdeckt und erfasst hat, als Dahingabe von Freiheiten erscheinen. Oder als Forderung, die unmenschlich und unmöglich zu erfüllen sei und auch als Bemühen darum, welches ein mühseliges Leben einbringt, aus dem jede Freude verschwinden muss. Paulus hätte gesagt, dass für diejenigen, die so denken, noch die verdünnte Glaubensmilch fließen muss. Auch die Freude in Christus ist etwas Wachstümliches! Sie ist das Ergebnis von Gehorsam, aber eben auch von dem Geschenk der Gnade. *149

Das bedeutet, dass auch jemand, der von sich sagen kann, die Freude Jesus zu haben, Gott dafür danken kann, weil er diese Freude geschenkt bekommen hat und sich selber nicht verdient hat, auch wenn Gott bei dem einen Gehorsam, bei dem anderen die Einstellung, „ich will überwinden" sehen wollte. Es bleibt eine Gnadengabe. Und so kann es sein, dass jemand immer auch diese Freude braucht, um eine nächste Glaubens- und Wachstumsstufe zu nehmen, während der andere die Freude gar nicht braucht, weil ihn die bloße Überzeugung so viel Kraft vermittelt hat, dass er sogar im Erdulden und im Erleiden weiter kommt.

Wenn man „im Namen Jesu" betet, sollte man sich bewusst sein, dass man nicht um Dinge bitten kann, von denen man annehmen muss, dass sie Jesus nicht will. Er soll ja das Gebet aus der (Gebets-) Gemeinschaft mit Jesus heraus sprechen. Wer sich nicht sicher ist in einer bestimmten Sache, soll das „im Namen Jesu" weg lassen.

JCJCJCJCJCJCJCJCJC

Ordnungen in Christus
Kol 3,18-23; 4,1.10.11.16-18

In Jesus Christus ist (beinahe) alles ganz anders wie in der Welt! In Christus ist es auch so, dass die Frauen sich ihren Männern unterordnen sollen, *„Wie es sich im Herrn ziemt!"* (**Kol 3,18**) Das begründet Paulus andernorts aus der Schöpfungsordnung. Paulus hat also an das geglaubt, was Mose in seinem ersten Buch beschrieben hat. Von Anfang an hat Gott den Mann zum Haupt über die Frau, die ihm eine Hilfe sein soll, bestimmt. ***150**

Der Feminismus und Genderismus lässt das nicht zu, aber das sind Elemente der Welt, die vergehen. Die Bibel lehnt die modernen Theorien der Frauenrechtler und Soziologen ab, ohne auf sie Bezug zu nehmen, weil die Sache sich so klar aus der Ordnung ergibt, die Gott vorgegeben hat, dass es reicht, wenn Paulus einen knappen Hinweis gibt, weil es natürlich zu allen Zeiten unzufriedene Frauen von unzureichenden Männern gab (vermutlich seit Adam und Eva).

Ebenso wichtig ist aber der Hinweis für die Männer: *„Ihr Männer, liebt eure Frauen und seid nicht bitter gegen sie!"* (**Kol 3,19**) Das wiegt gleich doppelt schwer. Wie kann man Lieben verordnen? Hier ist natürlich die bewusste Herzenseinstellung gemeint, die man jedem Menschen entgegenbringen kann, wenn man nur will. Es entspricht dem Gebot: liebe deinen Nächsten wie dich selbst! Im Falle Mann-Frau, hat der Mann eine große Hilfe, wenn er schon seine Frau als *„Fleisch von meinem Fleisch"* sehen kann. Er sorgt für sie, er erduldet sie, er ist freundlich und rücksichtsvoll gegenüber ihr und tut, was er kann, um ihr das Leben zu erleichtern, besonders da, wo es zu gewissen Härten kommt. In diesen Bereichen gibt es viel zu tun und jedem Mann ist vielem möglich. Zugleich ist damit aber auch gesagt, dass es Dinge gibt, die zu einer „leistbaren" Liebe nicht dazu gehören können. Dem Mann ist nicht alles zuzumuten, was die Frau vielleicht in ihrer Lebensweise und entsprechend ihrer Gewohnheiten fordert. Hier braucht es Weisheit.

In vielen Ehen stellt sich erst lange nach der Eheschließung heraus, mit welchem Menschen man sich eingelassen hat, dies gilt umso mehr in Fällen, wo man sich vorher nicht wirklich gekannt hat, gerade weil man ein häufiges oder intimeres Zusammenkommen aus Gründen der Gesittung und der Rücksichtnahme vermieden hat. Es ist aber klar, Lieben geht immer! Die Liebe, die man „schuldet" ist aber nicht grenzenlos, weil sie sonst schnell rücksichtslos ausgebeutet wird, was Gott hasst. Er lässt sich auch nicht ausbeuten! Er schiebt jeden unlauteren Annäherungsversuchen einen rigorosen Riegel vor! Jeder, der liebt oder lieben soll, hat seine Limitierung. Niemand ist mit einer unendlichen Geduld und Güte ausgestattet, sondern muss haushalten mit seinen Kräften und ein geistlich vernünftiges Maß seiner Fähigkeiten und Traglast beachten. Das gilt natürlich für beide Seiten.

Dass Paulus sogleich hinter seine Empfehlung, die Frau zu lieben, ein *„seid nicht bitter gegen sie!"* setzt, ist wie ein Ausrufezeichen. Anscheinend ist Paulus davon ausgegangen, dass Männer häufig gegen Frauen bitter sind.

Wohl deshalb, weil Frauen nicht immer so den Wünschen und Erwartungen der Männer entsprechen. Zu den Frauen sagt Paulus nicht: *„Liebt eure Männer!"* Vielleicht hält er ihre Liebeskompetenz für beträchtlicher als die der Männer. Sie haben nicht solche Defizite. Es darf ja wohl nicht wahr sein, dass er ihnen das deshalb nicht sagt, weil es für sie sowieso nie machbar ist. Aber Frauen, die man mit Respekt behandelt, danken das, indem sie umgänglicher werden. Und wenn sie umgänglicher sind, gibt es für den Mann auch weniger Gründe, bitter gegen sie zu sein.

Vielleicht ordnen sich die Frauen auch nicht unter, was Männer ganz sicher erbittern kann. Aber auch da hilft die Liebe, weil sie die Verbitterung in den Hintergrund treten lässt oder sogar ganz wegschmelzen lässt. Männer geben sich manchmal so viel Mühe, wenn sie um ihre Braut werben! Noch kein einziger hat es fertig gebracht, die ernst gemeinte Ankündigung, ihr den Himmel auf Erden zu bereiten, wahr zu machen. Da fehlt es schlicht an (himmlischer) Kompetenz. Aber nun soll doch wenigstens die Frau in ihrem Entgegenkommen auf dem himmlischen Niveau, auf dem sie anfänglich zu schweben schien, für immer verbleiben, scheint der Mann zu denken. Und wenn das nicht der Fall ist und die Anzeichen sich verdichten, dass man eine Sterbliche, Irdische und eben manchmal auch irdisch Gesinnte vor sich hat, die nicht so ganz in das Bild, das man sich vom Himmel auf Erden gemacht hat, hineinpasst, nimmt man das mit Bitterkeit zur Kenntnis. Dann nur nicht beleidigt sein, sondern erst Recht lieben, würde Paulus sagen. Die Liebe behält immer die Oberhand, wenn man sie lässt. Das erfährt man nicht unbedingt da, wo man es sich wünschen würde, aber es ist eine Erfahrung – Wachstum und Vervollkommnung in der Liebe Gottes – die man in Christus macht, damit man in Christus bleibt und in Christus ankommt. Christen sollen nicht einfach nur auf die Rückkehr des Meisters warten. Sie sollen selbst meisterlich werden und, ehe sie den Christus zu sich in Kraft und Person kommen sehen, so viel Christus in sich haben, dass sie in Christus sind.

Die Christuserfahrung ist eine
auch die inneren Sinne erfassende Realität,
bevor man zum äußerlichen Schauen kommt.

Die Bitterkeit ist eine gefährliche Wurzel für viel Unkraut. Sie wächst tief und fest, wenn man sie nicht gleich bekämpft. Sie breitet sich aus und erstickt vieles, was in guten Anfängen steckt und nun stecken bleibt. Sie ist eine böse Herrscherin, denn sie will alleinherrschen und unterdrücken. Sie will alles Gute mundtot und unwirksam machen. Sie beruft sich dabei auf sich selbst, denn sie sagt: *„Ich habe Recht!"* und sie sagt auch: *„Mir wurde Unrecht getan!"* Und deshalb sagt sie sogar: *„Ich bin das Recht!"* Sie macht sich zur einzig richtigen Lebensart. Sie will das Weh und das Gejammere darüber und wehrt sich hartnäckig gegen Opposition. Sie sucht aber auch Aufmerksamkeit und Anerkennung. Aber sie ist durchschaubar, wenn sie solche Ansprüche geltend machen will, und das ist ihre Schwäche, sie produziert nichts Gutes und ist zu allem Guten unfruchtbar.

Das beste Gegenmittel ist die Liebe, sowohl bei dem, der Bitterkeit bei sich verspürt, als auch bei dem, der damit konfrontiert wird. Die Haltung: dem zeige ich es! Oder: links liegen lassen! Oder mit großen Belehrungen und Moralpredigten kommen, all das ist falsch und hilft dem Betroffenen eher dazu, noch verbitterter zu werden. Der Verbitterte ist in der Situation der Schwäche und braucht keine zusätzlichen Schwächungen und Entmutigungen, vor allem braucht er keine Erst-Recht-Lieblosigkeiten! Oft werden Verbitterungen gerade durch Lieblosigkeiten ausgelöst. Wer dafür verantwortlich ist, hat ein mindestens ebenso großes Problem wie der, der ihm die Lieblosigkeit vorwerfen könnte.

In Christus gibt es weder Verbitterungen noch Lieblosigkeiten.

Paulus empfiehlt daher über alles das Band der Liebe zur Vervollkommnung anzuziehen. Dann wird der Raum für Verbitterungen und Lieblosigkeiten immer beschränkter.

Nach **Kol 3,20** sollen die Kinder „in allem" ihren Eltern gehorchen. Mit „allem" sind alle Lebensbereiche gemeint, nicht alles, was sich Eltern ausdenken können, um ihre Kinder zu quälen. Es gibt keinen Lebensbereich, der davon ausgenommen ist, wo Eltern nicht ihren Kindern beistehen und vorbildlich einen gangbaren Weg vorweisen können. Mit „Kindern" meint Paulus auch nicht eine bestimmte Altersgruppe von Menschen, sondern alle, die, weil sie Eltern haben, immer auch Kinder bleiben.

Was Eltern durch ein falsches Vorbild bei Kindern anrichten können, sieht man zu Beginn des 21. Jahrhunderts z.B. an den Palästinensern, die ihren Kindern einen Hass auf Israel anerziehen. Paulus hätte gehofft, dass die Kinder ihren Eltern nicht mehr gehorsam leisten und sich als Selbstmordattentäter in die Luft sprengen, weil das ihre Eltern so stolz macht und sie – angeblich - zu Heiligen macht.

Paulus spricht in seinem Brief an die Kolosser aber nicht zu Palästinensern oder Muslimen. Ihnen hätte er etwas ganz anderes zu sagen. Er redet zu Juden und Nichtjuden, die zum Glauben an den Messias Israels gekommen waren und daher wussten, wie man Kinder im Herrn Jesus Christus erzieht. Er durfte davon ausgehen, dass die Werte, die man seinen Kindern beibringen soll, den Kolossern bekannt waren.

Das Judentum unterschied sich erheblich von den anderen Völkern in der Antike gerade in der Erziehung der Kinder. Früh wurden sie in die Torah instruiert, die einen hohen ethischen Standard hat. Der Koran hat vergleichsweise unethische Lehren im Angebot. Da wird geboten, dass man Ungläubige umbringen soll, wenn sie sich widersetzen. Oder, dass man sich Juden und Christen nicht zu Freunden machen soll und dass man als Mann über seine Frau verfügen soll, wie man will, wozu auch Gewalttaten gehören. Der Mann soll seine Frau schlagen, wenn sie ihm nicht gehorcht. Da kommt Liebe auf! Vor allem bei den Sprösslingen, die so nachhaltig gelehrt werden, wie sie später selber mit ihren Frauen umgehen sollen.

Da die Kolosser aber keine Muslime waren, sondern Juden und Nichtjuden, die im Umkreis der Synagoge mit den jüdischen Lehren vertraut waren, durfte Paulus davon ausgehen, dass die Kolosser, die er nicht persönlich kannte, selbst wenn sie als natürliche Menschen Glieder der Unzucht, Unreinheit, Leidenschaft, böse Begierde und Habsucht hatten, dennoch ihren Kindern das beibrachten, was sie selber als Ideal betrachteten, nämlich: herzliches Erbarmen, Güte, Demut, Milde, Langmut und Liebe! Und all die anderen Güter der Torah.

Es ging ihm also um diese Bereiche! Die Kinder werden groß und je größer sie werden, desto mehr Freiraum beanspruchen sie, bis sie schließlich aus dem Haus sind. Das geschah damals mit der Eheschließung, außer wenn man zu einem der beiden Elternpaare zog. Aber unabhängig davon sollten Kinder auch dann nicht gegen die Eltern ungehorsam sein, solange diese nichts Verwerfliches forderten. Das Abschwören vom Glauben wäre so etwas gewesen. Man denke gerade an die Kinder von Eltern, wo ein Elternteil ungläubig war. Wenn der Vater einem Jugendlichen befahl, dem christlichen Glauben abzuschwören, weil er selber ein Verehrer des griechischen Sonnengottes war, hätte Paulus das sicher nicht mit dem Hinweis auf die Gehorsamspflicht unterstützt.

Wie wichtig die vertrauensvolle Verbindung zwischen Eltern und Kindern ist, wurde mir neulich wieder bewusst. Da war ein Vater, der nach einer unglücklichen Ehe seiner Tochter während des Scheidungskrieges bemerkte, dass sie ihn gar nicht um seinen väterlichen Segen für die Ehe gefragt hatte. Das hatte sie deshalb unterlassen, weil ihr bewusst war, dass ihr Vater weder den Bräutigam noch die Umstände der Eheschließung akzeptiert oder gutgeheißen hätte. Hätte die Tochter auf ihren Vater gehört, wäre ihr viel Leid erspart geblieben. Anscheinend haben Väter auf ihre Art, wie Mütter auf ihre Art, eine besondere seelische Verbundenheit mit ihren Kindern, die sie bestimmte Dinge ahnen lässt, wofür andere keine Antenne haben.

In einem anderen Fall, der mir ebenfalls bekannt geworden ist, hat ein Vater seine Tochter dringend gewarnt vor der Eheschließung mit einem Mann, der tüchtig und, allem Anschein nach, eine auffällig freundliche und herzliche Person war. Die Scheidung kam wenige Jahre später, weil der Mann die Bindung an die Familie seiner Herkunft wichtiger war, als die Bindung zu seiner Frau. Er hatte nicht die biblische Sichtweise beachtet, dass der Mann, wenn er sein Vaterhaus verlässt, seine Frau und damit seine eigene Familie als erste Priorität zu betrachten hat. *151

Paulus rät den Vätern in **Kol 3,21**, dass sie ihre Kinder nicht reizen sollen. Was meint er damit? Er befürchtet deren Mutlosigkeit. Diese ist allerdings ein Gift gegen das Vertrauen in Gott. Die Kinder sollen ja in die Nachfolge Christi herangezogen und eingeführt werden. Wenn man sie überlastet und einem zu starken Anspruchsdenken aussetzt, erzeugt man ihre Gegenwehr oder ihr Ermatten. Man darf seine Kinder und ihr Vermögen ebenso wenig ausreizen, wie ihre Bereitschaft. Das gilt auch zwischen Brüdern und Schwestern. Wer gutmütig ist, wird immer wieder in Anspruch genommen und merkt irgendwann, dass er ausgenutzt wird. Das ist immer dann der Fall, wenn der Nutzer einen Dienst, um den er gebeten hat und der freiwillig erbracht worden ist, für so selbstverständlich hält, dass er das Bitten und Danken nicht mehr für notwendig hält. Das sendet einen ständigen Reiz aus, der irgendwann zu einer solchen Störung wird, dass bei dem Ausgenutzten die Freude auf der Strecke bleibt und der Ärger anfängt.

Kinder brauchen den Mut, sich auf das Wagnis des Glaubens nicht nur einzulassen, sondern auch beständig auf dem Weg zu bleiben, gerade wenn es hart und undurchsichtig wird. Wenn sie als Kinder ständig überfordert und unter Druck gesetzt werden, verbinden sie das eine mit dem anderen und wollen dann ausbrechen und stehen nicht mehr zur Verfügung für ein Leben im Glauben. Hart aber gerecht sein genügt als Vater nicht. Ein Vater muss zu allererst immer liebevoll sein und zwar so, dass es die Kinder auch bemerken können. Deshalb sagt Paulus: *„Was ihr auch tut, arbeitet von Herzen als dem Herrn und nicht den Menschen"* (**Kol 3,23**).

Der Dienst für Gott soll immer so sein, wie es Paulus in **Kol 3,22** sagt: *„nicht in Augendienerei, als Menschengefällige, sondern in Einfalt des Herzens, den Herrn fürchtend!"*

Wenn man in die Kirchen derjenigen Glaubensgemeinschaft mit den meisten Mitgliedern schaut, fällt schon äußerlich auf, wie wichtig es dort sein muss, dass die Schauwerte vorhanden sind. Jede dieser Kirchen scheint ein besonderes Interesse zu haben, so prachtvoll zu sein, wie es eben noch die Kasse hergibt. Da spielt es keine Rolle, dass viele Kirchenmitglieder am Hungertuch nagen, denn wie schon Mutter Theresa, ein von dieser Glaubensgemeinschaft, die sich selber heilig gesprochen hat und ihr Oberhaupt „heiliger Vater" nennt (großgeschrieben) , heilig gesprochenes Kirchenmitglied, sagte, vergrößert das ja nur die Konzentrationsfähigkeit auf das Wesentliche, nämlich Christus oder wenigstens Maria, die meist etwas menschlicher dargestellt wird. Auch das, was in den Kirchengebäuden so menschengefällig und für die Augen bedeutend anzusehen sein soll, heißt es, soll nur die Ehre Gottes vergrößern. Wenn man dann aber die prunkvollen Gräber der Kirchendiener sieht, scheint man eher etwas für die Ehrung der Verstorbenen getan zu haben. Wie ja überhaupt die Totenverehrung einen breiten Raum einnimmt im Katholizismus. Der alte Adam ist gestorben und wird noch einmal im Nachhinein groß gemacht. Er ist alter Adam geblieben und wird auch als solcher auferstehen, ist zu befürchten. Er muss deshalb auferstehen, weil er nur scheintot ist.

Ob sich die *„Einfalt des Herzens"*, die man auch mit „Aufrichtigkeit" übersetzen könnte, in diesem Gebaren kund tut, ist ebenso zu bezweifeln. Der Grund, warum sich Menschen so sehr um Augendienerei bemüht sein lassen, ist augenscheinlich oder doch klar. Da man nicht in die Herzen schauen kann, kann man es getrost eine Mördergrube sein lassen, wenn man nur den Anschein gibt, dass man dem anderen nützlich ist. Dann bekommt man seinen Lohn. Der Umgang miteinander ist also gar nicht aufrichtig und kann auch immer nur oberflächlich sein. Es ist das religiöse Lohnprinzip, wo äußerliche Dinge durch Geld erworben werden können, welches aus nützlichen Werken stammt. Das bestimmt das Verhalten der Menschen, nicht die Herzenseinstellung und daher auch nicht die Ehrlichkeit. Und daher können auf den Kardinalstühlen auch schwerlich Menschen sitzen, die lauteren Herzens wären, da sie in einem System nach oben gekommen sind, wo die wahren Beweggründe nicht abgefordert werden, aber Nützlichkeiten erwogen und gewogen werden, die den eigenen Stand und das Ansehen verbessern. Und eine Krähe hackt der anderen kein Auge auf. Es gibt in den Kirchen eine Sozialisierung des Unrechts und eine Fraternisierung und der Heuchelei. *152

Das ist menschlich und ist in menschlichen Kirchen gleich welcher Konfession auch nicht anders zu erwarten. Der Mensch ist ein Augenwesen und außerdem hat er ein Herz, das gefährliche Untiefen hat (Pred 9,3). Diese Koalition zwischen Augen und Herz kann nur der Geist Gottes durchbrechen. In den Bildnissen und architektonischen Bauten der Kirchengebäude aus vergangener Zeit sieht man deutlich, dass hier ein Geist am Werk war, der noch ganz menschlich denkt und handelt.

Und dieser Geist wird jedenfalls nicht das Erbe Jesu zuteilen können (**Kol 3,23**). Nur was Gott dienen soll, ist ein Gottesdienst. Und nur was Gott tatsächlich dient, ist ein von Gott angenommener Gottesdienst. Und nur was Gott zum Dienst gegeben hat, kann vom Menschen als rechter, Gott wohlgefälliger Gottesdienst erbracht werden. Das von Gott gegebene muss aber vom Menschen mit einem lauteren Herzen aufgenommen und wiedergegeben werden. Für all die fleißigen Kirchendiener gilt jedenfalls: *„Denn wer Unrecht tut, wird das Unrecht empfangen, das er getan hat; und da ist kein Ansehen der Person."* Egal ob Papst oder Klingelbeutelhalter, wer stiehlt ist ein Dieb. Der eine stiehlt im großen Stil, der andere im Kleinen. Der eine stiehlt Seelen ihre Ruhe, der andere stiehlt nur ein paar Blechmünzen.

Kol 4,1 überrascht zunächst. Den Herren wird gesagt, dass sie die Sklaven gut behandeln sollen. Aber warum sagt Paulus nicht, dass sie die Sklaven frei lassen sollen? Auch die Antwort kann überraschen. Weil das zu jener Zeit noch nicht dran war. Was nützt es einem Sklaven, wenn er plötzlich auf der Straße steht, noch dazu mit seiner Familie, der Frau, den Kindern? Er wäre frei zwar, aber gleich wieder noch schlimmer an die Umstände gebunden als vorher. Wenn er bei einem Herrn war, war er versorgt.

In den Südstaaten der USA war es nach dem Ende des Bürgerkriegs 1865 nicht selten vorgekommen, dass Sklaven, die nun per Gesetzesbeschluss freie Menschen waren, bei ihren früheren Herren blieben, denn wo sollten sie hingehen, wenn sie nicht in der Lage waren, sich eine neue Existenz aufzubauen? Sie hatten nun zwar den Status „frei", aber ihnen war mehr an der Versorgung ihrer Familien gelegen.

Paulus lag anscheinend nichts daran, den Status quo zu verändern oder die römische Gesellschaft, die seit Jahrhunderten nicht nur zu Gunsten der Reichen gut funktionierte, zu reformieren. Wichtig war, dass man da, wo man sich befand, zugleich in Christus sein konnte. Und das ist das Wunderbare an der christlichen Lebensweise: sie geht immer und überall.

An anderer Stelle sagt Paulus, dass ein Sklave frei werden soll, wenn er es kann. Wenn ihm die Freiheit angeboten wird, soll er es ergreifen. Wenn nicht, soll er da bleiben, wo er ist und dabei ganz unbekümmert sein (1 Kor 7,21). Man kann in jedem gesellschaftlichen Stand Christ sein *153 und also gilt: *„Da ist weder Grieche noch Jude, Beschneidung noch Unbeschnittensein, Barbar, Skythe, Sklave, Freier, sondern Christus alles und in allen."* (**Kol 3,11**)

Paulus hatte leicht reden! Er war römischer Bürger! Und er war unverheiratet. Aber er gab ja nicht einfach nur seine Meinung kund!

Am Ende des Briefes verweist Paulus auf seine Begleiter Aristarchus, Markus und Justus und bezeichnet sie als *„alleinigen Mitarbeiter für das Königreich Gottes"* (**Kol 4,10-11**) und zwar *„aus der Beschneidung"*.

Die ElbÜ verdeutlicht, dass sie alleine die jüdischen Mitarbeiter von Paulus waren. Lukas, den er nachfolgend nennt, war kein Jude, sondern Grieche.

Es stellt sich die Frage, ob Paulus seine gesamte Verkündigung als die Verkündigung vom „Königreich Gottes" bezeichnete oder nur den Teil, der das Königreich, eben jenes, welches mit der Rückkehr Jesu beginnen würde, betraf? Die Frage ist vorerst nicht endgültig zu beantworten. Aber da Paulus das in seinen Briefen nicht erkennbar streng getrennt hat, ist davon auszugehen, dass er seine Missionstätigkeit insgesamt als Dienst für das Reich Gottes verstand.

Zu beachten ist, dass es in Kolossai zur Zeit von Paulus viele Juden gab. Es ist daher davon auszugehen, dass die Gemeinde, die er anschrieb, viele Juden hatte. Kolossai wurde im Jahr 60 oder 61 von einem großen Erdbeben zerstört. Daher ist anzunehmen, dass Paulus seinen Brief vorher geschrieben hat. Was Paulus den Kolossern geschrieben hat, haben auch zumindest die benachbarten Laodizäer zu lesen bzw. zu hören bekommen, denn Paulus selber ordnete an, dass man sich die Briefe untereinander austauschte, was ohnehin damals die übliche Praxis war (**Kol 4,16**). Es gab auch nach **Kol 4,16** einen Brief, den Paulus an die Laodizäer geschrieben hat. Dieser ist nicht erhalten. Wenn man sieht, wie bedenklich sich diese Gemeinde entwickelt hat (Of 3,14ff), liegt der Gedanke nahe, dass der Brief im Verhältnis zu dem, was Johannes über Laodizäa später schreiben sollte, dieses Bedenkliche offenbart hätte. Gott will aber nicht alles zur Unzeit offenbaren. Das könnte der Grund sein, warum es diesen Brief an Laodizäa nicht in die Bewahrung und Überlieferung geschafft hat.

Die Verfasserschaft von Paulus muss nicht angezweifelt werden, weil der Kolosserbrief typisch paulinisch ist und selber über die Verfasserschaft Auskunft gibt (**Kol 4,18**). Wer sagt, dass Paulus nicht den Brief geschrieben hat, widerspricht also dem Wort Gottes. Er ist damit ein Außenseiter, der von außen auf eine Sache schaut, die man im Kern nur kennen kann, wenn man von innen schaut. Das ist bei allen göttlichen Weisheiten so. Wer sagt, dass Paulus nicht der Verfasser ist, gibt damit zweifelsfrei zu, dass er nicht den Geist Gottes hat, denn der zweifelt nicht am Wort Gottes. Aber nur der kann eine Innenansicht von den Angelegenheiten Gottes haben, wenn er der Geist Gottes selber ist. Wenn der Geist Gottes Paulus inspiriert hat, den Brief zu schreiben, kann auch nur der Geist Gottes das umfassende Verstehen eben dieser inspirierten Worte geben.

Wer behauptet, dass der Verfasser andere Themen behandelt als Paulus es zu tun in der Lage wäre, muss dafür den Beweis schuldig bleiben. Dass man als Briefeschreiber einmal gegenüber dem einen Briefempfänger andere Schwerpunkte setzt als gegenüber einem anderen, ist selbstverständlich. Daraus lässt sich keine andere Verfasserschaft ableiten.

Anmerkungen

Die zitierten Bibelstellen stammen aus der Konkordanten oder Elberfelderüber-gabe, wenn nicht anders angegeben ist.

1

Griechisch κοσμολογία, kosmología, „die Lehre von der Welt".

2

„Judenchristen" verstehen meist die neutestamentliche Ekklesia als Nachfolgerin der alttestamentlichen, jedenfalls torahtreuen Ekklesia. „Heidenchristen", die man auch als „Kirchenchristen" bezeichnen könnte, sehen die neutestamentliche Ekklesia als etwas Neues, so dass Juden, die sich zum Christentum bekehren nur dann als echte Christen betrachtet werden, wenn sie ihr Judentum ablegen (Zur typisch judenchristlichen Haltung s. David H. Stern in seinem Kommentar zum Neuen Testament, S. 162, 2004).

3

Das haben leider weder alle Lehrer der Kirchen, noch alle Lehrer der Torah richtig verstanden, sonst würden sie nicht immer wieder gegen die Lehren von Paulus anreden (z.B. David H. Stern in seinem Kommentar zum Neuen Testament, S. 83, 2004).

4

Es ist auch erbärmlich, wenn Theologen, die die Verdammungstheologie verteidi-gen, auf die natürliche Reaktion von Menschen auf solche Gräuellehren, sagen müssen, man dürfe nicht meinen, man sei barmherziger als Gott, denn das wäre die Unterstellung eines jeden, der die Berechtigung für eine ewige Folter in einer Quälhölle anzweifeln würde. Mit dem gleichen Argument haben die Folterknechte der Inquisition die Ketzer, die sie quälten, verspottet, wenn diese um Erbarmen flehten, man möge doch so barmherzig sein und die Qualen beenden. Wozu die Qualen beenden, wenn sie sowieso in der Hölle ewig fortgesetzt werden? Man kann diese Argumentation zutreffend als Teufelskreislauf bezeichnen.

5

Vgl. Adolf Schlatter, Kommentar zum Kolosserbrief, Bd. 7, Erläuterungen zum Neuen Testament, S. 253, 1965.

6

„Die Gemeinde ist das Zentralorgan der göttlichen Weltregierung und Weltvollendung." Heinrich Langenberg in „Der Kolosserbrief", S. 12, 1965. Langenberg spricht von „das All umspannenden Aufgaben".

7

Schlachter übersetzt mit „Einsicht", ElbÜ mit „geistliches Verständnis".

8

Das Gleiche kann über den Wert des Menschen gesagt werden. Das deutsche Wort Würde kommt vom Althochdeutschen „wirdi" und bedeutete „Wert".

9

Vgl. Arnold Fruchtenbaum, „Messianische Christologie", S. 129, 1998.

10

„Gott ist Geist, und die ihn anbeten, müssen in Geist und Wahrheit anbeten." (Joh 4,24) Mit diesem Satz ist klar zum Ausdruck gebracht, dass Gott, egal wen oder wie viele Einzelpersonen man unter „Gott" verstehen möchte, ein geistiges Wesen ist. Aus diesem Grund ist immer zuerst zu fragen, wenn im Neuen Testament vom heiligen Geist oder vom Geist Gottes geredet ist, welche Gottperson gemeint ist. Als Gott kommen beispielsweise „El", „Elohim", „Adonai", „JHWH", der Vatergott und der Sohn Gottes, Jesus Christus in Frage. Inwieweit die Vorgenannten in Beziehung zueinander stehen oder identisch sind, soll an dieser Stelle nicht ausgeführt werden. Nur so viel kann gesagt werden, dass die Bezeichnungen „El", „Elohim", „Adonai" und „JHWH" auf den Vatergott und ebenso auf den Sohn Gottes angewendet werden können. Ein namenloser Extragott, den die Bibel „heiliger Geist" nennt, ist nicht schlüssig nachzuweisen, vielmehr ist es schlüssig, den „heiligen Geist" dem Vater oder dem Sohn zuzueignen, schon deshalb, weil beide „Geist" sind, und zwar „Gottes Geist", somit auch „heiliger Geist".

11

Arnold Fruchtenbaum, „Messianische Christologie", S. 129, 1998.

12

Es bestünde noch die Möglichkeit, dass unter JHWH Vater und zugleich Sohn genannt sind, aber diese Auffassung wird von keinen Auslegern vertreten. Es gibt zwar die berechtigte Auffassung, dass unter JHWH, sowohl der Vater als auch der Sohn gemeint sein können, aber dann ist es entweder der Vater oder der Sohn an den jeweiligen Stellen. Damit ist der Nachweis einer Trinität aber auch nicht zu führen.

13

Dass Fruchtenbaum andernorts biblische Lehren verkündet, ist unbenommen. Man muss aber größere Sorgfalt walten lassen, wenn man versucht, im Alten Testament alle kirchlichen Lehren, soweit man sie als biblische Lehren versteht, aufzufinden. Das Neue Testament widerspricht nicht dem Alten Testament. Aber sowohl das Neue Testament als auch das Alte Testament stimmen nicht immer mit kirchlichen Lehren überein. Das ist eine nicht bedauerliche, sondern wegen vieler unchristlicher Kirchenlehren erfreuliche Wahrheit, die von den Kirchenvertretern aus verständlichen Gründen nicht gewürdigt wird. Die Folge davon ist, dass unbiblische Lehren verbreitet werden. Darauf liegt natürlich kein Segen.

14

Die Beliebigkeit des Glaubens in den protestantischen Kirchen ist das Gegenstück zum katholischen Dogmatismus und lässt den Gläubigen ebenso in der Unwissenheit in Bezug auf die Gotteserkenntnis. (Vgl. Winfried Amelung, „Denkfaul & Glaubensmüde", S. 182, 2003).

15

Hans-Joachim Diesner, „Stimmen zu Krieg und Frieden im Renaissance-Humanismus", S. 25, 1990.

16

Vgl. Christian German, „Der Zeitgeist und die Kirche", S. 21., 1861.

17

So wie vermutlich auch Petrus (1 Pet 5,13). Die Ausleger schwanken zwischen dieser Position und der Auffassung, dass immer die historische Stadt Babylon gemeint sei, wenn Babylon geschrieben steht. Letztgenannte Position würde bedeuten, dass es in den letzten Tagen schnell klar würde, dass die letzten Tage gekommen sind, denn bis zum heutigen Tag ist das historische Babylon ein Ort, der in Trümmern und im Staub liegt. Aber auch das wäre irritierend, dass die Kirche Roms, die zweitausend Jahre die Weltpolitik maßgeblich mitgestaltet hat, in der Bibel nicht vorkommt, jedenfalls nicht in ihrer weltlichen, weltherrschaftlichen Ausprägung, denn die Gemeinde Jesu ist keine siegreiche, solange sie noch nicht mit Christus vereint ist. Wäre also Babylon die historische Örtlichkeit im heutigen Irak, enthielte die Bibel erhebliche Verständnis- bzw. Informationslücken. Das schmälert die Relevanz und Erkennbarkeit der biblischen Botschaft.

18

Vgl. Bernhard Weiss, „Lehrbuch der biblischen Theologie des Neuen Testaments", S. 412, 1903.

19

„Katholisch" von griechisch καθολικός katholikós , „allumfassend". Die sogenannte „katholische" Kirche trägt einen unpassenden Namen. Das ist schon deshalb so, weil sie nur einem minimalen Teil der Menschheit die Rettung zusagt. Im biblischen Sinne ist allumfassend wörtlich zu nehmen, das „All" und alles, was im All ist, umfassend. Christus breitet die Arme über alle aus.

20

Vgl. Leonardo Boff, „Kirche: Charisma und Macht", S. 169, 2011.

21

Vgl. Hans Joachim Eckstein, „Du bist geliebter, als du ahnst", S. 153, 2018.

22

Georg Huntemann, „Streit in der Kirche", S. 73, 1971.

23

Vgl. Andreas Bühler, „Kirche und Staat", S. 145, 1965.

24

Vgl. Walther Schrank, „Babylonische Sühneriten", S. 34, 2012.

25

Vgl. Martin Stewen, „Wenn Gott zu Wort kommt", S. 174, 2007.

26

Vgl. Richard Viladesau, „The Folly of the Cross", 2018.

27

Die Marienerscheinungen von Lourdes und Fatima sind die bekanntesten. Aber ähnliche Erscheinungen gab es an vielen Orten der Welt. Das Niveau der Botschaft liegt auf der katholischen Welle. So z.B. sagte die römische Maria in Lourdes zu einem Menschen: „Ich verspreche dir nicht, dich in dieser Welt glücklich zu machen, sondern in der andern!" Man soll als Mensch nie etwas versprechen, und als Dämon soll man nicht Dinge versprechen, zu denen man kein Zugang hat, und als Engel oder geschaffenes Wesen, soll man nichts versprechen, worüber man keine Verfügungsgewalt hat. Nur Gott kann etwas verheißen. Offenbar spricht so ein Lügengeist, denn ein bekehrter Mensch redet rechtens so nicht. Die Maria von Rom kann also nicht die Mutter Jesu sein.

Auch die Bitte: „Ich will, dass man in Prozessionen hierher zieht." Ist typisch katholisch. Hier spricht der alte babylonische Irrgeist. Nirgendwo in der Bibel ordnet Gott eine Prozession zu einem Pilgerort an. Prozessionen waren zu früheren Zeiten Merkmale der babylonischen Religionen (Vgl. die Beschreibung der babylonischen Riten im apokryphen Buch Baruch, die sich nahezu eins zu eins in der katholischen Religion wiederfinden). Dass die angeblich himmlische Dame dann genau das von sich gibt, was das Papsttum als Dogma nutzbar machen wird „Ich bin die unbefleckte Empfängnis!" zeigt, dass die Maria Roms ein Geist von unten, und nicht von oben ist. Damit ist auch die Kirche Roms identifizierbar. Interessanterweise hat auf diese Weise auch Mohammed seine Einflüsterungen bekommen. Wann immer er etwas Zweifelhaftes als Wahrheit dargestellt haben musste, erhielt er im Nachhinein die Bestätigung von seinem Lügenengel. So wie die Muslime glauben, dass die Weisung über einen Engel (Gabriel) von Allah kam, glauben die Katholiken, dass die Weisungen über die Verstorbene Maria von Gott kam.

Die römische Maria ist offenbar eine Katholikin, denn sie ordnete auch das Beten des Rosenkranzes in Fatima an. Noch klarer wird der betrügerische Geist, wenn er über Gott sagt: „Er möchte auf Erden die Verehrung meines unbefleckten Herzens begründen. Wer sie annimmt, dem verspreche ich das Heil, und diese Seelen werden von Gott geliebt wie Blumen, die von mir hingestellt sind, um seinen Thron zu schmücken."

Wer Mariens Herz verehrt, dem wird von Maria das Heil zugesprochen, sagt die Maria Roms. Nach der Bibel liegt allein in Christus das Heil. Und nur Er kann Heil zusagen. Diese Zusage der Maria Roms steht also im direkten Widerspruch zur Bibel und zur Lehre Christi. Sie ist daher anmaßend und verspottet Gott, den souveränen Herrscher und Heiland. Die Maria Roms kann niemand das Heil versprechen, weil sie es nicht verwaltet. Das gilt auch für die Mutter Jesu. Nach Röm 3,22-23 haben alle Menschen gesündigt, also kann die Mutter Jesu kein „unbeflecktes Herz" gehabt haben und die römische Maria, die das von sich selber ganz unbescheiden behauptet, kann nicht identisch sein mit der Mutter Jesu.

„Denn es ist kein Unterschied, denn alle haben gesündigt und erlangen nicht die Herrlichkeit Gottes" schrieb Paulus an die Römer. Aber die „Römer" wollen es nicht hören. Der Maria Roms fehlt die Demut der Mutter Jesu (Lk 1,38). Die Unanständigkeit der Maria Roms sieht man an solchen selbstverräterischen, weil das biblische Wort missachtenden Worten: *„führe alle Seelen in den Himmel, besonders jene, die Deiner Barmherzigkeit am meisten bedürfen."* Die Maria Roms kennt die Bibel nicht, oder sie will Irrlehren verbreiten, sonst wüsste sie und würde zustimmen, dass es vor Gott keinen Unterschied gibt und jeder Mensch im gleichen Maß der Barmherzigkeit Gottes bedarf. Wenn es die Bösen wären, die der Barmherzigkeit Gottes mehr bedürfen als andere, weil bei ihnen ja mehr Sünden zu vergeben

sind, dann würde die Maria Roms ja dafür sein, dass eher die Bösen in den Himmel kommen als die Guten. Wenn es aber die Guten wären, die mehr der Barmherzigkeit Gottes bedürfen, wären sie ja die eigentlich Bösen, weil nur die Bösen mehr der Barmherzigkeit bedürfen, wenn es überhaupt wahr ist, dass nicht alle gleichermaßen Gottes Barmherzigkeit bedürfen. Und auch dann wäre die Unkenntnis der römischen Maria nachgewiesen. Der Geist, von dem diese Worte stammen, ist also ein Irrgeist. Oder er gibt einen starken Hinweis für aufmerksame Menschen, dass dieser Marienglauben ein Irrglauben ist und damit auch ein Glaubenspfeiler der katholischen Religion hinfällig ist.

28

Eduard Lohse „Kritisch-exegetischer Kommentar über das Neue Testament: Kolosser", S. 295, 1977.

29

Jürgen Moltmann, „The Coming of God: Christian Eschatology", S. 324, 1996.

30

Vgl. Michael Dübbers, „Christologie und Existenz im Kolosserbrief", S. 288, 2005.

31

Kant glaubte aus einem anderen Grund nicht an die Allverdammung, „weil sonst kein rechtfertigender Grund da wäre, warum sie überhaupt erschaffen worden." Zitiert nach Josef Wohlmuth, „Mysterium der Verwandlung", S. 105, 2005.

32

Es stimmt eben nicht, dass die in der heiligen Schrift nachweisbare Allvollendung und die ebenfalls zu findende Benennung äonischer Verdammnis sich „unter logischen Gesichtspunkten wechselseitig ausschließen" (Vgl. Jens Adam, „Paulus und die Versöhnung aller", S. 81, 2009). Denn äonische Verdammnis ist eine Verdammnis, die nur für einen Äon währt oder in Bezug auf einen Äon erwirkt worden ist. Ob in künftigen Äonen die Verdammnis nicht hinfällig geworden ist, steht dabei offen. Es ist also eher so, dass äonische Verdammnis im Entwicklungsgang des Menschen eine wichtige Vorstufe zur Allvollendung sein kann.

33

Bertrand Russell meinte stellvertretend in „Warum ich kein Christ bin" („Why I am not a Christian", 1967): *„Ich muss sagen, dass diese ganze Lehre vom Höllenfeuer als Strafe für die Sünde eine grausame Lehre ist. Sie hat Grausamkeit in die Welt gebracht und für Generationen unbarmherzige Folgen."* Das einzige, was Allverdammer dem entgegnen, ist, dass sie die menschliche Vernunft und das menschliche Mitleid als irrelevant gegenüber Gottes Gerechtigkeit erklären. Das ist besonders deshalb aberwitzig, weil man ja sonst als Christ seine Vernunft und sein Mitleid zur Geltung bringen soll und auch eine Gerechtigkeit praktizieren soll, die mäßig und nicht unmäßig ist.

34

Auch die konziliären Bekenntnisse (2. Vatikanisches Konzil), die Auswüchse des Marienkultes nicht absegnen zu wollen, ändern nichts an der weitgehend konzilianten Komplizenschaft der geistlichen Obrigkeit mit dem Volk (Vgl. Hrsg. Josef Pfammatter, Eduard Christen, „Was willst du von mir Frau? Maria in heutiger Sicht", S. 101, 1995).

35

Das lateinische „occultus" bedeutet „verborgen", „verdeckt". Man sollte bei der „okkulten" Belastung daran denken, dass alles, was von Christus wegbringt und ablenkt, die Wahrheit verdeckt und den Blick auf die Unwahrheit ebenso verdunkelt. So sollte man im weitesten Sinne Okkultismus verstehen. Ob hier eine direkte oder indirekte Beeinflussung von Dämonen, also Mächten, die meist im Verborgenen wirken, vorliegt, ist noch einmal eine andere Frage (Vgl. Hannsjörg Hemminger, „Evangelikal: von Gotteskindern und Rechthabern", 2016).

36

Vgl. Ernst Percy, „Die Probleme der Kolosser- und Epheserbriefe", S. 94, 1946.

37

Nach der Elberfelder Übersetzung kommt das „Erbarmen" Gottes (hebräisch „Racham") in der Bibel in den unterschiedlichen Bezugnahmen über 100 Mal vor, „Gnade" hebräisch „Chesed", auch „Gunst" über 300 Mal.

38

Zum Beispiel der Theologe Werner de Boor in seinem Kolosserbriefkommentar in der Wuppertaler Studienbibel, Bd. 12, S. 173, 1994.

39

Vgl. Gottfried Thomasius „Auslegung des Briefes an die Kolosser", S. 64, 1869.

40

Kol 1,18, Heb 1,6, Of 1,5.

41

2 Kor 5,19; Kol 1,15-17.20; Eph 1,9-10;.Phil 2,10-11; Of 5,13.

42

Vgl. Eduard Lohse, „Kritisch-exegetischer Kommentar über das Neue Testament", S. 211, 1977.

43

Der Schlager stammt von den Beatles. Die Bandmitglieder waren keine Christen. Aber deshalb muss man nicht alle ihre Lieder verteufeln. Kritiker sollten sich da zu ihrem eigenen Schutz zurückhalten. Gott liebt alle Menschen und wendet sich immer wieder auch den größten Sündern zu und schenkt ihnen Gaben und Einsichten. Das Lied „All you need is love" enthält die Liedzeile: „No one you can save that can't be saved". - „Du kannst niemand retten, der nicht gerettet werden kann." Damit ist gemeint, dass Rettung durch Liebe möglich ist, denn „Alles, was du brauchst, ist Liebe". Anscheinend dachte der Komponist, dass es die Liebe möglich macht, Menschen zu retten. Es fehlt ihm nur noch die Erkenntnis, dass der Mensch das nicht kann, was nur Gott kann und dass genau das Gott am Tun ist. Und Er tut es durch Seine Liebe. Sie steht am Anfang und Ende des Heils.

44

Vgl. William Kelly. „Bemerkungen über den Brief an die Kolosser", S. 287, 2013.

45

Vgl. Peter Strasser, „Theorie der Erlösung: eine Einführung in die Religionsphiloso-phie", S.14, 2006.

46

Farold Will schreibt: „He took upon Himself the form, that is the nature of a serv-ant..." (Farold E. Will, „Will`s Commentary on the New Testament", Vol. 8, S. 226, 1995).

47

Vgl. Christoph Clöter, „Das Ewige Evangelium vom kommenden Weltreich des Messias", S. 127, 1861.

48

Vgl. Michael Dübbers, „Christologie und Existenz im Kolosserbrief", S. 215, 2005.

49

Vgl. Philipp Matthäus Hahn, „Die gute Botschaft vom Königreich Gottes", S. 132, 1963.

50

Röm 8,17; 2 Tim 3,11; 2 Kor 1,5.7; Phil 1,29; Kol 1,24; Heb 2,10.

51

Vgl. Bernhard Weiss, „Lehrbuch der biblischen Theologie des Neuen Testaments", S. 187, 1903.

52

Die moderne Theologie meint die paulinische Sichtweise aus der griechischen Phi-losophie und jüdischen Weisheitsliteratur konstruieren zu müssen. Das kann sie aber nur mit der Sichtweise, dass die göttliche Ursache der Beweggründe von Pau-lus als Denkvoraussetzung weltanschaulich auszuschließen sei (Vgl. Nicole Frank, „Der Kolosserbrief im Kontext des paulinischen Erbes", S. 136, 2009).

53

Ebd., S. 132.

54

Hiob 41,2; 1 Chr 29,11-12; Ps 135,6; Spr 19,21; Jes 46,10f; Jer 32,27; Dan 4,32; Mt 19,26; Röm 8,20; 9,19; Eph 1,11.

55

Vgl. Frances Back, „Verwandlung durch Offenbarung bei Paulus", S.189, 2002.

56

Zwar bezieht die ElbÜ auch David auf den „Erstgeborenen" seines Volkes. Jedoch wird das hebräische „Zera" lediglich mit „Nachfahre" übersetzt.

57

Es sind die Juden, die sich immer wieder mit dieser Vorstellung schwer getan haben. Sie waren eher bereit, die Bibel abzuändern, als von ihrem Dogma, dass Gott nur ein einziger (hebräisch „yachid") ist, abzuweichen. Dabei sagt das Glaubensbekenntnis der Juden, die Schema Israel, dass Gott nicht ein einziger, sondern „einer" (hebräisch „echad") ist, entsprechend der biblischen Verwendung des Wortes „echad" im Zusammenhang mit Gott.

In 2 Mo 25,8 sagt Gott, dass er in der Mitte Israels wohnen will. Der aramäische Targum übersetzt diese Stelle mit Shekina, also demnach nicht Gott, sondern nur Sein Abglanz soll dort wohnen. Das steht aber nicht in der Bibel! In 2 Mo 24,9-11 wird gesagt, dass Mose und einige andere Gott gesehen hätten, der aramäische Targum übersetzt unkorrekt, dass sie lediglich die Herrlichkeit Gottes sahen. So haben die jüdischen Übersetzer immer wieder dazu beigetragen, dass das Verständnis über Gottes Mehrheit in der Einheit übersehen wurde.

58

Griechisch „en" bedeutet „in". Die ElbÜ- Übersetzer konnten sich wohl nichts unter „in" vorstellen, und übersetzten daher mit „durch". Luther, Schlachter, Zürcher und Konkordante haben „in".

59

Werner de Boor, Kolosserbriefkommentar in der Wuppertaler Studienbibel, Bd. 12 S. 188, 1994.

60

Ebd., S. 188.

61

Ebd., S. 189.

62

Ebd., S. 190.

63

Manuel Ceglarek, „Die Rede von der Gegenwart Gottes", S. 314, 2011. Vgl. auch Roman Nies, „Von der Beliebigkeit zum Idealen!", S. 187, 2018.

64

Vgl. Maureen Junker, „Das Urbild des Gottesbewusstseins", S. 185, 2013.

65

Vgl. Johannes Schelhas „Schöpfung und Neuschöpfung", S. 349, 2003.

66

Vgl. Martin Karrer, „Jesus Christus im Neuen Testament", S. 148, 1998.

67

Vgl. Philipp Friedrich Keerl, „Der Mensch, das Ebenbild Gottes", S. 1002, 1866.

68

Heinrich Langenberg, „Der Kolosserbrief", 1965.

69

Eine Folterung ist es nur, wenn man von seinen traditionellen, irrigen Denkvoraussetzungen nicht weg kommt. So kommt es zu den Absurditäten, dass man versucht, diese Stelle nur auf Engel zu beziehen. Die ewige Hölle soll unter allen Umständen gerettet werden (Vgl. „Southern Presbyterian Review", Bd. 1, S. 54, 1847).

70

Rolf Wiesenhuetter, „Als Augustinus irrte", S. 243, 2017.

71

Werner de Boor, Wuppertaler Studienbibel, Bd. 12, S. 178, 1994.

72

Ebd., S. 178.

73

Vgl. Nikolaus Kehl, „Der Christushymnus im Kolosserbrief", S. 28, 1967.

74

Adolf Schlatter in seiner Auslegung gleich unter der Überschrift „Die Größe Jesu" (Adolf Schlatter, Kommentar zum Kolosserbrief, Bd. 7, Erläuterungen zum Neuen Testament, Bd. 7; S. 257, 1965).

75

Z.B. Anatoli Uschomirski in „Hilfe Jesus- Ich bin ein Jude", 2017.

76

Das deutsche Wort Versöhnung deutet ja das Vater-Sohn-Verhältnis an. Das hebräische „Kafar" oder „Kippur" steht für „Befriedung", „Bedeckung", „Sühnung". Das griechische „Katallage" steht für auch für „Wiederherstellung" - das gestörte oder unterbrochene Verhältnis wird wieder hergestellt.

77

2 Mos 19,5-6, oder Petrus in seinem Brief an die Juden in der Diaspora: 1 Pet 2,5.9, sowie Of 1,6; 5,10.

78

Jes 53,6; Jes 1,2-3.

79

Jer 3,1; Hes 16,14-21; Hos 2,4-25.

80

Vgl. Peter Stuhlmacher, „Biblische Theologie und Evangelium", S. 86, 2002.

81

Hans-Jürgen Abromeit, „Das Geheimnis Christi", S. 225, 1991.

82

Jes 45,23; Röm 14,11.

83

Vgl. „Hanno Herbst, Kurt Eggenstein, „Ewige Verdammnis?", S. 38 ff, 2018.

84

Der Schluss des Markusevangeliums fehlt in den ältesten Textzeugnissen und wird daher von vielen als Hinzufügung gesehen. Demnach endete das Markusevangelium in Mk 16,8.

85

Vgl. Eckhard J. Schnabel, „Urchristliche Mission", S. 345, 2018.

86

Obwohl die Bibel zeigt, dass es der Geist Christi ist, der in den Gläubigen wohnt und dass der Geist Christi dieser Geist Gottes ist (Röm 8,9) reden Theologen unermüdlich von einer dritten Person, die als Heiliger Geist in den Gläubigen wohnen soll, während Christus und der Vater im Himmel auf Thronen sitzen (Vgl. Peter Davids, „Cornerstone Biblical Commentary", S. 63, 2008).

87

Vgl. Vincent M. Smiles, „Bible Commentary", Vol. 8, S. 42, 2005.

88

Vgl. Clinton E. Arnold, „The Colossian Syncretism", S. 272, 1995.

89

Eine Erkenntnis, auf die sicherlich auch schon im Alten Bund Gelehrte gekommen sind, obwohl 5 Mos 30,11-14 dagegen zu stehen scheint (Vgl. Hermann Spieckermann , „Liebe und Gebot, Studien zum Deuteronomium", S. 204, 2000). Das ist aber nicht der Fall, weil es auch schon im Alten Bund keinen direkten Zugang zu Gott gab, denn die Segensverheißungen aufgrund der Bündnisse waren andere.

90

Wenn Schlatter vom „Herrlichkeitsreichtum des göttlichen Geheimnisses!" spricht, dann geht es genau um diese persönliche Beziehung zu Gott. (Vgl. Adolf Schlatter, „Erläuterungen zum Neuen Testament", Bd. 7, S. 269, 1965).

91

Ebd., S. 272.

92

Vgl. Carl Friedrich Keil, „Commentar über das Evangelium des Johannes", S. 288f, 1881.

93

Um das zu verstehen, muss man die theologische Sprache des Hellenismus und des Judentums verstehen, wie Bultmann zu Recht vermerkt hat (Vgl. Rudolf Bultmann, „Theologie als Kritik", S. 273, 2002).

94

de Boor, S. 209.

95

de Boor, S. 210.

96

Wie weit man bei den Kirchen von Abspaltungen reden kann, sollte man weniger aus historischen als aus geistlichen Gesichtspunkten: - wes Geistes Kind man ist - betrachten (Vgl. Joachim Finger, Thomas Binotto, „Vom Ende der Zeiten", S. 168, 1999). Der Islam ist eine neuere Variante des Anti-Christentums, mit dem nicht von ungefähr die Kirchenvertreter Roms an so manchem gemeinsamen Strang ziehen.

97

Dieser Glaube ist deshalb unglaubwürdig, weil die Kirche Roms in ihren Lehren eklatante Abweichungen zum Wort Gottes hat (Hartmann Grisar, „Rom beim Ausgang der antiken Welt", S. 274, 2017).

98

Nach Charles Marlay Fleury tritt der Antichrist wie ein vertrauter Freund auf, obwohl er ein Feind Christi ist. Das kann er nur nicht offen zeigen, weil er die Christen für sich gewinnen will (Vgl. Charles Marlay Fleury, „The Pope, the Antichrist and the Church of Rome", S. 53, 1854).

99

Sein Traum vor dem Kampf gegen seinen Mitkonkurrenten um die Herrschaft über das Reich, der als Zeichensetzung des christlichen Gottes interpretiert worden ist, könnte eine ähnliche Erfahrung gewesen sein wie die „Erleuchtung" Buddhas oder die „Engelserscheinung" bei Mohammed.

100

Konstantin hielt sich am liebsten in Trier oder Konstantinopel auf. Rom mit dem Cäsarenhügel, dem Palatin, war nicht seine bevorzugte Stadt.

101

Er sagte: „So wie nur der Verheiratete die Begierde recht gebraucht, so philosophiert nur der »Tor« [richtig], d. h. der Christ." Die Thesen 29 und 30 der Heidelberger Disputation entsprechen der ersten und zweiten philosophischen These (Luther Deutsch, Bd. 2, Der Reformator, S. 266-267. Vgl. WA 7, 32, 2634).

102

Luther in einem Brief an Spalatin, den Hofprediger Friedrichs des Weisen (zitiert bei Fausel, a. a. O., S. 108-110).

103

www.kirchentag.de/service/archiv/stuttgart_2015/aktuell_2015/donnerstag/interviews_ fundamentalismus.htm. Ein in kirchlichen Kreisen angesehener Theologe auf die Frage: „Ist die Bibel in Ihrem Leben Fundament?" „Nein. Die Bibel ist für mich Gesprächspartner. ... Und die Bibel ist für mich insofern nicht Fundament, als ich hier als Philosoph denke." Was der gute Mann nicht bedenkt, ist offensichtlich. Wenn der Geist Gottes nicht in Sein Wort leitet, versteht der Philosoph oder der Theologe auch nur Menschliches, mit dem er das Wort Gottes bewertet. Es wird dann nicht lebendig. Im Grunde bekundet dieser Theologe damit nur, dass er nicht an die Geistwirkung glaubt. Wenn er daran nicht glaubt, hat er aber offenbar noch nichts davon bei sich festgestellt. Damit bleibt er ein uninspirierter Kirchenmann, der ebenso Philosophie betreiben kann wie sonst etwas. Zum Heil verhilft ihm das nicht.

104

Bernhard Rothen: „...der Schriftkritik der Vernunft begegnet Luther mit einer radikalen Kritik der Vernunft im Licht der Schrift. Luthers Behauptung der Klarheit der

Schrift verschließt nicht die Augen vor der gegebenen Wirklichkeit der widersprüchlichen Schriftauslegung. Sie erklärt aber diese Tatsache nicht durch eine Schwäche der Schrift, sondern durch den steten, trotzigen Hinweis auf die Schwäche des Menschen, die Sünde, welcher die Schrift mit ihrer eigentümlichen, scheinbar schwachen Gestalt auf eine heilsame Art begegnet." (Bernhard Rothen, „Die Klarheit der Schrift", S. 142, 1990).

105

Wolfgang Nestvogel, „Das verschleuderte Erbe – die Reformation und die Evangelikalen" in „Reformation und Humanismus – Freunde oder Feinde?", S.83, 2017.

106

Luther bemerkte hierzu: „Meister Klügel ... sieht es [das Wort der Schrift] aus großem Reichtum seines Geists, für eitel faul tot Gewesche an." (Deutsche Bibel, Vorrede auf die Propheten (WA DB 11 I, 3, 46).

107

Paul van Buren, „The Secular Meaning of the Gospel", S. 187, 1963.

108

de Boor, S. 215.

109

Dass der Glaube an eine endlose Hölle mit hellenistischem Gedankengut in die jüdische Glaubenswelt eingeführt wurde, ist bekannt. Dass die Kirche, neben ihrem jüdischen Erbe auch noch durch eigene Erschließung vom hellenistischen Denken beeinflusst wurde, ist unstrittig (Vgl. Hrsg. Hubert Cancik, Burkhard Gladigow, Matthias Samuel Laubscher, „Handbuch religionswissenschaftlicher Grundbegriffe", S. 163, 1988).

110

Nachgewiesen z.B. bei Plutarch, Lukian, Polybios (Historiai 6,56), und Plutarch (Non posse suaviter vivi 1104 ab).

111

So z.B. von dem auflagestarken, „wissenschaftlichen" Werk von Arnold Angenendt, „Toleranz und Gewalt", 2018 (2007). Zwar spricht Angenendt immer wieder auch die Fehler, Sünden und Versäumnisse der Kirche an und belegt dies mit Hilfe zahlreicher Quellen, aber er tendiert systematisch zur Verharmlosung oder gar zur Entschuldigung. Er kritisiert das Papsttum im Rahmen dessen, was das Papsttum selber als Kritik betreibt und zulässt.

112

Ebd., S. 420ff.

113

Dieterich, A., Nekyia, „Beiträge zur Erklärung der neuentdeckten Petrusapokalypse", (1893), S. 46-62, 1969.

114

Italienisch: San Paolo fuori le Mura, lateinisch: ecclesia Sancti Pauli extra muros.

115

Adolf Schlatter, Kommentar zum Kolosserbrief, Bd. 7, Erläuterungen zum Neuen Testament, S. 276, 1965.

116

Vgl. Eduard Lohse, „Die Einheit des Neuen Testaments", S. 277, 1973.

117

Vgl. Christian Göbel, „Philosophie und Ökumene: Überlegungen zur Logik des Christentums", S. 53, 2015.

118

Vgl. Hans Hübner, „An Philemon, an die Kolosser", S. 79, 1997.

119

So auch Arnold Angenendt in „Toleranz und Gewalt", 2018. Die meisten Autoren, die sich mit der Kirchengeschichte beschäftigen, gehen nicht auf die Frage ein, inwiefern die Kirchen das Christentum tatsächlich repräsentieren und ob es nicht einen Unterschied gibt zwischen der Gemeinde Jesu und den historisch gewachsenen Kirchengebilden. Man kann aber keine zuverlässige Kirchengeschichte entwerfen, wenn man diese Ausgangsfrage nicht geklärt hat.

120

Vgl. Constantin Iacubovici-Boldisor, „Die urchristlichen Mysterienkulte in Palästina, Kleinasien und Griechenland", S. 185, 1997.

121

Über die Ähnlichkeit des buddhistischen und katholischen Mönchswesen vgl. Harry Noormann, Hrsg., „Arbeitsbuch Religion und Geschichte", Bd. 1, S. 131, 2009.

122

Johannes Ramel, „Im Aufbruch des Glaubens. Lebensbericht eines ehemaligen Pfarrers", 2003.

123

Paulus verwendet hier das Wort „gnosis".

124

Bezeichnenderweise geben hinduistische und buddhistische Yogapraktikanten und – lehrer, wenn sie zum biblischen Christentum finden, Yoga auf. Sebastian Stranz, fragt in „Christliches Yoga: Irrweg oder Chance?" (2018, S. 70), allen Ernstes: „Warum soll denn Yoga mit bis zu 330 Millionen verschiedenen Göttern funktionieren, nur gerade mit dem christlichen Gott nicht???" Eine schlichte Antwort: Weil der christliche Gott, wenn Er Gott ist, der einzige Gott ist und der lässt sich nach Selbstaussage in der Bibel nicht „funktionieren". Er gehorcht Menschen nicht. Er ist souverän.

125

Ein Theologe und Leiter eines Bibelkonferenzzentrums sagte einmal, die kirchliche Tradition sei nun mal die christliche Tradition und was wir seien, seien wir auf den Schultern dieser Tradition geworden. Richtig daran ist, dass Gott auch Traditionen benutzt, um Informationen und Wahrheiten zu übermitteln. Sogar die Bibel wurde aus Gründen der Tradition an die nachfolgenden Generationen weiter gegeben.

Und immer, wenn etwas für die Gemeinde Christi und die Welt geschieht, hat es Gott bewirkt. Es muss aber in jedem Fall der Geist Gottes sein, der die Dinge beurteilt und zum rechten Gebrauch bringt. Die im vorliegenden Werk geübte Kritik an der Tradition betrifft daher auch nur die anti-christliche Tradition. Der besagte Theologe hat ebenfalls nur den alten Fehler wiederholt, dass er die Kirche mit dem Leib Christi gleichgesetzt hat. Wenn man aber die Bereiche nicht kennt, die keine Deckungsgleichheit haben, kennt man auch die Überschneidungen nicht richtig.

126

Es geht dabei nicht einfach nur um die „Aufhebung der Vergänglichkeit", denn damit wäre nichts gewonnen (Vgl. Gudrun Holtz, „Damit Gott sei alles in allem", S.41, 2007).

127

Biblisches Wörterbuch, Hrsg. Ulrich Läpple, „Der Christus und sein Reich", 2014.

128

Ute Schall, „Die Juden im Römischen Reich" S. 142, 2002.

129

Dass bei vielen Theologen Sabbatruhe und Sonntagsruhe begrifflich willkürlich ausgetauscht werden, zeigt einen eklatanten Mangel an Ehrfurcht und Respekt vor Gottes Wort. Man kann davon ausgehen, dass die Arroganz, die hervorhebt, dass die christliche Kirche den Sabbat durch den Sonntag ersetzt habe, zu einer beträchtlichen Blindheit gegenüber biblischen Wahrheiten führt. So erklärt sich, weshalb die katholische Kirche die schwerwiegende Irrlehre der Ersatztheologie eingeführt hat, von der Heilsgeschichte Gottes vieles nicht versteht und die Gebote des Alten Testaments in kennzeichnend anti-christlicher Wirkung beliebig abgeändert hat (Vgl. Johann Peter Lange, „Theologisches-homiletisches Bibelwerk: Das Neues Testament, Band 1", S. 174, 1868).

130

David H. Stern, „Kommentar zum Jüdischen neuen Testament" S. 437, 1996.

131

Womit nicht gesagt sein soll, dass alle, die daran teilnehmen, ein bestimmtes Sündenregister haben. Aber unter den Teilnehmern hat man eine große Zahl von Personen, die die Demut nach Jesu Art nicht kennen und falsche Vorstellungen von Frömmigkeit haben.

132

Vgl. Angela Standhartinger, „Studien zur Entstehungsgeschichte und Intention des Kolosserbriefes", S.23, 1999.

133

Vgl. Franz Amman, „Die christliche Kirche, wie sie gewesen, geworden ist und sein soll", Bd. 1, S. 209, 1851.

134

Vgl. Burton L. Mack, „Logos und Sophia", S. 97ff, 1973.

135

Vgl. Paul Tillich, „Religiöse Reden", S. 117, 1987.

136

Sogar ein Papst hat einmal dagegen ein Hirtenwort erlassen (Urban VIII. (gest. 1644)), welches ein Gregor XVI im Jahr 1839 in Erinnerung bringen konnte. Die meisten Päpste stimmten aber dem Sklavenhandel zu, weil das auch Reichtum in die Kassen der Kleriker spülte (John F. Maxwell, „Slavery and the Catholic church", S. 52-55, 1975; Adrian Hastings, „The Church in Africa 1450-1950", S. 124, 1994).

137

John R. McKivugan, „Christian Perspectives in Slavery", in Drescher, Engerman (Hrg.), „A Historical Guide to World Slavery," S. 155, 1998.

138

Jürgen Osterhammel, „Sklaverei und die Zivilisation des Westens", S. 54f., 2000.

139

Treue und Gehorsam sind an sich gut, aber man kann auch dem Teufel die Treue halten. Als man den Stadtkommandant Berlins, der im Juli 1944 den Widerstand gegen das Regime in der Hauptstadt niedergeschlagen hat, vierzig Jahre später fragte, ob er das in Kenntnis des Umfangs der Verbrechen der Nazis wieder so tun würde, bejahte er, weil er ja den Treueeid sonst gebrochen hätte.

140

Vgl. Michael Brinkschröder, „Sodom als Symptom", S. 499, 2006.

141

Vgl. Hanna Stettler, „Heiligung bei Paulus", S. 290, 2014.

142

So in einer deutschen Talkshow, WDR 24.3.2010.

143

Klaus Ritzkopf, „Die Zehn Gebote", S. 17, 2014.

144

Das hat Clemens Sedmak am Beispiel Ignatius von Loyola demonstriert (Clemens Sedmak, „Innerlichkeit und Kraft", S. 198, 2016).

145

Vgl. „Die Zehn Gebote: ein widersprüchliches Erbe?", Hrsg. Hans Joas, S. 177, 2006.

146

„Schalom meint totales geistliches, geistiges und physisches Wohlergehen." (Donald Guthrie, „Kommentar zur Bibel", S. 965, 2003). „In seiner ursprünglichen Bedeutung meint aber das Wort Schalom Vollkommenheit und Unversehrtheit." (Theodor Much, „zwischen Mythos und Realität: Judentum, wie es wirklich ist", S. 37, 2008) „Schalom meint die psycho-physische Harmonie des Menschen, sein Wohlbefinden." (Hubert Frankemölle, „Friede und Schwert", S. 35, 1983).

147

Vgl. Erwin Dirscherl, „Das menschliche Wort Gottes und seine Präsenz in der Zeit", S. 166, 2014.

148

Das wird zwar von den Kirchen immer wieder behauptet, den Beweis im Auftrag Gottes zu handeln, bleiben sie aber schuldig, denn Gott kann man nicht fragen. Die

Historiker haben angesichts der nachweislich folgenschweren Entscheidungen und Handlungsweisen der Kirchen das Selbstverständnis der Kirchen, im Namen Gottes zu handeln, immer wieder in Frage gestellt, weil, wenn die Kirchen Recht hätten, Gott kein menschenfreundlicher Gott wäre (Vgl. Valentin Zsifkovits, „Glück durch Ethik und Religion", S. 40, 2011).

149

Vgl. Matthew Levering, „Sacrifice and Communit", S. 100, 2008.

150

Vgl. Heinz Külling, „Die Ordnung der Liebe", S. 19, 2011.

151

1 Mos 2,24: „Darum wird ein Mann seinen Vater und seine Mutter verlassen." Zu „ein Fleisch werden" gehört mehr als nur das leibliche Einswerden. Es ist bedauerlich, dass sogar Bibellehrer, die es besser wissen müssten, die Ehe mit ihren Pflichten immer nur auf das Leibliche reduzieren, als würde es das andere nicht geben. Wenn die Bibellehrer und Theologen Frauen wären, würden sie wohl mehr davon verstehen, um was es Gott geht.

152

Manche kommen zu dem Schluss, dass die katholische Kirche gar nicht existenzfähig wäre, wenn sie nicht auf einer fraternisierenden Konkordanz von Korruption, Heuchelei und pervertiertem Humanismus aufgebaut wäre (Vgl. „Rituals of Rule, Rituals of Resistance", Hrg. William Beezley, Cheryl Martin, William French, S. 273, 1994).

153

1 Kor 7,22; Gal 3,28; 4,7.

Literaturverzeichnis (Auswahl)

Hans-Jürgen Abromeit, „Das Geheimnis Christi", 1991.

Jens Adam, „Paulus und die Versöhnung aller", 2009.

Winfried Amelung, „Denkfaul & Glaubensmüde", 2003.

Franz Amman, „Die christliche Kirche, wie sie gewesen, geworden ist und sein soll", 1851.

Arnold Angenendt, „Toleranz und Gewalt", 2018.

Clinton E. Arnold, „The Colossian Syncretism", 1995.

Frances Back, „Verwandlung durch Offenbarung bei Paulus", 2002.

William Beezley, Cheryl Martin, William French, „Rituals of Rule, Rituals of Resistance", 1994.

Leonardo Boff, „Kirche: Charisma und Macht", 2011.

Werner de Boor, Kolosserbriefkommentar, Wuppertaler Studienbibel, 1994.

Michael Brinkschröder, „Sodom als Symptom", 2006.

Andreas Bühler, „Kirche und Staat", 1965.

Rudolf Bultmann, „Theologie als Kritik", 2002.

Paul van Buren, „The Secular Meaning of the Gospel", 1963.

Hubert Cancik, Burkhard Gladigow, Matthias Samuel Laubscher, „Handbuch religionswissenschaftlicher Grundbegriffe", 1988.

Manuel Ceglarek, „Die Rede von der Gegenwart Gottes", 2011.

Christoph Clöter, „Das Ewige Evangelium vom kommenden Weltreich des Messias", 1861.

Peter Davids, „Cornerstone Biblical Commentary", 2008.

Hans-Joachim Diesner, „Stimmen zu Krieg und Frieden im Renaissance-Humanismus", 1990.

Dieterich, Nekyia, „Beiträge zur Erklärung der neuentdeckten Petrusapokalypse", 1969.

Erwin Dirscherl, „Das menschliche Wort Gottes und seine Präsenz in der Zeit", 2014.

Drescher, Engerman (Hrg.), „A Historical Guide to World Slavery," 1998.

Michael Dübbers, „Christologie und Existenz im Kolosserbrief", 2005.

Hans Joachim Eckstein, „Du bist geliebter, als du ahnst", 2018.

Joachim Finger, Thomas Binotto , „Vom Ende der Zeiten", 1999.

Charles Marlay Fleury, „The Pope, the Antichrist and the Church of Rome", 1854.

Nicole Frank, „Der Kolosserbrief im Kontext des paulinischen Erbes", 2009.

Hubert Frankemölle, „Friede und Schwert", 1983.

Arnold Fruchtenbaum, „Messianische Christologie", 1998.

Christian German, „Der Zeitgeist und die Kirche", 1861.

Christian Göbel, „Philosophie und Ökumene: Überlegungen zur Logik des Christentums", 2015.

Hartmann Grisar, „Rom beim Ausgang der antiken Welt", 2017.

Donald Guthrie, „Kommentar zur Bibel", 2003.

Philipp Matthäus Hahn, „Die gute Botschaft vom Königreich Gottes", 1963.

Adrian Hastings, „The Church in Africa 1450-1950", 1994.

Hannsjörg Hemminger, „Evangelikal: von Gotteskindern und Rechthabern", 2016.

Hanno Herbst, Kurt Eggenstein, „Ewige Verdammnis?", 2018.

Gudrun Holtz, „Damit Gott sei alles in allem", 2007.

Hans Hübner, „An Philemon, an die Kolosser", 1997.

Georg Huntemann, „Streit in der Kirche", 1971.

Constantin Iacubovici-Boldisor, „Die urchristlichen Mysterienkulte in Palästina, Kleinasien und Griechenland", 1997.

Hans Joas, „Die Zehn Gebote: ein widersprüchliches Erbe?", 2006.

Maureen Junker, „Das Urbild des Gottesbewusstseins", 2013.

Martin Karrer, „Jesus Christus im Neuen Testament", 1998.

Philipp Friedrich Keerl, „Der Mensch, das Ebenbild Gottes", 1866.

Nikolaus Kehl, „Der Christushymnus im Kolosserbrief", 1967.

Carl Friedrich Keil, „Commentar über das Evangelium des Johannes", 1881.

William Kelly, „Bemerkungen über den Brief an die Kolosser", 2013.

Heinz Külling, „Die Ordnung der Liebe", 2011.

Ulrich Läpple, „Der Christus und sein Reich", 2014.

Johann Peter Lange, „Theologisches-homiletisches Bibelwerk: Das Neues Testament", 1868.

Heinrich Langenberg, „Der Kolosserbrief", 1965.

Matthew Levering, „Sacrifice and Communit",2008.

Eduard Lohse, „Die Einheit des Neuen Testaments", 1973.

Eduard Lohse „Kritisch-exegetischer Kommentar über das Neue Testament: Kolosser", 1977.

Burton L. Mack, „Logos und Sophia",1973.

John F. Maxwell, „Slavery and the Catholic church",1975.

Jürgen Moltmann, „The Coming of God: Christian Eschatology",1996.

Theodor Much, „zwischen Mythos und Realität: Judentum, wie es wirklich ist", 2008.

Wolfgang Nestvogel, „Das verschleuderte Erbe – die Reformation und die Evangelikalen", 2017.

Roman Nies, „Von der Beliebigkeit zum Idealen!", 2018.

Harry Noormann, Hrsg., „Arbeitsbuch Religion und Geschichte", 2009.

Jürgen Osterhammel, „Sklaverei und die Zivilisation des Westens", 2000.

Ernst Percy, „Die Probleme der Kolosser- und Epheserbriefe", 1946.

Josef Pfammatter, Eduard Christen, „Was willst du von mir Frau? Maria in heutiger Sicht", 1995

Johannes, Ramel, „Im Aufbruch des Glaubens. Lebensbericht eines ehemaligen Pfarrers", 2003.

Klaus Ritzkopf, „Die Zehn Gebote", 2014.

Bernhard Rothen: „Die Klarheit der Schrift", 1990.

Bertrand Russell „Wy I am not a Christian", 1967.

Ute Schall, „Die Juden im Römischen Reich" S. 142, 2002.

Johannes Schelhas „Schöpfung und Neuschöpfung", 2003.

Adolf Schlatter, Kommentar zum Kolosserbrief, Erläuterungen zum Neuen Testament, 1965.

Eckhard J. Schnabel, „Urchristliche Mission", 2018.

Walther Schrank, „Babylonische Sühneriten", 2012.

Clemens Sedmak, „Innerlichkeit und Kraft", 2016.

Vincent M. Smiles, „Bible Commentary",2005.

Hermann Spieckermann , „Liebe und Gebot, Studien zum Deuteronomium", 2000.

Angela Standhartinger, „Studien zur Entstehungsgeschichte und Intention des Kolosserbriefes", 1999.

David H. Stern, "Kommentar zum Neuen Testament" 2004.

Hanna Stettler, „Heiligung bei Paulus", 2014

Martin Stewen, „Wenn Gott zu Wort kommt", 2007.

Sebastian Stranz, „Christliches Yoga: Irrweg oder Chance?", 2018.

Peter Strassser, „Theorie der Erlösung: eine Einführung in die Religionsphilosophie", 2006.

Peter Stuhlmacher, „Biblische Theologie und Evangelium", 2002.

Gottfried Thomasius „Auslegung des Briefes an die Kolosser", 1869.

Paul Tillich, „Religiöse Reden", 1987.

Anatoli Uschomirski, „Hilfe Jesus- Ich bin ein Jude", 2017.

Richard Viladesau, „The Folly of the Cross", 2018.

Bernhard Weiss, „Lehrbuch der biblischen Theologie des Neuen Testaments", 1903.

Rolf Wiesenhuetter, „Als Augustinus irrte", 2017.

Farold E. Will, „Will`s Commentary on the New Testament", 1995.

Josef Wohlmuth, „Mysterium der Verwandlung", 2005.

Valentin Zsifkovits, „Glück durch Ethik und Religion", 2011.

Zeitfracht Medien GmbH
Ferdinand-Jühlke-Straße 7
99095 Erfurt, Deutschland
produktsicherheit@kolibri360.de